U0369483

营销数字化

一路向 C，
构建企业级营销与增长体系

吴超 赵静 罗家鹰 陈新宇 李楠 江威 邓通 周欣
袁磊 汪健 蓝华 苗宇 徐风 王潘云 郭逸重
著

MARKETING
DIGITALIZATION

机械工业出版社
China Machine Press

图书在版编目（CIP）数据

营销数字化：一路向 C，构建企业级营销与增长体系 / 吴超等著 . -- 北京：机械工业出版
社，2022.4（2023.12 重印）
ISBN 978-7-111-70438-6

I. ① 营… Ⅱ. ① 吴… Ⅲ. ① 企业管理－网络营销 Ⅳ. ① F274-39

中国版本图书馆 CIP 数据核字（2022）第 049430 号

营销数字化：一路向 C，构建企业级营销与增长体系

出版发行：机械工业出版社（北京市西城区百万庄大街 22 号　邮政编码：100037）
责任编辑：韩　蕊
责任校对：殷　虹
印　　刷：北京捷迅佳彩印刷有限公司
版　　次：2023 年 12 月第 1 版第 4 次印刷
开　　本：147mm×210mm　1/32
印　　张：13.25
书　　号：ISBN 978-7-111-70438-6
定　　价：99.00 元

客服电话：（010）88361066　68326294

吴超

云徙科技合伙人，南昌大学硕士，具有20年企业中高层管理经验，曾在大型综合性企业担任高级管理职务，负责企业运营，参与企业战略规划，负责过战略级新业务开拓。近五年一直致力于为企业提供数字化转型服务，先后为酒水、食品、连锁、医药、地产等行业数十家头部企业提供数字化转型咨询、体系设计和落地服务。

赵静

云徙科技合伙人兼战略市场中心负责人，负责品牌公关、市场营销、政产学研等领域工作，从0到1搭建品牌，市场营销体系的规划与落地，熟知市场调研、产品定位、渠道管理等，长期携博士团队进行数字化转型案例研究。畅销书《中台战略》和《中台实践》总策划，IT行业运营老兵，香港大学B2B营销战略与管理研究生。曾担任策划编辑、IT技术自测平台发起人兼产品经理、CIO与CTO俱乐部发起人，负责并参与多家国内外知名企业运用云计算、大数据等技术进行新品上市推广及整合营销服务。

罗家鹰

云徙科技副总裁，上海交通大学学士、中山大学 MBA，拥有 20 年企业 IT 咨询及服务经验，近六年一直致力于阿里生态企业中台赋能数字商业的实践与布道，曾先后为房地产、酒水、日化、医药、农牧、物流等行业数十家头部企业提供中台化数字化转型咨询服务。

陈新宇

云徙科技联合创始人兼首席架构师，中国软件行业协会应用软件产品云服务分会数字企业中台应用专家顾问团副主任专家，香港中文大学计算机科学与工程学博士，领导云徙科技数字中台系统的规划、建设并赋能企业落地实施。曾负责并参与大型企业管理软件基础架构和开发平台的设计与研发。此外，还曾参与数据库的自然语言交互、分布式系统、软件可靠性等多项学术性研究项目。

作者结合云徙科技几年来在数字化增长方面积累的丰富经验，在本书中剖析了经典的世界 500 强案例，提出了切实可行的实施路径，贡献了宝贵的方法论，非常值得企业学习与借鉴！

——毛健　云徙科技副总裁 /COO/ 消费事业群总经理、

前毕马威中国零售及消费品行业咨询主管合伙人

本书全面系统地论述了企业要实现营销数字化增长所需要的能力与路径，对准备进行和正在进行营销数字化增长的企业，具有非常大的指导意义与参考价值。

——丛健　汤臣倍健数字信息中心总监

本书描述了数字时代的营销变革：以"消费者旅程"为基准，构建数字化消费者全旅程体验的营销数字化转型，并且总结了一套企业向营销数字化转型的方法论。本书内容并不止步于营销领域，对大消费企业的数字化转型亦有非常重要的指导意义。

——沈铮　联华华商集团首席战略官、

首席信息官、鲸选事业部总经理

本书作者对数字化转型有非常深厚的理论功底和实践经验，推荐需要进行数字化转型的企业高管阅读，特别推荐正在践行工业 4.0 的企业高管阅读。

——顾建党　德国菲尼克斯电气集团执委、
菲尼克斯电气中国总裁

本书让我看到了国内企业在营销数字化上的创新。数字经济时代，企业要全面拥抱数字化。书中精彩地描述了营销数字化的理论体系、践行方法及实现路径，推荐每个要做数字化转型的企业高管阅读。

——杜玉河　上海交通大学特聘教授、
复旦大学特聘教授、工业 4.0 产业联盟创始人

　　数字化经济正在推动全球产业和社会转型。在以云计算、大数据和人工智能为主导的新一代数字化技术的加持下，数字化转型已成为传统企业的核心战略。结合我们服务过的食品连锁、酒饮、乳业、日化、美妆、服饰、家电、3C、地产、汽车、烟草等行业头部企业的 5 年实战经验，我们面向企业高管和 IT 团队，先后出版了《中台战略》《中台实践》两本图书。数字中台正在或已经成为一些企业数字化转型的"新基建"。

　　我们观察和走访了众多企业高管及营销从业者，他们希望看到基于数字中台新技术的更多、更深入的业务创新内容；同时，传统行业也呈现出对营销数字化广泛和深入的爆发式需求。基于此，我们编写了本书。它将延续《中台战略》《中台实践》中对数字中台技术和营销数字化转型赋能的解读，分享我们对企业数字化转型及营销数字化的最新思考和实践，并结合汽车、家电、日化、美妆、医药、新式茶饮等行业的解决方案和案例实证，进一步探索营销模式在新技术演进和商业模式创新中的不断迭代、升级与变革。

数字化时代，世界看中国

"十四五"规划是中国迈向第二个百年目标的开局规划。在"十四五"规划全面推动高质量发展的指引下，在"新基建"浪潮的加持下，中国的数字经济空前繁荣。《中国互联网发展报告（2021）》指出，2020年中国数字经济规模已达39.2万亿元，位居世界第二。全世界都把目光投向中国。

中国企业的数字化转型正迎来前所未有的机会，究其原因有三。

第一，中国有全球领先的数字基础设施。中国拥有全球最大的信息通信网络。在人民群众的数字化程度、数字货币、隐私保护，以及把数字化用于支撑国家发展目标等方面，中国都走在了世界的前列。

第二，中国有丰富的数字化场景和海量的数字化消费群体。中国的数字化消费力已经在体量和规模上领跑全球。中国消费者的生活场景已经呈现高度数字化，涵盖衣、食、住、行各个领域。从数字化渗透率来看，有些领域的数字化占比甚至已超过50%。

第三，中国有数字化技术最佳实践。中国丰富的数字化场景和数字化消费群体，为阿里巴巴、腾讯、百度、字节跳动等国内互联网公司提供了数字化技术实践机会，突破了国外在技术上的"卡脖子"，形成了中国自有的最具实践性的数字化技术。

在波澜壮阔的数字化时代背景下，全球众多品牌都把中国作为数字化转型的前沿阵地，将其数字化中心设立在中国，携手中国本土数字化服务提供商，抓住数字化转型的底层逻辑，掌握数字化业务的构建方法，建设数字化创新平台，寻求数字化业务的创新。

后疫情时代，企业加快数字化新玩法

新冠肺炎疫情给全球经济和产业造成了巨大的冲击，世界正处在深刻的变化中。这种变化可能持续十年甚至更长的时间。全世界在未来要持续面对接踵而至的风险，包括未知的病毒威胁、经济萎缩、政治与社会变化等。

新科技的突破、发展和应用是我们在风险中找到新机遇的不二选择。很多企业加速了数字化技术应用的进程，原本需要耗时几年的数字化转型在短短几个月内即初见成效。企业通过新技术和新业务模式，连接消费者和渠道，补足消费者不能到店消费导致的销量下滑，希望以此稳步度过疫情的寒冬。无论是企业、政府还是个人，现在都有更多机会去借助数字化技术打破壁垒，寻找降本增效的新模式。

未来企业营销的竞争是消费者数字体验的竞争

数字化时代是一个产品过剩、消费者趋于年轻化、消费类型多元化和追求个性化的时代。随着云计算、大数据、人工智能等新一代技术应用的普及，企业在建立与消费者数字化连接的基础上，越来越注重消费者的体验。

蜜雪冰城一首广告曲传遍全网，无数消费者自主参与到广告曲二次创作和传播中，消费者从旁观者变成参与者、传播者，实现了从全民大火到全民带货。

星巴克通过数字技术用"啡快"连接路途上的消费者，打造"在线点、到店取"的体验场景，将消费者的体验从到店的第三空间延伸到路途和线上的第四空间。

雅诗兰黛旗下 MAC 品牌的用户是年轻、喜欢美的人群，于是 MAC 打造了一个品牌私域的互动社区，让消费者可以发现美、展示美，形成这部分人群的生活方式。

上述三个品牌近几年在增长方面做得非常棒，能看出它们对消费者极致数字体验的追求，而极致的消费者数字体验强调以下五方面。

一是完整性，建设完整的消费者体验旅程。

二是一致性，保持消费者与企业连接的多元化触点体验的一致。

三是个性化，洞察消费者，了解消费者的个性，提供消费者所需的精准服务。

四是透明与参与，服务过程实时透明，让消费者参与到旅程中。

五是生活方式，融入消费者情怀，让品牌成为消费者的一种生活方式。

营销数字化是企业提升消费者数字体验的驱动力

要提升企业消费者的数字体验，大量的客户实践告诉我们，企业需要推动 3 个关键事项。

一是建立营销数字化系统，构建消费者数字体验的基础设施。未来营销数字化系统是企业最为重要的生产力，企业必须要打造好这个生产力。

二是构建企业的私域流量和消费者运营平台。同样是做咖啡连锁，为什么传统企业与互联网企业的估值相差几十倍？这背后的原因是私域流量，是资产展现方式的差异，是传统经营价值与客户连接的数据价值之间的差异。企业必须建立私域流量。私域流量是企业的数字资产，也是企业未来的核心生产资料要素，甚至是企业价值评估的重要指标。

三是不断地探索和应用一些黑科技、新技术。在提高企业生产效率的同时，不仅可以提升消费者体验效果及黏性，还能丰富企业消费者数据资产。

触达、洞见、千人千面、精准服务……将拉开企业营销竞争的差距，这就是营销数字化的力量。

营销数字化系统要打造企业 4 个方面的能力

由于营销数字化系统是提升消费者数字体验的基础，因此企业首先应该考虑建设营销数字化系统，打造以下 4 个方面的能力。

一是业务实时，企业为消费者和渠道提供的服务均实时在线。商品、价格、渠道、政策、内容、交易、营促销、信用、结算、服务、业务代表（导购）等商业要素一定要能够实时在线。

二是高效敏捷，要能基于触点快速构建场景，实现积木式搭建、快速试错和迭代升级。

三是平台赋能，要具备平台的拓展能力，通过数字中台实现多端、多渠道、多业务场景的"一切业务数据化，一切数据业务化"能力。

四是智能运营，企业要具备基于数据驱动的运营和智能决策能力。

本书主要内容

循着大脑中的"旧地图",我们一定找不到"新大陆"。我们总结了服务过的 200 余家数字化转型企业的经验,得出了应对未来不确定范式的一幅"新地图",即营销数字化。本书的主要内容如下:

第一部分(第 1、2 章)从企业的视角阐述数字化转型,剖析领先的数字化企业选择营销数字化作为切入点的原因,帮助读者了解企业进行营销数字化的底层逻辑和动因。

第二部分(第 3 ~ 6 章)总结并提炼了企业营销数字化转型的路径,创新性地提出了营销数字化的构建方法,其核心要素为:一路向 C、体验之旅、增长实践和转型利器。

第三部分(第 7 ~ 11 章)详细解读汽车、耐消、日化、医药、新式茶饮 5 个行业的营销数字化解决方案和多家企业的转型路径及实践,帮助读者加深对营销数字化创新的学习和理解。

第四部分(第 12 章)和附录介绍了营销数字化评估模型及其发展趋势。通过评估模型,企业可以了解自身的营销数字化成熟度,在营销数字化转型的新地图中找到自身起点和位置,同时展望营销数字化的未来,在新地图上看清方向。

致谢

本书的内容构建来自数字化专家们的理论贡献和反复实践。特此致谢提供核心方法论和实践案例的老师和同行(按照姓氏拼音字母排序):陈新宇、崔嘉杰、戴家祥、邓通、丁婷婷、郭逸重、江威、蓝华、李楠、齐琼琼、罗家鹰、毛基业、苗宇、蒲继强、司徒俊、苏文朗、孙杨杨、汪健、王潘云、吴超、徐风、徐明、袁磊、曾伟、张朋飞、赵静、周欣等；中国人民大学商学院的冀宣齐、李慧敏、林雪娇、齐海伦、吴思奇、杨颖、周小豪等。也非常感谢机械工业出版社的杨福川、陈洁等编辑为本书出版付出的辛勤努力。

目　录

第三部分　营销数字化行业解决方案与案例

| 第 11 章 | 新式茶饮行业的营销数字化 | 333 |

第四部分　营销数字化的量化与评估

第一部分

数字化转型与营销数字化

在数字时代，数字化转型是企业寻找到的新出路，也是提升企业投资回报率的关键因素。很多企业为领先竞争对手，正在准备或已经开始数字化转型。那么，企业该如何有条不紊、卓有成效地推进数字化转型呢？选准适合企业发展和业务特点的转型切入点，便是其中最初始也是最重要的一环。

企业数字化转型与切入点

在技术的推动下，人们日常生活消费的供给端和需求端都发生了巨大变化。这些变化进一步促进了企业全链路数字化转型。越来越多的大消费企业走在数字化转型的路上，并选择营销数字化作为切入点，开启了企业数字化转型之旅。

1.1　理解数字化转型

数字化转型是基于 IT 技术提供业务所需要的支持，让业务和技术真正产生交互而诞生的。我们可以从概念及内涵、分类、价值等多个维度来理解企业数字化转型。

1.1.1　数字化转型的概念及内涵

数字化转型运用 5G、人工智能、大数据、云计算等新一代数字技术，改变企业为客户创造价值的业务方式，进而推动企业业务实现新的增长。数字化转型对业务的流程、场景、关系、员工等要素进行了重新定义，内部完成全面在线，外部适应各种变化，从前端到后端，实现自动化和智能化，最终创造价值。如今，数字技术正融入企业的业务模式、生产运营、产品与服务当中，用以转变企业客户的业务成果及商业与公共服务的交付方式。这通常需要客户的参与，也涉及核心业务流程、员工，以及与相关方交流方式的变革。

数字化转型是在数字化转换和数字化升级的基础上，进一步触及企业核心业务，以发展和建立新的商业模式为目标的高层次转型，数字化转型的 3 个阶段如图 1-1 所示。

图 1-1　数字化转型的 3 个阶段

首先，数字化转换反映的是"信息数字化"，是从模拟形态到数字形态的转换过程，如从模拟电视到数字电视、从胶卷相机到数码相机、从物理打字机到办公软件。其变革的本质是将信息以 0 和 1 的二进制数字化形式进行读写、存储和传递。

其次，数字化升级强调的是"流程数字化"，运用数字技术改造业务流程，为产生新的收益和价值创造机会。诸如企业资源计划 ERP 系统、客户关系管理 CRM 系统、供应链管理 SCM 系统等，都是将工作流程进行了数字化，从而提升了工作协同效率和资源利用效率，为企业创造了信息化价值。

最后，数字化转型是更大程度地开发数字化技术及支撑能力，目标是新建一个富有活力的数字化业务商业模式。数字化转型完全超越了信息的数字化或流程的数字化，目标是实现"业务数字化"，使企业在一个新型的数字空间里发展出新的业务和新的核心竞争力。

1.1.2　数字化转型的分类

根据数字化转型对企业现有业务改变的程度，可将数字化转型划分为"存量业务优化""增量业务创新"两类，对应不同的商业战略和数字化战略。

存量业务优化是指基于现有的商业模式，利用高效的数据技术和算法，进行生产运营数字化转型，获取更低成本和更好体验之间的平衡，降低运营成本或为业务提供增量。例如某家电企业利用人工智能图像识别技术，提升产品生产质量管控；某跨国集团企业利用财务机器人 RPA，提升财务管理效率，减少人力投入；某大消费企业整合线上线下渠道，打造消费者一致体验，并构建私域流量；某地产企业搭建企业移动平台，建设员工智慧办公工具，提升员工工作与协同的效率和体验等。

增量业务创新是指基于数据重构商业模式或基于数据拓展全新业务，包括产品、服务以及商业模式的数字化转型。例如某音乐出品企业用数字化音乐下载替代了传统的唱片和 CD，后来，在线音乐播放又替代了音乐下载；某传统超市实现线上线下一体化，从传统零售向新零售转变；某传统运营商向外界提供选址服务；某农产品企业打造区块链追溯技术平台，将产品与服务的追溯能力和平台社会化，产生全新的服务能力和收入；某传统药企通过搭建会员体系，聚合大健康资源，搭建大健康生态圈，开拓全新大健康业务模式等。

1.1.3　数字化转型的价值

数字化转型的价值按照业务创新转型方向和价值空间，可分为生产运营优化、产品及服务创新和全新业务创新三类，并可以按这三类来明确数字化转型过程中不断跃升的价值，如图 1-2 所示。

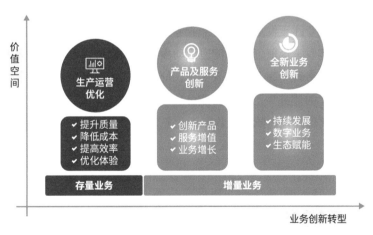

图 1-2　数字化转型的三类价值

生产运营优化类价值：相应的业务体系一般不会有本质性转变。主要是基于传统存量业务，价值创造和传递活动主要集中在企业内部价值链，价值获取主要来自传统产品规模化生产与交易。生产运营优化类价值效益主要包括效率提升、成本降低、质量提高、体验优化等方面。在效率提升方面主要包括提高规模化效率和多样化效率；在成本降低方面包括降低研发成本、生产成本、管理成本和交易成本；在质量提高方面主要包括提高设计质量、生产/服务质量、采购及供应商协作质量和全要素全过程质量；在体验优化方面主要包括客户和消费者购买体验优化、内部员工及伙伴协同体验的优化等。

产品及服务创新类价值：相应的业务体系总体变化不大，主要专注于拓展基于传统业务的增量业务创新，价值创造和传递活动沿着产品及服务链延长价值链，开辟业务增量发展空间，产生全新的产品及服务收入。产品及服务创新类价值主要包括新技术和新产品、服务延伸与增值、主营业务增长等方面。

全新业务创新类价值：相应的业务体系通常会发生颠覆式创新，主要专注于发展壮大数字业务，形成符合数字经济规律的新型业务体系，价值创造和传递活动由线性关联的价值链、企业内部价值网络转变为开放价值生态，价值获取主要来自与生态合作伙伴共建的业务生态。全新业务创新类价值主要包括为用户/生态合作伙伴连接与赋能、数字新业务和绿色可持续发展等方面。

1.2 传统企业走在数字化转型的路上

数字经济时代，各行各业都在变化，其中不乏数字技术的颠覆性力量所带来的翻天覆地的变化：淘宝、京东、美团、饿了么、拼多多颠覆了传统商业与传统餐饮，改变了人们的购物模式与消费习惯；滴滴、高德颠覆了传统出行，改变了人们的出行习惯；互联网造车新势力特斯拉、蔚来、小鹏、理想正在颠覆传统汽车行业，改变了汽车产业的发展格局与商业规则；猿辅导、跟谁学颠覆了传统教育行业，改变了人们的学习方式；微信、钉钉、抖音、今日头条颠覆了人们传统的沟通方式，改变了人们信息获取的途径与传播习惯；谷歌 AlphaGo、IBM Watson、百度 AI、科大讯飞掀起了新一轮的人工智能革命，迫使人们开始思考——未来人类到底如何驾驭机器智能……

在数字技术浪潮的巨大冲击下，传统企业的业务模式、组织、流程、员工越来越无法满足复杂商业环境的多变需求，急需做出调整，以保持业务的有效性和持续竞争力。

盒马鲜生作为"新零售网红"，以数字化手段构建了全新的线上线下一体化新电商体系。通过生鲜建立信任和体验，以 App 买单方式突破坪效极限，"30 分钟送达"的承诺解决便利刚需，盒马依靠全数字化的交互方式和管理手段，重新定义了便利商超的业务模式。

中石化是中国最大的石化产品生产商和销售商，是石化产品生产销售上下游一体化的能源化工公司，长期以来沉淀了强大的供应链管理能力。通过搭建"易派客"数字化工业品交易平台，中石化建立了中国首个 SC2B（Supply Chain to Business）的电商模式，将企业内部的供应链管理核心竞争力转化为商业输出，并放大至整个产业。借助"业务 + 数据"双中台，中石化在短时间内实现了电商平台的搭建，并在此基础上将技术能力扩展到其他业务，顺利地在集团数字化转型之路上迈进了一步。

大润发是一家以大卖场形态为主的连锁商超。2018 年，在整个商超业绩下行的趋势下，大润发提出"重构大卖场"，通过旧店数字化改造、淘鲜达线上线下一体化等业态转型，实现从传统零售向新零售的改变。支撑这些业务变革的是一套严谨的数据逻辑：双中台驱动下的零售大脑，即利用业务中台能力，帮助大润发打通线上、线下（包含商品、会员、营销等）全渠道的销售体系；同时利用数据中台能力，快速整合线上、线下全渠道的数据，建立高质量的商品数据体系。在双中台联动下，通过智能商品汰换引入天猫网红商品，同时通过淘鲜达进行精准引流和促销，部分门店单日线上订单突破 5000 单，卖场特定区域每平方米的营业额提升了 3 倍。

良品铺子是中国休闲零食零售行业的优秀企业，休闲零食零售行业销售的商品包括坚果炒货、糖果糕点、肉类零食、素食山珍、果干果铺等品类。良品铺子线上、线下业务并重，近三年来电商业务占比逐渐增大，到 2018 年，线上、线下业务占比为 45%、55%。良品铺子同样面临消费品零售企业传统线上、线下渠道利益割裂的问题。但通过搭建新零售平台及基于"业务 + 数据"双中台的会员中台系统，良品铺子实现了整合的"全渠道转型"，实现了多个线上线下渠道"同款同价同促销"的新形态。

京信通信是全球领先的无线通信与信息解决方案和服务提供商。产品调试一直是通信生产过程中的瓶颈。调测成本占总生产成本的 30%～40%，单个产品平均耗时超过 1 小时。京信通信通过云端汇总、打通生产关键环节数据，以测试及检测数据为主体，利用算法模型进行制程能力的综合分析、评估、优化。最终，检测指标项从平均 300 个点位降到 200 个，产品整体调试效率优化 35%。

越来越多以自主产品产供销等线下业务为核心的传统企业，正在借助 5G、人工智能、大数据、云计算等新一代数字技术，优化、调整自身业务比重，从以往利润率低、红海竞争的产品解决方案和服务（线型业务），转向利润率高、蓝海竞争的平台业务和数字业务（指数型业务），数字化转型的路线如图 1-3 所示。

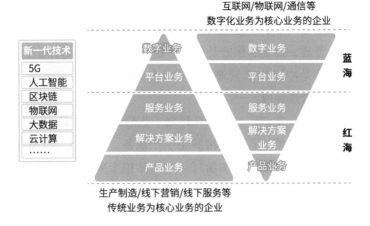

图 1-3　传统企业数字化转型路线图

1.3　大消费企业数字化转型的路径选择

大消费企业包括医药保健、食品饮料、品牌服装、旅游、零售、新型 IT 技术、家电、汽车、地产等。新消费是新的消费方式的升级。在新一轮消费升级的过程中，旅游、高端白酒、乳品、葡萄酒、平板电视等子行业龙头及以 5G、互联网有线电视为代表的新一代通信产品，不断推出创新性消费概念，使人们的消费多样化。

1.3.1　大消费企业数字化的 3 个领域

大消费企业数字化转型涉及企业内部和外部，从企业连接的对象来划分，可以把企业数字化转型分为营销数字化、数字管理、工业互联网 3 个领域，如图 1-4 所示。

- 连接消费者或客户：从企业的商品到消费者或客户的过程属于营销，连接的是企业的消费者或客户。这是营销的数字化，属于营销数字化领域。

- 连接员工：企业从订单到生产计划的过程属于企业内部管理，这里连接的是员工，让所有的员工在链路上协同，这是传统 ERP 管理的范畴。内部管理的数字化，属于数字管理领域。

- 连接设备和产品：生产计划下达后，从生产计划到 MES 生产线的过程，连接的是生产设备。比如每台设备怎么生产，每道工序中给每一个产品拍个照片，然后通过数据解析来控制质量、工艺水平等。生产部分的数字化属于工业互联网领域。

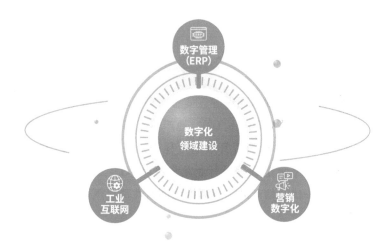

图 1-4　企业数字化的 3 个领域

1.3.2　大消费企业为何选择以营销数字化为突破口

大消费企业是数字化转型的前沿，普遍选择营销场景为切入点，开启企业数字化转型。

通过渠道销售的大消费企业，已经把广告投放渠道从电视、报纸、室外广告牌等传统媒体，转向投放更精准、策略更丰富灵活的数字化媒体上，并且加强数字化用户运营，建立并运营私域流量池。数字化营销已经是大消费企业数字化转型的普遍实践。

在产品和服务创新方面，喜茶、书亦烧仙草、新作的茶、天然呆、沪上阿姨等一批新式茶饮企业陆续数字化，我们购买茶饮的方式在不知不觉中从门店柜台前转移到了微信小程序上，这也使得新式茶饮行业可以基于私域流量池实现"超级个性化推荐"的营销。

在零售环节，云 POS、智能导购、直播导购、无人门店、会员数字化及会员营销等营销数字化应用都成了品牌零售的标配，良品铺子、久久丫等企业都是很好的案例。

这些大消费企业选择营销数字化为数字化转型的第一战略和最佳切入点的主要原因有二。

第一，从企业角度，自 2019 年以来，中国企业规模增长速度放缓，特别是随着营收规模的扩大，营收增速普遍减缓。大消费企业生意越来越难做，销售瓶颈也越来越明显。营销数字化转型是大消费企业在危机和阵痛双叠加下的一个明智选择，企业可以通过营销数字化创新，通过精细化运营以及"品牌、市场、销售、服务一体化"设计的营销数字化应用，找到新的市场机会和增长点，形成对用户持续的影响，目的还是突破增长。

第二，从供应商角度，很多国内厂商的技术已经超越了国际厂商，更能贴合国内企业营销创新诉求，尤其是在营销场景创新、运营设计、应用开发及数据启动运营等方面，将给企业营销数字化提供强大的助力。

同时，这些大消费企业要做到营销数字化转型，需要具备 4个要素。

第一，企业要转变营销思维。未来企业营销方面的竞争体现在用户体验上，企业要有好的用户体验做存量运营。因为随着流量红利见顶，流量成本水涨船高，"流量思维"已经过时，所以企业要转变思维，要在存量上求销量。

可以说，存量运营思维折射出新的增长体系。从公域运营到私域运营，意味着企业要在私域流量的运营上下功夫，要基于用户的整个生命周期进行营销设计，设计"引流获客—精准服务—高效转化—留存激活—信任传播"的获客转化循环，得以让企业真正从用户体验的角度出发，设计营销玩法，提升用户价值，顺利进入下一个留存的良性循环。

第二，企业要基于数据挖掘用户的真实需求，重塑营销策略。有大数据能力的辅助，企业可以建立用户画像，结合人货场信息，分析不同场景下用户的消费需求，为精准分群、制定不同的引流获客策略打下基础。

第三，企业要创新营销方式，精细化运营每个存量用户。随着大消费企业围抢下沉市场、经营规模持续扩大，新用户增长的空间正在逐渐缩小。在用户体验思维指引下，企业营销数字化的起点是精细化运营每个存量用户。

第四，企业要有高效的转化交易场，把企业引流、留存及激活的成果高效变现。企业营销用户的最终目的是转化变现，这就需要企业为用户提供丰富的、便捷的、高效的交易渠道，让用户买得到、买得对、买得值。

第2章 | CHAPTER

营销数字化概述

在数字时代，传统企业实现数字化转型时，必须把营销数字化作为关注重点，变革营销思想、模式和策略，实现数字时代新的营销方式。

2.1 数字重新定义营销

数字时代已经来临，新营销思维不再是某个企业、行业的行为，它充斥在消费者个人生活的每个细节中。

2.1.1 以消费者为中心的数字时代新营销

营销的本质是洞察消费者心理，影响消费者决策，然后达成交易转化闭环。因为数字时代下，无论是消费者心理还是消费者决策路径，都发生了重大的变化，所以传统的营销方式和营销手段都需要做出变革。

"认知—熟悉—考虑—购买—忠诚（复购）"是传统的消费者购买旅程模型，它是一个线性的漏斗模型。在这个传统模型下，因为营销的重点在"头"和"尾"这两端，也就是增加认知、鼓励复购，所以传统营销以最大限度获取流量为中心目标。

随着产品类目的丰富和互联网的兴起，传统的消费者购买旅程发生了动态变化，在认知初选的过程中，消费者不再局限于熟悉的品牌小池子，而是会主动获取产品信息，扩大选择范围。这个变化产生了一个新的社交互动营销节点，在这个基于社交互动进行主动评估的阶段，新的品牌有机会插队、入围，甚至挤掉初选认知池中的品牌。另外，在完成购买行为之后，消费者也开始主动评论及分享品牌经验，这些评价又会成为其他潜在消费者购买决策时的重要参考。整个过程变成了一个动态循环的链条，但本质上还是以流量为中心的线性投放逻辑。

不过，随着数字技术的进一步发展，消费者自我意识逐渐觉醒，消费者决策过程再次发生了变化。消费者决策路径不再是线性的，也不仅仅是动态的，而是蜿蜒曲折的，新的营销触点随时可能发生，进而影响消费者的决策行为，这个过程完全没有规律可循。总之，数字经济时代的营销应该是千人千面、千时千愿的。

营销到了数字时代变革的关键节点，进入数字时代的新营销阶段，即"以消费者为中心，数据赋能，AI 驱动"，推动营销数字化转型。

2.1.2　营销数字化的定义

营销数字化（Marketing Digitalization）是以数字技术作为核心驱动力和手段，推动企业核心的营销业务，包括品牌、市场、销售、渠道及交易、消费者及服务的全方位变革，将传统营销方式进行在

线化、自动化和智能化创新，最终驱动业务增长，如图 2-1 所示。

图 2-1 "技术 + 数据"驱动企业营销业务创新

营销数字化的本质是借助技术和数据，以及营销资源的利用，依靠实时数据跟踪，实现营销由粗放向集约发展；依靠中台的强大连接，实现渠道从单一向多元发展，从公域到私域的全域端到端业务实时在线，完成高质量数据资产沉淀；以消费者旅程为中心的数字化体验创新，实现面向最终消费者体验的全触点营销数据闭环；基于数据驱动的内容策划和投放以及消费者运营等营销业务，从经验决策变为智能决策，最终帮助企业变革营销模式，提升营销资源利用及运营效率，降低营销费用，提升消费体验，实现业务增长。

营销数字化更强调对新技术的运用能力和互联网业务逻辑的分析能力。营销数字化赋予了营销组合新的内涵，是数字经济时代企业的主流营销方式和发展趋势。营销数字化区别于狭义的数字营销（Digital Marketing），它不是仅发生在短期或者单个营销环节，而是企业营销系统的变革，通常与企业组织架构的变革并行。

2.1.3　营销数字化的 3 个关键实现

数字时代之下，营销不再是单一地获取流量，而是涉及消费者行为洞察、触点沟通以及决策影响的全链路消费者运营。数字时代的新营销解法是运用数据智能来做消费者运营，是要实现端到端业务在线，实时连接消费者，基于此打造消费者旅程闭环的营销数据资产，从而用数据驱动消费者运营，最终目的是打造好的消费者体验，实现业务增长，如图 2-2 所示。

图 2-2　营销数字化的 3 个关键实现

1. 实现端到端业务在线

在中国，探究营销数字化的真实动因是消费者数字化行为的演变。经过近 10 年电商产业的蓬勃发展，线上销售已经占到了消费品 30% 以上的销售份额，同时微信成为消费者与消费者、消费者与商家之间交流的主要工具。

消费者的信息获取、购买决策和购买行为等环节已经实现了数字化，并逐步倒逼零售商运营和品牌商供应实现数字化。大消费企业（包括消费品品牌商、流通商、零售商）营销数字化要了解和迎合自己目标消费群体的数字化行为与喜好，从公域到私域，实现产品与服务从品牌到消费者双向端到端业务在线，也就是要实现企业营销从消费者角度出发的全链路营销业务数字化，能够实时连接目标消费群体的数字化行为。

大家都知道海底捞的服务好，海底捞为了让服务连接到更多消费者，开发了自己的私域 App，这样客户可以通过私域 App 订位、选菜品、下单，在约定的时间内到门店直接用餐。同时，海底捞也把服务移植到美团等公域平台，对接目标消费群体，支持消费者在线下单，并可以通过微信或支付宝在线支付。当然，消费者还可以在公众号、头条、抖音、小红书上的小程序中预定海底捞的在线服务。目前海底捞私域 App 用户达 30 余万，微信公众账号将近 80 万用户，支付宝钱包约 50 万用户。通过线上产品和服务的布局，海底捞已经在端到端业务在线的过程中，摸索出了一条自己的路径。

又如好孩子实现品牌、商品、促销、物流、服务、用户等业务及资源在线，以品牌经营为核心，驱动线上线下资源共享、互生，连接消费者，通过移动互联实现品牌与消费者的双向互动，为消费者随时随地提供优质商品、心仪的服务，也是在践行端到端业务在线，如图 2-3 所示。

实现端到端业务在线，即商品从企业流出到消费者整体过程的两个主要通路（零售和渠道）的业务实时在线，完成全链路数据资产沉淀，一路向 C，实时连接消费者，如图 2-4 所示。端到端业务在线需要品牌 BC 一体化，供给侧和需求侧共同发力，重塑和融通零售和经销渠道，共同服务消费者。

2. 围绕消费者旅程的营销闭环

商品从企业流转到消费者手里，涉及公域品牌推广、市场活动引流、渠道及交易、消费者及服务等内容，这就是传统的营销链条。

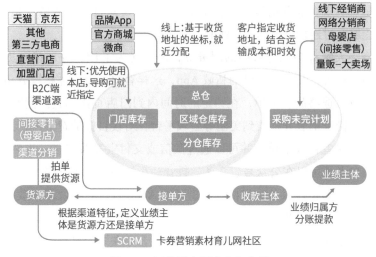

图 2-3 好孩子全渠道业务在线

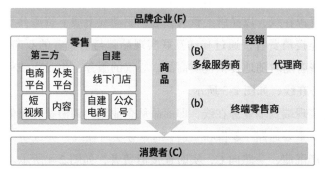

图 2-4 端到端业务在线

在数字时代，由于消费的场景化、渠道的多元化、产品与服务的一体化，企业开始利用数字重构营销链条。以消费者为中心，基于消费者旅程打通产品、营销、销售和服务环节，通过对消费者全方位洞察和全生命周期管理，使业务与数据形成营销闭环，达成业务到数据的一体化、数据到业务的运营化，从而提高获客数量、提升客户价值，如图 2-5 所示。这就是营销数字化的第二个关键，即从消费者运营的视角，围绕消费者旅程构建营销闭环，以营销闭环的设计为抓手提升消费者体验。

以日化企业为例，日化企业拥有强大的用户基础，运营数据涉及产品数量及种类、消费者数量、消费者特征及行为偏好、区域市场销量等各方面。当前大部分日化企业虽已开始探索营销数字化、场景营销，但对上述数据的开发程度不足，没有形成消费者旅程的营销数据闭环，数字化也只覆盖了局部。

未来，移动互联网和物联网应用将会拓展到更深层次，产品从研发、生产、制造，再到消费者手中，每个环节都会产生大量的对象、时间、场所、种类、数量等数据，如何通过整合、加工这些数据支撑企业进一步开发消费者市场、研发新产品、开发新商业模式，需要消费品企业拥有更强的数据开发、分析、整合能力。

3. 实现数据驱动业务智能

营销数字化的本质是连接、沉淀消费者数据，"数据 + 算法"产生智能，并赋能业务，从而推动业务的新增长，如图 2-6 所示。这就需要营销新技术把通过业务在线沉淀的消费者数据资产化、智能化、服务化、价值化，并利用内嵌到各个环节的智能应用，激活数据的商业价值。例如基于大数据算法精准预测顾客购买时间，有效提升活动 ROI 的黄金购买时间模型；基于多维数据结合大数据算法精准洞察会员健康度的会员健康模型；融合多源第三方数据进行精准广告策略投放，促进公域转私域有效转化的精准营销模型；基于用户订单交易及行为数据洞察，用深度学习算法构建用户与商品的"千人千面"个性化推荐模型；基于大数据算法赋能经销商生意经营管理全过程的经销商生意参谋模型等。

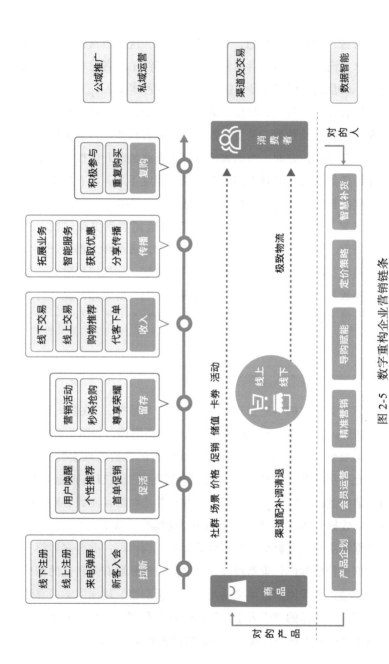

图 2-5 数字重构企业营销链条

图 2-6　数据驱动业务智能

　　这些都是基于企业在线业务沉淀数据资产后，进一步智能化加工、服务化输出，赋能到业务环节的数据价值转化案例。企业持续产生的数据会补充并完善现有的算法模型，进一步训练学习，做出更加智能的决策，从而形成良性反馈闭环，最终帮助企业实现业务智能化。

2.2　营销数字化覆盖的环节及路线图

　　基于互联网中台架构的营销数字化创新所覆盖的环节包括数字中台、洞察与策略、内容与创意、投放与触达、服务与体验、渠道与销售，如图 2-7 所示。

1. 数字中台

　　数字中台是营销数字化的第一个创新环节，是数据取代人的主观决策成为营销业务的核心驱动力，获取、管理、利用数据的能力成为企业营销数字化转型的核心竞争力。借助互联网平台及营销数字化服务商的数字中台相关产品，企业能够获取、管理、利用海量数据，发现数据规律，为多环节营销业务创新和决策提供辅助。

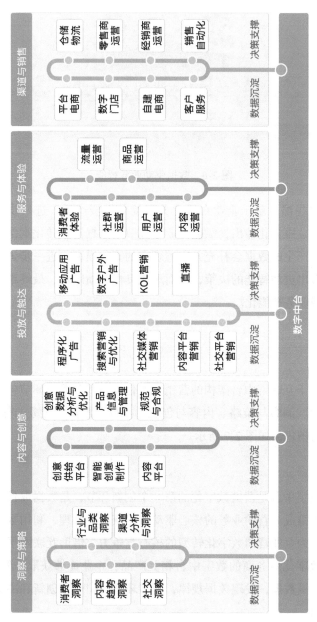

图 2-7　营销数字化路线图

此外，营销数字化的 3 个关键实现即端到端业务在线、基于消费者旅程的营销数据闭环及数据驱动的智能业务，迫切需要企业建设数字中台，通过业务中台、数据中台、技术平台相关产品，构建扎实的"业务 + 数据"能力，奠定高效开发、快速复用的基础，并实现数据的实时采集、治理、存储、查询、分析、展示，积累数据资产，成为赋能业务应用场景的基石。

2. 洞察与策略

洞察与策略是营销数字化的第二个创新环节，基于大数据动态、全面的市场研究与精准洞察工具，取代了传统的市场研究方法，依托数据智能而非少部分人的主观经验，使营销决策得以优化。

洞察与策略领域的颠覆依靠"消费者洞察""行业与品类洞察""内容趋势洞察""社交洞察""渠道分析与洞察"相关产品，为企业战略制定、新品研发、价格优化、品牌增长、广告投放、内容创意、渠道选址提供决策支撑。

3. 内容与创意

内容与创意是营销数字化的第三个创新环节，将内容与创意生产领域的"一键生成"与"千人千面"变为现实，基础的内容创意降维至元素，摆脱了对人的依赖，实现创意的高效、批量化、个性化。创意评价也由人的主观判断变为数据驱动的创意优化，使得内容管理与内容工作流更为高效。内容与创意领域的数字化关键节点包括：依靠"创意供给平台"工具整合外部创意供应链，依靠"智能创意制作""创意数据分析与优化"工具实现创意内容智能生产及优化，依靠"内容平台"工具实现对创意内容的高效管理，以及"规范与合规"工具提升内容规范，规避内容风险。

4. 投放与触达

投放与触达是营销数字化的第四个创新环节，包括全用户的精准触达、全渠道的智能投放、实时动态的效果监测与优化。覆盖人群、媒介类型及广告类型不断拓宽，且实现人群的全链路追踪，在广度与深度上都实现了触达效率的飞跃。

用户投放与触达领域的数字化关键节点包括："程序化广告"实现精准的目标受众定向与投放，在"搜索营销与优化""社交媒体营销""内容平台营销""社交平台营销""移动应用广告""数字户外广告"等不同类型媒介平台实现不同类型广告的精准投放。

同时，依靠全域测量进行单平台或跨平台监测，量化企业与消费者的每一次接触，实现广告投资优化。此外，借助"KOL营销"相关工具，科学评估 KOL 价值、实现 KOL 与用户之间的精准匹配，通过"直播"完成"种草"与带货。

5. 服务与体验

服务与体验是营销数字化的第五个创新环节。营销从流量时代进入存量时代，由于企业与用户的关系需要从粗放转为精细与深耕，因此企业需要不断制造与用户的"相遇""种草"直至"收割"并进入下一轮循环。在服务与体验领域的数字化关键节点包括：通过"消费者体验"设计消费者体验旅程，依靠"流量运营"完成流量的有效分配，通过"社群运营""用户运营""内容运营""商品运营"等为消费者提供服务，提升消费者体验。

6. 渠道与销售

渠道与销售是营销数字化的第六个创新环节，即企业建立对消费者、商品、渠道终端、销售人员的即时连接、数据获取、状态监控、服务支持等能力。渠道与销售的数字化关键节点包括：依靠"平台电商""数字门店""自建电商""客户服务"，覆盖从品牌官方商城、线上购物平台及社交商城、线下数字门店到客户服务的全渠道构建过程，通过仓储物流、零售商运营、经销商运营完成渠道拓展、铺货、分销、动销，实现智慧营销与渠道运营。

第二部分

营销数字化的构建方法

    确定将营销数字化作为企业转型的切入点后，下一步是确定营销数字化转型的落地构建方法。企业不仅要把握转型的核心方法，还需要选择合适的转型工具，因此，提前了解转型的核心方法、确定转型的承载工具是非常关键的。我们总结了 3 条核心方法——一路向 C 的底层逻辑、体验之旅的构建规则、增长实践的数字驱动增长，以及一个统一的数字中台落地转型利器。

第3章 | CHAPTER

一路向 C：端到端业务在线

　　生意的本质就是让消费者满意，消费者在哪里，生意就在哪里。随着移动互联网和智能终端的普及，消费场景越来越丰富，且越来越多元化、碎片化，消费者可以在移动终端上解决绝大多数的衣食住行问题。企业需要快速地识别、洞察、触达消费者，高效满足消费者需求、提升用户体验、培养用户忠诚度，进而进行终身用户经营。

　　消费者直达是品牌商的核心诉求，企业需要针对不断变化的市场与用户属性，以物联网、大数据、云计算、人工智能等技术发展为依托，实现业务中台化，融合企业原有的核心业务系统，借助新技术进行全网、全渠道融合，打造消费者、生态的端到端业务在线能力，并通过对全业务在线连接和过程行为路径中的数据采集与分析，实现对业务的多维快速感知，继而逐渐沉淀大量私域数据，进行有序的、全链路的运营转换，实现企业数字化经营。

3.1 什么是端到端业务在线

端到端是指从消费者需求的提出到企业为消费者提供满意的商品或服务结束的一条完整的流程链。

消费者可能通过任意渠道与品牌进行交互，如网页搜索、小程序或 App 在线互动、电话咨询、线下门店交流等。当消费者通过某种渠道与品牌联系到一起时，他们会将其当作与该品牌之间的一种交互方式。消费者都期望获得高效、无障碍的沟通和体验，其中任一渠道或任一环节的障碍都会被糟糕地反映成整体流程的失败。

在品牌与消费者互动的过程中，企业要了解和迎合目标消费群体的数字化行为与喜好并高效转化，品牌需要实时在线，并通过全渠道通路的端到端打通、业务在线化，形成 F2B2b2C 全链路数字化和全场景触达，进而快速响应和满足消费者需求，从而形成产品与服务从品牌到消费者双向端到端业务在线。

3.1.1 消费者无时无处不在，品牌需要实时在线

随着消费互联网的兴起，消费者的很多消费行为已经被互联网平台改变，网络购物越来越快捷，商家需要 24 小时在线。同时经过多年电商节日的洗礼，消费者识别平台促销的能力加强了，如今的消费者不再"盲目剁手"。企业面临的重大挑战是，面对消费者选择权、参与权、表达权的崛起，如何满足消费者海量的、碎片化的、实时的、多场景的需求。

下面来看一个真实的购物案例。

小李是一家公司的经理，平时工作很忙，经常出差。五一期间回县城老家陪父母过节，晚上洗完澡并洗衣服时，发现家里的老旧洗衣机还没有换，于是决定为父母更换一台新洗衣机。

小李依稀记得朋友说过有的洗衣机是空气洗，于是用手机百度搜索"空气洗衣机"，满屏都是空气洗衣机的信息。小李先从知乎上详细了解了空气洗的原理、特点，然后从唯品会品牌特卖节上查看价格，发现京东家电超值热卖上有各种型号的洗衣机，有的秒杀直降，有的有视频介绍，还有的有直播讲解，听了一阵主播讲解，还是不知道买哪款。最后小李搜索品牌官网，发现县城里新开了一家品牌专卖店，离家不远，于是决定明天去现场看看。

第二天上午小李和父母到了专卖店。导购非常热情，先是了解了他们的需求，又旁敲侧击地了解了心理价位，还现场演示了真丝、羊绒的空气洗涤效果，最后推荐了一个爆款型号，性价比高，还可以分期付款。小李用手机查了一下京东、天猫等电商渠道同款的价格，发现没有区别。最终小李决定从门店购买，由厂家统一配送。

从萌生购买洗衣机的想法到厂家上门安装的过程中，小李通过多种渠道了解产品，经过线下门店现场体验、线上电商比对价格，最终达成交易，整个过程中，消费者诉求跨越时间、空间，随时随地无处不在。

无论时代如何变迁，企业的初心都是更好地服务和满足消费者需求，并提供线上线下一体化服务，为此，企业需要全网、全渠道实时在线。消费者出现在哪里，企业的产品和服务就要在哪里。消费者通过任一渠道与品牌连接时，企业需要快速地识别、洞察、触达并影响消费者，高效满足消费者需求、提升消费者体验，进而实现有序的、全链路的运营转换，实现终身用户经营。

3.1.2　端到端业务在线的核心是快速满足客户需求

营销的本质是把货卖出去、把钱收回来。企业通过布局 B 端进行渠道分级深度分销，通过布局 C 端直接触达、直接感知消费者需求、拉近与消费者的距离，不仅为消费者提供更多的购买渠道，还为他们带来更便捷、更舒心的服务。

以家电行业为例，过去 40 年里产品售卖的渠道从传统的百货商场、专业 / 连锁卖场（如苏宁、国美等）、代理分销体系（省代、市代、区域代、终端零售店）发展到线上电商（京东、天猫等）、线下体验线上交易融合以及看不见的渠道——社交（通过口碑），可见移动互联网的蓬勃发展带来了消费品市场和营销渠道的彻底重构。

渠道变迁的核心是企业对最终消费者触达效率的提升，是企业快速满足消费者需求而进行的迭代优化。

近几年无论是传统企业，还是新兴互联网企业，纷纷进行线上线下、BC 一体化综合布局。三只松鼠初创时没有一家线下店，到 2021 年 1 月底，"松鼠小店"突破 1000 家，实现从线上为主到线上线下均衡发展的全新转变。2021 年 4 月，第 5000 家"小米之家"在沈阳大悦城正式开业，持续下沉终端市场。而传统品牌也纷纷布局线上电商，进行线上线下互动式发展。

目前主流品牌企业的典型渠道通路，基本都涵盖官方商城、经销商（大 B）、零售商（小 b）、第三方平台电商等各种渠道，期望同时触达 B 端和 C 端，形成 BC 一体化的渠道布局，如图 3-1 所示。通过品牌商（F）→大客户 / 经销商（F2B）、经销商→零售商（B2b）、零售商→消费者（b2C）全渠道通路的端到端打通和业务在线化，形成 F2B2b2C 全链路数字化和全场景触达，进而快速响应和满足消费者需求。

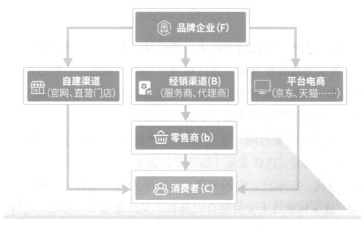

图 3-1　品牌企业典型渠道布局

3.2　如何做到端到端业务在线

随着移动互联网的快速发展，C 端产品触达消费者生活的方方面面，消费者对数字技术的接受度、认知度都有了大幅度提升。消费端带来的新变化正在倒逼企业进行数字化变革以快速满足用户多样化、个性化的需求，促使企业管理者、领导者对企业数字化进行更深层次的思考。从流程到职能，借助新技术的应用降本增效，包括生产制造、市场营销、渠道建设、人力资源、后勤办公等。具体到营销方面，就是要实现全渠道通路的端到端打通，形成全链路数字化和全场景触达的端到端业务在线。

企业实现端到端业务在线的关键在于按消费者旅程重新梳理和设计端到端服务流程，直接触达 B 端和 C 端，并构建更加敏捷的数字中台，整合所有核心系统，深层次地连接渠道上下游，形成 BC 一体化的渠道布局，在此基础上不断快速迭代优化，从而使业务运作更加敏捷，最终形成基于数据智能化的决策。

3.2.1　重新梳理和设计端到端流程

在 3.1.1 节介绍的小李购买洗衣机的案例中，从萌生购买洗衣机的想法到厂家上门安装的整个过程中，为有效满足小李的购物需求，品牌方至少需要具备以下强大的数字化核心业务在线处理能力。

- 商品在线（跨渠道 / 平台的商品上架能力）：如果小李在京东、天猫、唯品会、门店等不同渠道平台看到的商品及优惠活动不一致，门店导购的热情可能就会被误解。好的结果可能是小李转身去更优惠的平台上下单，而更坏的结果则是小李去购买其他品牌。
- 政策在线（统一的价格、跨平台的优惠券管理及多活动叠加管理能力）：即全网全渠道的统一零售价管理，以及优惠券的管理。小李在线上直播平台上领到的满减券在线下零售门店应同样可以使用。品牌方对从优惠券的生成、发放、领用、核销、结算全生命周期的管理能力在线，同时需要支持以旧换新活动与满减券叠加使用。
- 交易在线：从门店扫商品码下单、订单预付，到送货上门的物流码与订单匹配，旧机估值抵货款、订单尾款支付，全程操作简便快捷。
- 库存在线：门店无须常备库存，品牌方通过云仓一盘货模式，随时掌握各区域仓库不同产权（品牌方、经销商、零售商、渠道等）的库存信息，在消费者下单时进行精准库存锁定和分配，并按需及时配送。
- 物流在线：物流精准派单、配送，一品一码，送装一体，物流上门收款等。
- 清分结算在线：消费者在线支付、品牌方收款后，清分、结算给经销商、门店导购、物流服务方、零售门店等利益相关方。

以上既有针对 B 端的商品、政策、库存、物流、清分结算业务在线能力的支撑，也有针对 C 端的直播触达以及商品、政策、库存、交易、物流等业务在线能力的体现。

要做好端到端的业务在线，企业需要重新审视消费者旅程中所有消费者完成的实际和虚拟的操作步骤，研究消费者需要什么、不需要什么，进而梳理从企业内部到外部渠道、合作伙伴、终端门店等围绕消费者旅程的一系列内外部流程。利用这些信息重新设计消费者旅程，并保证整个数字化流程与服务旅程的一致性，从而帮助消费者轻松完成整个旅程。

1. 场景梳理

真正的消费者决策是让消费者自己说服自己。抓住与消费者接触的每一个关键点，通过对场景触点的梳理、规划、设计和管理，使这些与消费者接触的点变为消费者满意的点。

在小李的购物旅程中，与小李直接关联的关键触点有网页搜索（百度、知乎等）、商品宣传（视频、商品详情页等）、直播互动、抽奖、领券、导购接待、扫商品码下单、扫物流码签收、付尾款、注册会员等。这些触点都非常重要，每一个触点都有它的使命，每一个触点都应该精心设计，从而促使消费者旅程进入下一步。

2. 触点设计

通过对整个旅程的消费者触点进行设计，可让这些触点自然而然地影响消费者的判断，增加消费者信任感，影响其决策，最终达成交易。在设计过程中，每一个触点都需要切中需求，让消费者有好感，从而唤起渴望、激发动力。好的触点设计可以让消费者打消疑虑、建立信任。

在小李的购物场景中，师傅上门安装洗衣机后，通过介绍远程洗衣控制、积分权益、领直播红包、抢优惠券等方式引导小李的父母下载品牌 App 并进行会员注册，可以为后续的洗衣液复购和终身用户经营打下基础。

3. 场景模拟

企业需要站在目标人群的视角，模拟和规划影响消费者、感动消费者的内容、形式甚至介质，从而把控关键场景触点。在这个过程中，通常可以邀请专业人士甚至目标人群进行交流、共创，从而发现、优化场景和体验设计。

4. 流程穿透

消费者旅程中每一个业务场景需求的满足，都涉及后台一个或多个系统的支撑。要提升流程效率和消费者满意度，需要重新构建数字化流程，从系统流程到组织职能流程的梳理和穿透非常关键。通过流程穿透可以发现流程断点和需要优化的流程，从而得出哪些系统需要改造、哪些系统需要新建，以及哪些通用业务能力需要沉淀等，以进一步指导企业进行全链路数字化信息系统的建设。

3.2.2　全链路数字化落地端到端业务在线

随着移动产业的崛起和新交互场景的增加，大多数企业都建立了自己的多种线上线下传播和交易渠道。但面对国内 2800 多个县级行政区、38 000 多个乡镇这样量级的传统分销渠道，大部分企业仍然只能做到打通直营终端，只有部分渠道控制力特别强的企业打通了 B2b，而很大一部分企业仍然只能通过大区、分公司、区域、网格等多层级形式对传统线下渠道进行管理，通过终端拜访、检查商品阵列、盘库等方式，定期了解终端价格、库存、动销等信息。

这就导致不同渠道的商品体系、价格体系、促销活动等相互独立，数据不能互连互通。很多消费者都会在购买商品前对比品牌官网、电商、附近门店等多渠道的商品价格，往往因为多渠道数据没有贯通，消费者在不同的渠道得到不一致的服务体验，这会给消费者留下负面印象，降低消费者满意度，从而影响企业在用户心中的形象。

由此可见，对于品牌来说，亟待通过全网、全渠道的融合，基于信息数据的互连互通集成散落在各个渠道的信息数据，整合跨职能团队，将优化设计后的端到端业务流程进一步落地形成数字化能力，并构建更加敏捷的数字中台，整合所有核心系统实现业务中台化，支撑大 B、小 b 和 C 的端到端业务在线，为消费者提供一致的服务体验，传达统一品牌形象。

我们认为，传统企业实现一路向 C 的端到端业务在线可拆解为 4 个领域，最终达成营销全链路数字化转型，如图 3-2 所示。

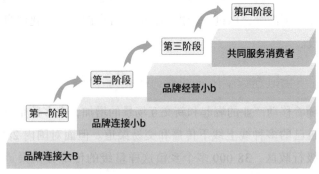

图 3-2　品牌企业实现一路向 C 端到端业务在线的四步曲

1. 一路向 C，全链路数字化转型四步曲

（1）深化与经销商之间的数字化连接，达成 B 端在线

大部分企业都由 ERP 系统来承载与直营客户（KA 大客户、经销商）间的合同、销售订单、发货、收款、开票、对账等业务，但传统的 ERP 系统仅限于企业内部使用，无法与消费者进行互动。企业需要更全面、更快捷地连接消费者，充分宣传自己的产品和服务，使消费者实时了解商品、价格、返利政策、促销活动以及可订货的库存等信息，促进交易。通过在线咨询、电子合同、在线下单、在线支付、在线跟踪物流、在线对账等业务办理，可实现多个场景的线上化、数字化，从而实现企业和经销商之间数字化连接的升级改造。

（2）激活与终端小 b 之间的连接，政策直达终端，促成小 b 在线

在激烈的市场竞争环境下，传统分销模式链条过长，厂家与终端零售门店之间存在一级、二级经销商等诸多节点，信息传递低效，无法快速响应消费者需求。大部分企业的线下渠道依然面临对终端掌控不足、消费者需求认知不及时等挑战，缺乏直接有效的方式获得终端消费者的信息、行为及喜好，难以影响消费者决策，因此品牌激活并直连终端零售是大势所趋。

企业要做的是敏捷反应市场，而不是去除经销商体系。面对国内百万级终端门店，企业仍然需要依赖多级区域销售管理体系。通常企业都会协助传统经销商向运营商、服务商转型，负责对应区域市场的小 b 拓展。甚至订单逻辑和结算关系仍保留 $F \leftarrow B \leftarrow b$，但物流是 $F \rightarrow b$ 甚至 $F \rightarrow C$。在直连终端小 b 时，将返利、促销等政策直接投放到终端，可提升投放效率，同时打通厂商、经销商、终端小 b 之间的信息流。渠道管理多层级仍存

在，但管理渗透力跨越层级、数据高效传递，企业能掌控渠道实时动销数据，可以大幅提升业务运营效率。

例如五粮液推出"五粮浓香终端俱乐部"，中粮可口可乐推出"可乐 GO"，商家可自主申请注册成为终端商，企业审核通过后就可以享受相应权益。如终端扫码完成进货后可获得相应的进货奖励，消费者购买商品后扫描瓶盖内二维码可参与抽奖活动，系统自动向关联终端发放与消费者扫码关联的返利，从而刺激终端不断销售产品，引导消费者扫码。越来越多的品牌企业在推进实现终端业务线上化。终端动作的线上化，在赋能终端的同时，极大地提升了品牌企业终端渠道的运营效率。

（3）经营和赋能小 b

终端零售店数量庞大，深入了解 C 端消费者，用服务与互动来获得 C 端消费者的青睐与信任，有天然的社群和信任属性，对企业来说通常扮演用户需求代言人的角色。企业需要建立面向小 b 的经营体系，一方面与终端门店形成良好的交互，通过创新多样化的手段促活小 b、经营小 b。另一方面可解决终端零售店特别是乡镇店规模小、专业化不足，普遍存在门店面积小、门店销售范围及销售时间有限、营销方式单一、消费者离店后失联等问题。

企业搭建线上线下一体化的门店管理与运营管理系统，通过数据和算法可帮助终端门店进行商品选品、陈列以及零售促销、会员管理等工作。针对不同位置，面对不同的客群门店，进行商品配置的有效差异化和规模化平衡，可实现真正的个性化零售、差异化经营，满足消费者的个性化消费需求，进一步增强零售店的吸客能力和经营活力。在实现"千店千面"的差异化运营的同时，通过对不同区域、不同时间段数据的汇总分析，可以对企业的销售预测、库存策略起到很好的辅助决策作用。

（4）一路向 C，共同服务消费者

用户直达是企业的核心诉求，每个终端都有不小的流量，企业应与大 B、小 b 联合起来共同服务消费者，通过全链路数字化实现端到端业务在线，快速满足消费者多样化和个性化的需求，帮助终端积累和沉淀用户。而这些用户同时也成为企业的消费者，品牌可触达、可运营。例如企业可以通过直播等线上方式增强与消费者之间的沟通，将消费者引流至线下终端零售店，从而为终端创造增量。同时，因为小 b 全面在线，在店内缺货时，消费者可以通过电子货架扫商品码下单，由企业就近发货、配送到家。企业要做的就是识别消费者在哪一个终端下的单，终端隶属于哪一个服务商，进行资金反向结算，保障各方利益。

企业通过全链路数字化赋能渠道可以掌控并快速满足消费者的需求。如何把握数字化机遇，构造端到端的业务在线，实现深层次连接渠道上下游，形成从品牌企业（F）→经销商（B）→终端零售（小 b）→ C 端用户的全链路体系，进行渠道资源的转化，进而共同服务消费者，实现一路向 C 的战略布局，将是企业需要关注的重点问题。

2."一盘货"赋能终端，支撑品牌全链路数字化落地

在传统分销体系下，品牌厂商、经销商、分销商、终端门店，层层铺货，存在以下问题。

- 各层级仓库间完全独立，无法互连互通，不仅占用大量库存，还影响商品周转效率。
- 分销层级越深，每一级的商品种类越少。品牌商的 SKU[⊖] 虽然很多，但经销商挑选一批，分销商再从经销商手里

　⊖　SKU（Stock Keeping Unit，库存量单位）。

挑选一批，零售终端再从分销商手中挑选一批，每经过一个层级，就消失了一批 SKU。

- 多级库存助长了渠道之间窜货、乱价的行为，使品牌商无法了解真实的产品流向。

因此，构建"一盘货"库存协同体系，摒弃以往各代理商、各渠道之间多盘货的不通畅与冗杂现状，已经在越来越多的企业中落地实施。一盘货逻辑如图 3-3 所示。

图 3-3　一盘货逻辑示意图

品牌商在全国设立多个中心仓（CDC）和区域分仓（RDC），通过库存在线共享和货权管理，品牌商根据销售预测或按订单生产后，通过干线物流将商品配送到区域分仓。对于经销商、终端门店的日常进货，库存只是在品牌商、经销商、终端门店之间进行逻辑产权的转移，而不需要进行实物的移动。最后，根据终端网点的订单，统一配送至零售终端（小 b）或直接送至消费者（C）。

一盘货实现了全渠道库存共享、统一调配和可视化运营，一方面大大降低了经销商、终端门店实物保管的压力，另一方面实现了最大化库存调剂，从而既缓解了库存积压，又提升了订单满足率及库存周转率。

一盘货不仅是仓储物流方式的改变，还带来了营销模式和管理模式的转型，从而在数字化时代提升了品牌的市场竞争力。一盘货使品牌商的运营重心从过去服务于经销商（大 B），转为服务于终端零售（小 b），最终一起服务于消费者（C）。

利用一盘货直达终端的销售和订单数据，还可以帮助品牌商、门店精准掌握不同商品的销售规律和不同渠道、不同地区消费者的购买习惯，从而打开经营消费者的大门。在此基础上，品牌商利用一盘货实现数智化零售转型，可以让经销商转型为数智化服务商、运营商，乡镇门店转型为数智化零售商，从而让渠道更快地与新零售接轨，让渠道更好地服务于消费者。

总的来说，一盘货模式在打破原有零售空间限制的同时，也在一定程度上促进了线上线下一体化，拉近了渠道与消费者的距离。互联网越普及，一盘货模式就越有意义。

3.2.3 直达消费者并构建信任

生意的本质就是让消费者满意。在不断变化的市场环境下，能够以最快的速度触达消费者，同时数量尽量多、成本尽可能低于同行，并取得消费者的信任，是企业营销的重中之重。

1. 沉淀私域人群，低成本触达消费者

中国人口将在"十四五"时期出现负增长。特别在当前流

量红利殆尽的情况下，获客成本十分高昂，拥有自主、免费、可以任意时间、任意频次触达的私域用户流量对于企业来说极为重要。

企业可获得的人群数据有以下几类。

- 第一方数据：企业自身采集或生产的数据资产。这类数据属于企业自有，敏感程度高，价值也最高，包括官网等直营电商、直营门店、连营零售店、服务系统等产生的交易和业务运营数据。

- 第二方数据：在其他平台（如第三方平台电商店铺的消费者数据、社交平台的粉丝数据等）产生的企业自有数据。对于这类数据，通常企业能使用一部分，但不能获得全面的数据。

- 第三方数据：企业从其他渠道获得的数据，如数据服务商数据、公开数据等。

私域数据距离消费者更近且更可控，越来越多的企业意识到了第一方数据的价值。随着企业私域人群数据体量的增加，从数据的采集、身份的匹配识别到数据的存储和挖掘，再到应用和赋能，通过人群关联和分析，洞察人与人、人与物之间的关系，企业需要完成私域数据平台的搭建。

沉淀企业私域人群数据，需要注重三大来源数据的配合。第一、第二、第三方数据均需打通和利用，在尽量摆脱第三方数据依赖的同时，通过私域、公域数据相结合的方式低成本触达消费者，以更好地应对消费者需求并取得消费者信任，发挥数据的最大价值。

2. 构建用户信任

信任是消费力，任何时候企业获得消费者的信任都是重中之重，信任值越大，交易关系就越持久，消费力就越强。私域流量运营的本质就是营造信任的能力。

大部分企业要解决的不是知名度，而是忠诚度。忠诚度的背后是用户信任。信任关系需要时间来培养。在触达消费者的过程中，高质量的内容、员工贴心的服务、精美的产品设计、物美价廉的商品、便利的商品查找、高效的支付，甚至送货效率、包裹质量等，都直接影响消费者对品牌的信任。

商品过剩时代，消费者不再因缺而买。他们会为技术买单、为服务买单、为心动买单。

- 消费者为技术买单：如果产品的创新功能正好是消费者想要的，就会强化消费者的信任。
- 消费者为服务买单：许多私域内的交易，都来自细致入微的服务，用真心换真心构建的信任。
- 消费者为心动买单：好的内容、好的服务、好的产品、好的口碑都可能让消费者心动。

构建信任是一个长期的过程，有了好的产品、好的服务、好的内容，还需要好的触点以自然地触达到消费者。重新梳理企业到消费者全链路数字旅程中的消费者触点，将企业能提供的可能打动消费者的服务融入整个端到端业务链条中并且实时在线，可以有效帮助企业提升消费者信任度。

3.3 如何评估端到端业务在线

端到端业务在线可以快捷有效地满足消费者需求、提升消费者体验，进而对消费者保持长期有效的连接，提升消费者满意度和信任度，从而达成对消费者的终身经营。从满足消费者需求的角度，企业内部系统和组织流程需要高效快捷、全流程无缝衔接；从经营消费者的角度，企业需要低成本地对消费者进行持续个性化经营。

3.3.1 全流程无缝衔接无断点

为满足消费者即时性、碎片化的购物需求，企业内部从系统流程到组织流程均需要围绕高效响应消费者需求和实现消费者极致体验进行优化。从信息系统的敏捷到组织短链路决策机制的构建，都决定了企业面对需求的变化，能否做出实时、精准、低成本的响应。

我们曾经参与一家企业流程优化的讨论，该企业拟从传统购销模式向 B2B 撮合交易平台转型。供方要求平台在客户收货后的 5 分钟内将货款汇到供方指定账户上。当时的情况是平台公司财务按内控管理要求，需要业务运营部门提供采购合同、发票后付款，全流程办理下来需要 2 天。最终在特殊报备后，财务部门调整流程，业务系统经过改造后实现销售、采购背靠背付款和直连银行与供方同行款项划转，从而有效支撑从销售到采购端到端在线业务的运营。

在小李的购物旅程中，小李在门店扫码在线下单时，触发了门店向经销商的采购，同时触发了经销商向品牌企业的采购，以及驱动品牌方"一盘货"统仓统配直达消费者。后台辅助流程包括营销活动立项审批、预算占用、券全生命周期管理（生成、发放、结算、兑现等）、活动结束预算释放、库存虚拟调拨、优惠券结算兑现到门店、财务核算、往来对账等几十个流程。涉及品牌方、经销商、门店多方参与，多系统（预算系统、营销系统、订单系统、结算系统、仓储系统、物流系统、财务系统、开票系统等）间流程无缝衔接的，任一流程涉及的多系统间流程不能无缝衔接，或者跨组织的协同不能做到快速决策，都将极大影响端到端流程的畅通和实时在线的体验。

3.3.2　私域数据实现个性化、低成本经营

　　小李的父母在安装师傅的帮助下注册成为企业的会员，已经完美地完成了整个购物旅程。对品牌企业来说，对小李父母的认识和个性化运营才刚刚开始。

　　更好地服务消费者、培养消费者忠诚度并实现用户终身经营是每一个品牌企业都在努力达成的目标。要长期维系和取得用户信任，企业就要及时了解、预测并满足消费者需求，但凡消费者有所需，企业就要能及时出现在消费者面前。而企业拥有自主、可免费再分配的私域数据，可对消费者信息进行更全面的收集和深度挖掘，进一步完善消费者画像，通过行为路径中的数据采集、分析，进行全网全渠道、端到端全链路的个性化消费者交互体验和互动机制设计，激发各方的参与感，将过去企业向消费者单向推荐产品和服务的方式，转变为进行低成本、高频、精准极致的个性化服务，进一步培育和获取消费者信任，培养消费者忠诚度，甚至召回流失用户，实现用户自发推荐，达成个性化、低成本、千人千面的消费者经营。

第4章 | CHAPTER

体验之旅：围绕消费者旅程的营销闭环

　　围绕消费者构建以消费者为中心的营销体系，需要探寻消费者旅程，不断寻找与消费者的触点，通过与消费者的接触和互动，帮助消费者形成对品牌、商品、服务的认知，影响用户心智，通过商品或服务的体验来为消费者创造价值，从而获取收益。

　　在构建营销数字化的过程中，核心原则有两条。

　　一是要以消费者为中心设计消费者旅程，在消费者旅程中设计与消费者接触和互动的触点。企业需要以提高消费者体验为出发点，关注与消费者的每一次交互体验，提升消费者满意度。

　　二是通过触点为消费者提供服务，在为消费者提供服务的过程中会产生数据，通过收集和洞察数据，认知消费者行为和偏好，更好地服务消费者，实现从为消费者提供服务到数据回流，从数据洞察到业务优化的闭环，帮助消费者在旅程中从一个阶段跃升到另一个阶段。

4.1　流量的变迁

为什么要做以消费者为中心的运营？受数字化浪潮、数智化企业崛起的影响，传统企业的商业模式已然发生变化，迅速完成了从"产品驱动"到"渠道驱动"再到"消费者驱动"的转变，如图 4-1 所示。

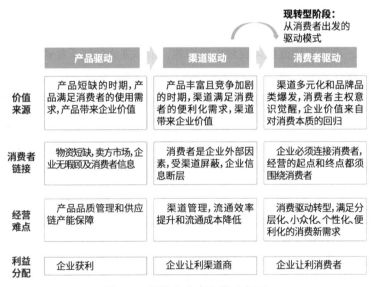

图 4-1　零售企业商业模式变迁

企业与消费者之间的部分逻辑彻底改变，企业能从 C 端消费者获取的增量红利越来越少，曾经将消费者视为取之不尽、用之不竭的运营思路不再有效。回归真正满足消费者需求的商业本质，迎合、洞悉、匹配、引导和发掘消费者需求，以消费者为中心进行精细运营，深耕细作，才能在增量用户不断减少的情况下，通过提升获客效率来实现商业的成功和转型。

近年来，Z世代新生代消费者的崛起，让消费者个性化需求日益凸显，也让营销领域从"以产品为中心""以渠道为中心"转变为"以消费者为中心"。

4.1.1 渠道为王

经历过物质匮乏时代的"60后""70后"们，回想过往各大电视台轮番播放的产品广告，一定对海飞丝、飘柔、舒肤佳、玉兰油等品牌非常熟悉。宝洁一直依靠媒体、广告、不同的渠道在中国开拓市场，不管是大超市还是小便利店都摆着多种宝洁产品，通过向传统媒体投放大量广告，依靠强大的线下经销商将商品触达千家万户。

在渠道为王的时代，消费者没有太多选择，品牌只要通过打广告不断加强消费者认知，依赖渠道铺货即可快速扩张，流量获取成本极低。绝大多数老品牌都是靠这种方式打下了坚实的线下根基，站稳了市场脚跟。

4.1.2 产品为王

后来消费主力变成出生在科技飞速发展时代的"80后""90后"，他们更注重高性能、高品质、个性化的产品。伴随着互联网的普及，各类视频网站、社交平台不断迭代更新，新媒体赋予了个性化产品孕育而生的可能性。

品牌方开始意识到以产品力取胜可以获得更好的流量转化效果，消费者的需求开始被重视，对产品各种新的需求也在这个时期不断被挖掘。各种网红品牌风靡一时，也引得全球大牌不断入驻中国市场，流量开始慢慢被稀释瓜分，蓝海变红的同时也意味着中国市场的流量红利正在逐步消退。

4.1.3　用户为王

在经历了产品爆发到过剩的阶段，各种媒体投放资源越来越贵，流量获取也越来越难。消费者被各种 App 分散注意力，无法持续关注某个点。以前花费几个月慢慢培养爆品的玩法已经显得效率太低，往往还没形成转化，消费者就已经流失。消费者的购买意愿不断被细化，导致流量的投放精准度变得尤为重要。

如何让流量投放更精准，研究消费者购买行为旅程是关键。在过往的平台流量时代，数据由大平台或大型渠道方掌控，品牌方能拿到的有用数据是割裂的，无法形成消费闭环。想要获取更精准的流量，试错成本变得越来越高。掌握消费者的全面信息，以便更好地挖掘消费者需求，已成为越来越多的企业开始探索的新出路。

消费者获取路径越来越分散，新的销售渠道不断涌现，品牌运作成本和门槛也在不断提高。然而各渠道消费者数据无法打通，导致分析困难，无法做出优化决策，从而无法沉淀更适合品牌自身的渠道运营打法。为此，将所有投放带来的流量进行汇总并掌握在企业自己手中做大数据处理的私域流量概念应运而生。

通过社交媒体内容吸引用户关注，将公域流量引入私域，用户为王的时代，精细化运营成为趋势。未来线上线下流量汇合，依托数字化转型强大的数据分析能力，将消费者分类分层并持续进行精细化运营，不断探索并多轮激活用户生命周期，深度剖析并衍生培养新的消费需求，成为增长关键。

当然流量变迁并不是一蹴而就的，行业属性决定了依然有很多品牌还处在流量 1.0 时代，而 2.0 时代孵化的许多网红品牌也无法在线下站稳，纷纷昙花一现、不断衰退。若迈进 3.0 私域时代，线下根基稳固是品牌依靠的绝对优势。将流量引入私域并持续精细化运营，不仅是对流量的运营，更是要将流量思维转变为消费者运营思维。消费者运营可以分为 3 个阶段。

- 公域流量的获取。
- 公域流量到私域流量的转换。
- 私域流量的深度经营。

流量模型也从传统 GMV（Gross Merchandise Volume，商品交易总额）变迁到 CLV（Customer Lifetime Value，用户生命周期价值）。

$$GMV = 流量 \times 转化率 \times 客单价 \times 复购率$$
$$CLV = 用户 \times 行为周期 \times 阶段贡献率 \times$$
$$分类数量 \times 角色（用户标签）$$

流量模型的转变恰恰体现了企业对于流量经营理念的变化，即需要建立自循环、可控的消费者运营体系。

4.2 设计消费者旅程

在用户为王的时代，对于一家企业来说，与消费者建立联系本身已经不是什么难事，而难点在于如何与消费者建立"关系"。关系一定是建立在价值和意义的基础之上，这种价值和意义已经超越了商品的功能属性。企业做好产品、做出差异化的产品仅仅是前提，更重要的是能够给消费者带来更多精神层面的奖赏、能够为消费者提供社交货币。只有这样，企业的产品和服务才能够给消费者带来更多的意义，与消费者共创一个美好的体验。

领先的企业已经围绕消费者体验构建从品牌、设计、生产、营销、交易到服务的业务能力，对于大多数的传统企业，面对大量的、个性的、有差异性的消费者，究竟该以怎样的视角和立场，运用怎样的工具和技术，进行全方位的运营模式重塑以提升消费者体验，已然成为它们共同的痛点。

提升消费者体验，要以设计消费者旅程为基础，以触点为核心，以营销闭环为抓手。

4.2.1　什么是消费者旅程

消费者旅程指的是消费者从潜在客户变为客户的过程，其中会用到不同的营销模型，比如 AIPL（即认知 Awareness、兴趣 Interest、购买 Purchase、忠诚 Loyalty）模型、AIDA（引起注意 Attention、诱发兴趣 Interest、刺激欲望 Desire、促成行动 Action）模型、5A（认知 Aware、诉求 Appeal、询问 Ask、行动 Act、拥护 Advocate）模型等，其实都是将消费者的购买行为描述为从认知到兴趣、从兴趣到购买、从购买到忠诚的一连串先后发生的过程。

简言之，消费者旅程可以理解为消费者在购物过程中心理认知的变化。而企业要做的就是推动消费者的心理认知产生变化，比如从有兴趣到购买、从购买到忠诚，我们也把这一过程叫跃升。

虽然消费者旅程的理论模型指定了消费者参与的顺序，但实际上在大多数情况下，消费者不会按照模型指定的顺序一步一步前行。消费者参与的起点可以是任何一个阶段，并且过程也可以是跳跃前进的。比如，看见某个商品就直接购买，即从认知到购买；对商品产生兴趣，虽然自己没有购买，但是觉得值得推荐给亲朋好友。不过，这个过程也不是完全无序的，比如从购买退化为兴趣，又从兴趣退化到认知，这种随意逆转的过程一般也不会发生。

在了解消费者旅程后，企业要做的就是根据消费者旅程，把消费者从一个阶段推动到另一个阶段，实现跃升。这需要企业更细粒度地分析消费者旅程，度量消费者体验，在消费者旅程模型的基础上增加消费者触点。

4.2.2　触点与营销旋涡

触点是一个从生物学借鉴过来的名词，其生物学含义是皮肤上对触觉刺激特别敏感的区域。在营销领域，一切与人触碰的点都是触点（Touchpoint），包括物理的、人工的以及数字的触碰点。企业及业务人员，通过触点为消费者提供服务，包括商品与服务，而消费者通过触点与企业产生交互。触点是企业与消费者互动的载体。

企业可以通过触点为消费者提供服务，还能将交互过程数字化，感知消费者的体验，由此，消费者旅程可以提升为消费者体验旅程（Customer Experience Journey），即以消费者视角，通过触点感知消费者与品牌、商品和服务的一系列交互体验。企业对这些体验进行分析，从而可以构建更完善的消费者体验旅程。

企业需要在消费者体验旅程中找到能够对消费者决策产生影响的触点，通过设计关键时刻（Moment of Truth，MoT）来强化消费者的正向体验，扭转负向体验（关键时刻指的是能帮助企业让消费者改变对品牌或产品观感或印象的时点）。北欧航空、宝洁、谷歌等企业都在不断思考和探索如何更了解消费者，如何为消费者打造全新的消费体验，珍惜每一个接触消费者的时刻。基于它们的探索，可总结为"消费者关键时刻"模型，包含 5 个关键时刻。

- 0 关键时刻——消费者搜索和寻找产品的时刻，又叫原初关键时刻，应在这一时刻迅速抓住消费者的心。
- 第 1 关键时刻——消费者选择一个产品或另一个产品的时刻，应在这一时刻让消费者产生购买的欲望，即共情时刻。
- 第 1.5 关键时刻——运输、送达和开箱时刻，应在这一时刻为消费者带来惊喜。

- 第 2 关键时刻——消费者使用产品的时刻，应在这一时刻让消费者满意并激发其继续使用和复购的欲望，即满足需求，制造黏性。
- 最终关键时刻——消费者在使用产品后分享体验的时刻，从而连接他人的 0 关键时刻，即创建口碑。

消费者旅程是由消费者自主把控的，企业可以通过对消费者旅程中的关键时刻进行识别和设计，在恰当的时间和地点以恰当的方式和恰当的内容对消费者的购买心理施加影响，从而让消费者快速跳跃到下一个更接近购买的关键时刻或者直接购买。

消费者决策是没有固定路径的，也不是线性决策的。消费者历程是一条弯弯曲曲、若隐若现的道路，就像旋涡一样，我们称之为营销旋涡模型，如图 4-2 所示。而关键时刻就像道路上断断续续的路灯，指引着消费者前行并实现跃升。营销数字化要在理解、把握和抓住消费者关键时刻的基础上，强调为消费者创造关键时刻，并且通过设计关键时刻来影响甚至控制消费者旅程。

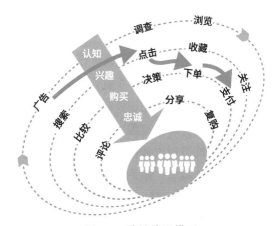

图 4-2　营销旋涡模型

4.2.3 触点设计与迭代

企业在设计内部管理流程时，主要关注业务的流转和前后衔接，通常注重的是整体流程，而忽略了参与者的体验，尤其是忽略了体验细节。在设计消费者旅程时，消费者体验是至关重要的，通过对消费者旅程的梳理和优化，以触点为基础对与消费者的交互方式进行改造和优化，通过触点的设计以合适的内容与消费者交互并产生共鸣，可强化消费者对品牌和商品的信任，影响消费者的决策。

结合消费者旅程设计、触点的设计和迭代，才能既满足整体流程通畅性的体验，也考虑到设计更多触点提供更细化的体验，从而更好地推动消费者实现跃升。

1. 消费者和服务识别

因为消费者认为的和企业为消费者提供的服务是不一样的，消费者旅程和决策路径也不一样，与企业的接触点也会不一样，所以首先要按照消费者与服务来设计消费者旅程。

2. 触点设计

"消费者＋服务"确定了之后，就可设计消费者旅程了，罗列出在消费者旅程中的触点，图 4-3 就是一个地产行业消费者体验旅程及其触点。设计的难点在于要在足够了解企业的产品和服务的基础上，熟悉消费者体验流程，并洞察消费者。对于每一个消费者体验触点都应该识别出其存在的目的，比如是消除消费者的疑虑、切中消费者的需求，还是激发消费者的梦想、渴望或恐惧，抑或建立与消费者的信任？根据罗列出的触点和对应的目的，既可以设计对应的功能，又可以明确每个触点的重要性，从而合理地进行权重排序。

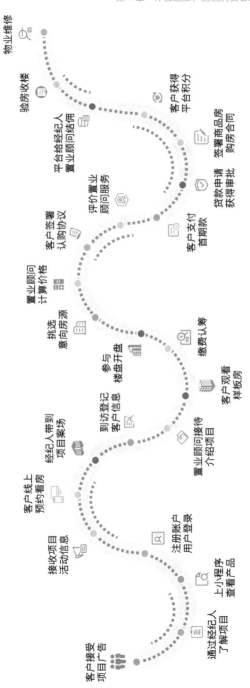

图 4-3　消费体验旅程示例

3. 体验设计

体验设计就是在设计触点时，模拟、界定和规划影响和感动消费者的内容、介质、交互方式等，同时还需要通过触点感知消费者体验的好与坏，从而把控关键时刻。体验设计可以是思维上的假想实验，如果有条件，也可以是实际可操作和体验的物理实验，比如焦点小组访谈、邀请核心用户和专业人士进行体验等。当然，还需要配套的消费者触点体验图表，以便记录和统计整体流程的体验和存在的问题，包括触点、体验提升目标、体验提升值、是否实现、存在问题、解决方案等。

4. 反馈迭代

所有触点的消费者体验提升都需要不断地接收反馈，不断迭代升级。好的体验是让消费者对服务、商品和品牌有正向的认知，企业需要对体验有一套衡量的方法，可以用 NPS（Net Promoter Score，净推荐值）、LTV（Life Time Value，生命周期总价值）、ARPU（Average Revenue Per User，每用户平均收入），甚至 DAU（Daily Active User，日活跃用户）来衡量。衡量的标准需要根据不同的行业和企业来具体制定，只有有了一套衡量的方法，才能评估体验的好与坏，只有经过消费者真实体验并得到满意的反馈的才是好体验。消费者体验没有最优方案，只有反复迭代，不断提升。

4.3 通过营销闭环提升体验

营销闭环是为消费者提供触点和服务，通过数据感知消费者体验、提升响应消费者需求的精准度和速度，从而帮助消费者获得商品或服务，并激励和引导消费者产生再次获取商品或服务的过程。设计营销闭环的目的是让消费者通过体验的提升产生阶段的跃升，比如从认知到兴趣、从购买到忠诚。这种体验的提升是有规律可循的，一般也是跳跃式的。比如从认知阶段直接进入购买阶段，即一旦发现某个商品的存在，就立即购买（冲动型消费）；或者从兴趣阶段直接跳到忠诚阶段，虽然没有购买这个商品，但是相信这个商品足够好，向其他人推荐购买。下面我们介绍营销闭环是如何让消费体验提升而产生跃升的。

4.3.1　从认知到兴趣

在消费者旅程视角下，第一个要解决的问题是找到流量、让消费者产生兴趣。在公域流量获取成本越来越高的背景下，企业需要通过合适的路径将公域流量引入自建的垂直场景以沉淀私域流量池，降低一次性流量的占比。这里有两个核心要点——触点和内容。

在目标客群的主要流量聚集地设计"触点"，一般分为品牌传播和"种草"两种方式。

品牌传播以提升品牌声量为目标，会选择垂直媒体、传统媒体等渠道进行品牌传播信息的大规模投放，追求最大范围的曝光，快速构建起消费者对品牌的认知，因为品牌传播很难有数据回流，所以我们重点关注"种草"。

"种草"的渠道选择一定要贴合目标客群，要选择数字媒体、内容平台、社群等已经对人群进行分类的渠道设计触点，还可以通过 KOL 强化内容信任度。这些平台的数据回流非常重要，可以分析"种草"为消费者跃升所带来的影响，可以利用"种草"深度与转化率来分析消费者跃升的费效比。

在这个阶段内容产生的作用非常重要。内容是将消费者从认知转变到兴趣的重要载体。内容应该包含品牌、商品、活动，承载的方式有文字、视频、图文等。从内容的生命周期来看，包括内容生产、内容管理、内容投放、内容评估。内容的生产也会有多种方式，一般会有 BGC（Brand-Generated Content，品牌生产内容）、PGC（Professionally-Generated Content，专业生产内容）、UGC（User-Generated Content，用户生产内容）。这也是企业很重要的一项业务能力，特别是需要强烈影响消费者心智或长决策链的行业，比如母婴、美妆、汽车、健康、3C 等。这些行业需要把这项业务能力数字化，才能极大地促进消费者从认知到兴趣的跃升。

4.3.2　从兴趣到购买

消费者旅程中的从兴趣到购买阶段，也是企业将自身的业务能力有效连接到用户价值上的重要阶段。要对有意向的消费者进行"一对一"定向突破，通过内容加速消费者购买决策。这里所说的内容一般会以营销事件的宣传、促销和限定产品供应等信息为主。与消费者的触点更多的是一对一的交互。这就需要企业具备消费者筛选能力、触点筛选能力和全渠道无缝购买能力。

盒马鲜生从用户旅程的角度出发为消费者带来了无缝融合的跨渠道消费者体验。它关注消费者线上线下购物体验的融合性，将"人—商品—数字化工具—钱"串联起来，让数字产品承担起消费者线上线下购物中的助手，甚至智能导购的角色，颠覆了传统商超消费者的购物体验。同时，盒马鲜生又在一些线下的关键接触点上充分利用线上工具进行辅助，并在体验细节上围绕产品、环境、情感等维度进行创新，让消费者可以在店内实现"从兴趣到购买"的极致体验，也可以实现"线上购买后送到家"的体验。下面进一步分析盒马鲜生的 3 项能力。

- 消费者筛选能力：盒马鲜生在选址时已经对人群做过筛选，有明确的人群定位。针对门店周边 3 公里的人群又拆分成到店体验、到店购买、配送到家三类，同时布局饿了么、支付宝等本地生活渠道。在此之上还通过盒马 mini、盒马 X 会员等不同类型的服务，触达不同的细分人群。

- 触点筛选能力：对于到店体验并购买的高价值会员，以盒马 App 为主要触点。在盒马鲜生的门店中还设计了许多触点，包括电子价签、引导入会二维码、小票二维码、商品溯源码等。对于非到店的消费者，在饿了么、支付宝上设计入会触点，以及通过商品外包装二维码引导入会。这些二维码都会对用户进行跟踪，能够计算出每一个触点的引流效果。

- 全渠道无缝购买能力：盒马鲜生在门店购买和线上购买两种渠道上都实现了由同一套交易体系支撑，实时、快速地把订单分配给不同区域的拣货员，并且在履约能力上进行突破创新，如仓店一体、流水线店内物流、智能调度。这些举措都是为了让消费者感受到线上线下无缝购买体验。

4.3.3 从购买到忠诚

消费者通过购买、体验会对品牌产生忠诚。影响忠诚度的指标是消费者满意度。在实际消费过程中，消费者对于产品有一个期待值，在实际产生的体验值和期待值之间的差值，就是消费者的满意度。企业为消费者创造更多的价值，有利于培养消费者的品牌忠诚度，而品牌忠诚又会给企业带来利润的增长。

我们从价值感来重新审视消费者忠诚度的培养路径，消费者对于品牌的价值感知一般分为 3 种。

- 物质需求：产品的使用功能、工艺质量以及配套的服务，包括产品造型、包装以及功能性组合等要素，共同构成品牌的实体价值，这是消费者认同该品牌的基础。通过产品的口味、使用场景、使用价值影响消费者，属于企业的产品研发能力。当然还有一个特别的价值点就是让消费者"上瘾"。这可以通过营销模式的设计实现，比如盲盒、咖啡月卡等。

- 心理需求：价格是对品牌实体价值的货币量化，将直接作用于消费者心理价值预期——价格越高，消费者对产品的价值预期也就越高。比如低价格购买高价值产品就是让消费者产生正向心理预期的常用营销方式，比如"双十一"大促、周年庆打折、会员日折扣等。

- 社会需求：在特定品牌的消费过程中，除品牌实体价值外，消费者还会感受到由该品牌所带来的社会身份的评价。这种评价与消费者自我价值定位越趋吻合，消费者自身感受到的社会身份认同感与社会圈层归属感就越高（社会现实评价）。由此，品牌所带来的精神价值（或者说品牌所具备的人文价值）就越高，消费者的消费满足感（体验性）也就越强烈。比如茅台飞天的强大社交属性就是一个精准的落地案例。

企业要从上述 3 个方面思考符合自身品牌客群的消费者忠诚度的培养体系，才能顺利实现最重要的客群从购买跃升到忠诚。

增长实践：数据驱动的智能运营

在数字化时代的浪潮之下，已经进行数字化转型的企业的运营效率普遍高于未进行数字化转型的企业。我们看到很多企业运用数据的策略不同，通过业务在线改造，这些企业不止步于构建完整的业务链路，还进一步地对业务运营的模式进行彻底迭代，从原来的靠经验运营改造为数据驱动运营。更有甚者，通过大数据、算法、AI 等技术利用数据实现智能决策，实现数据智能落地。

5.1　数字驱动的运营体系

从营销管理的角度来看，品牌企业的演变可以划分为以下 3 个阶段。

- 以经销商运营为核心的分销阶段。
- 以终端门店运营为核心的门店管理阶段。
- 以用户运营为核心的用户运营阶段。

不同的企业处于不同的阶段。所有环节都会存在，只是侧重点不一样。很多互联网公司的价值观第一条就是客户第一，基本上就是以消费者数据为核心，围绕消费者旅程，针对业务全链路进行指标设计，自动、高效运营业务。这也是互联网企业所推行的数字化运营体系。

其一，数字化运营是对过去的总结和对未来的预测，通过数据能更加客观理性地看待发展趋势。比如在选款的时候，应选择一个在过去有不错的交易额并且呈现上升趋势的产品为爆款。数字化运营使这个过程变得一目了然。

其二，数字化运营是更为标准的运营方式。数字化运营事实上是将原本基于人的经验判断来执行的运营方式转化为自动化的运营方式，例如重复的客服工作、消费者常见的导引咨询。这些大量、重复性、消耗人力的工作可以通过数字化的方式解放从业者去做更有创造性的工作，同时也避免了因为人为因素导致的不当服务。这种自动化运营方式的可复制能力强，也有利于品牌的拓展。

其三，数字化运营是更为精准的运营方式。经验论的运营方式或许能够抓住一部分消费者，从更广泛的消费群体来看，仅依赖部分人的经验难以支撑对消费者的精细化运营。通过数字化的方式能够对消费者实现有效地分群，高效地区别化触达，真正让每一次营销都有的放矢。

领先的企业通过数字化的运营管理模式，快速交付新产品、新服务，然后通过测试并收集消费者的反馈，快速迭代、快速创新，不断修正产品和服务，最终适应市场的需求。这些企业还建立了更加敏捷的工作流程，实现更为紧密的团队协作，形成迭代性更强、更敏捷的业务能力，更快速地做出更明智的决策。

下面介绍一个以数据驱动运营的零售连锁企业——便利蜂在数据驱动决策的实践案例。

任何一家盈利的公司都绕不开 4 个字——降本增效。从零售业的基本三要素——房租成本、人力成本、供应链成本来看，老牌便利店 7-11 的厉害之处在于超强的供应链与物流配送体系，降低了供应链成本。同时 7-11 坚持要求每一个店长手工输入每一款下单产品的数量和品类。为什么？强迫你不要犯懒，不要躺在历史数据的肩膀上，一定要基于历史数据看看明天、后天、下个礼拜会有什么事情发生。7-11 的人工智能是人工 + 智能。

便利蜂作为一家全新的零售企业，依托全链路业务数据采集、算法驱动决策走出了新的零售业转型路线。全链路业务数据采集，即是对便利店的各环节进行数字化采集。目前便利蜂已经有 70% ～ 80% 的数据通过视觉采集，少量数据通过 IoT 采集，同时对各大电商平台的商品数据进行收集和分析，为新品决策提供重要依据。此外，便利蜂的线上调研平均每周触达 1.5 万～ 2 万名消费者，收集来自消费者的反馈用于帮助改进服务。

便利蜂采集了大量的数据，用这些数据去训练"中央大脑"，让企业的每一个决策都通过"中央大脑"来处理，店长完全不需要参与决策，规避了店长的能力和精力的不可控，大幅降低人为决策成本。

- 便利蜂把店长最难的工作——排班和订货都变为自动化管理。业内培训一个店长一般需要 2 ～ 3 年，而便利蜂只需要 45 天至 6 个月，每个店只有 2 ～ 3 名店员。
- 短保商品（保质期在 48 ～ 72 小时内的）都是动态定价的。变价规律借鉴了航空公司对机票的"收益管理"机制。

- 所有商品的折扣变动，店长和店员是不需要知道的，都是自动进行的。

"动态定价系统"上线 5 个月就带来了 30% 的收益提升。目前便利蜂冷冻产品浪费率已低于公认行业最优的日本东京便利店的 40%。

便利蜂的成功离不开数字化运营和支撑运营能力的指标体系，企业只有具备了这两种能力才能真正拥有数字驱动的运营体系。

5.1.1 数字化运营能力

企业的市场竞争核心要素是运营效率足够高，特别是在营销领域，需要将各环节进行数字化深度运营，涵盖用户、流量、商品、内容、渠道等。这里需要明确的是，数字化运营是由数据和运营组成的，运营是每家企业的核心能力。企业都拥有相当多的数据，能否通过合适的工具、流程和算法去挖掘数据的真正价值，快速地做出正确的决策并促进创新，是数据化运营的核心要素。

企业在营销上的关键运营点包括用户、流量、商品、内容、渠道，需要通过数字化工具来实现数字化运营。数字化运营包括企业营销战略、品牌定位、营销过程、营销方式和营销管理等方面的融合，通过数字化工具巧妙地统一各个分散的营销动作，确保用户获得一致的体验，并以指标体系确保利出一孔，实现战略达成。

数字化运营需要构建多方面的能力，围绕指标体系实现消费者价值最大。

1. 数字化运营的关键能力：用户运营

提到用户运营，我们认为最终目的是提升用户价值，而用户价值可以用不同的模型来量化。做线上运营的读者肯定会想到 DAU（Daily Active User，日活跃用户数量）、LTV（Life Time

Value，生命周期总价值）、ARPU（Average Revenue Per User，每用户平均收入）、RFM（Recency, Frequency, Monetary value，最近一次消费、消费频率、消费金额）等一系列指标，而做线下运营的读者则很快会想到消费者忠诚度、地推拉新等。

在汽车行业会用 LTV（Life Time Value，生命周期总价值）和 NPS（Net Promoter Score，净推荐值）来衡量用户运营能力。车企会考虑一个车主终身会买几辆车，可能需要的配件和维修保养的次数，如果是贷款购车，还需要加上贷款收益，这样一个车主的总价值远比只考虑车本身的价值高得多。蔚来汽车除了关注 LTV 外，还非常关注 NPS，这让蔚来的新车订单有 69% 是由老用户推荐的。而像快消行业就比较关注 RFM 模型，会考虑复购频次；年度、季度、月度的购买总金额等。

从多个行业总结用户价值的关注点，我们提炼出两个实现用户运营的核心要素——用户运营框架和指标体系。

用户运营框架包括建池子、做活跃、促转换。

企业要先搭建一个用户池，从公域把用户引入用户池。以互动和内容不断活跃用户池中的用户，提升用户复购频次和购买金额，同时持续不断地从公域引入用户进入用户池。大部分用户运营都会聚焦于持续让用户活跃这一点上。一些初创或有流量红利的公司往往只聚焦于新用户、存量用户，而忽视了流失用户。成熟企业则通过不断降低流失用户数来保障池子里的用户数量。

针对存量客户的不断触达、激活、提升，这个逻辑对所有企业都是通用的。无论是社区团购还是直播带货，只是不同时期采用的运营方式不同，整体逻辑没有变化。

有了用户运营框架，我们需要建立用户运营的指标体系，包括拉新数量、激活数量、流失数量、频次、渠道、履约方式等。在实际的运营过程中，运营的指标体系一定要细化到可下发给一线运营人员，确保指标可操作、可实现，才能确保用户运营正常。

2. 数字化运营的关键能力：商品运营

商品运营的核心是提升商品力。商品力可以理解为商品吸引消费者购买的能力，比如线上平台会有很多商品，这些商品的商品力到底怎么样呢？我们可以关注"搜索转化率"，即消费者在平台上搜索关键词后下单的比例。通过搜索转化率可以判断以下信息。

- 什么商品被热搜。
- 热搜商品中哪些是下单转化率低的。

基于这两个信息，我们就可以了解以下信息。

- 哪些热搜商品是平台目前没有的。
- 热搜商品下单转化率低的原因是什么。

通过跟进搜索转化率，就可以快速找到提升商品力的关键点。

线上的指标体系大家都比较熟悉，那么线下门店如何提升搜索转化率呢？我们在这里要关注的是单点动销率。

单点动销率 = 商品销售额 ÷ 加权分销率（数值分销率）

加权分销率 = 该商品所属品类覆盖门店的销售额 ÷

该商品所属品类所有样本店销售额

数值分销率 = 该商品所属品类覆盖门店数量 ÷

该商品所属品类所有样本店数量

加权分销率和数值分销率均为反映铺货率的指标。其中，加权分销率反映了铺货深度，数值分销率反映了铺货广度。一般建议计算单点动销率时使用加权分销率，以了解商品是否覆盖了该品类销售额大的门店。

通过监测单点动销率，我们可以了解每增加或者减少一个零售网点（加权分销率或者数值分销率）可以带来的销售额变化。线下提升单点动销率的方式主要有优化陈列、促销、开展宣传，以及改善或者升级商品等。

通过监测不同地域、不同时间的单点动销率，并进行横向和纵向比较，寻找机会点，是线下提升商品力较常使用的方法。

5.1.2　支撑运营能力的指标体系

管理大师彼得·德鲁克说过："如果不能衡量，就无法管理。"无法管理，自然也就没有办法增长。企业经营是目标导向，好的目标一定是可量化的。

我们首先要关注的就是目标是如何形成、拆解的。企业的目标一般是先由 CEO 从组织顶层逐级下发一个目标。然后各层级负责人从组织一线逐级上报一个目标。接着由目标制定部门进行收集，对目标进行评估比较，同时跟各个横向部门沟通资源投入方案，以及主要驱动因素。最后下发一版经过多方评价并且包含如何完成目标的指标树给大区、片区、城市、最小业务单元，进行逐级沟通确认，确保整个公司的各个部门及层级都清晰地了解目标是什么。指标树如图 5-1 所示。

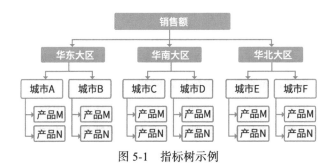

图 5-1　指标树示例

我们还需要将指标树细化到运营体系，将指标数中的目标拆解成可一线运营的指标，同时需要增加对于目标的运营策略，最终形成包含整体业务目标、拆解目标（一般建议 3 级）、运营策略。表 5-1 概括了一个企业的运营指标体系。

虽然基于上述模型可以比较容易地整理出一个可量化、可执行的指标体系，但是很多企业指标的建设还是不太顺利。下面介绍一个建设指标的方法——指标搭建五步法。

数字化运营的核心在于做好指标统一的基础工作。在大部分企业中，指标设定和统一的工作往往会被忽略，结果导致各个部门沟通起来口径都不一致。严重的时候，由于不清楚指标所表达的含义，因此造成对形势误判，从而影响决策。

指标统一工作须围绕指标架构、指标设定、指标关联、指标树、指标应用这 5 项基础工作展开。

- 指标架构：首先要做好指标架构的设计，按照企业的业务目标结合业务场景进行梳理，设计好各层级各场景的核心指标。

- 指标设定：在确定需要关心的核心指标后，进行目标设定。具体工作是对指标的定义进行确认，并设计好计算公式，确保数据是可获得的。

- 指标关联：指标多了，就需要按照计算关系把它们连接起来。除了有直接关联关系的指标，在实际业务场景中，还需要验证两个独立的指标是否有相关性。比如，提升 A 指标，是不是 B 指标也会提升。

- 指标树：了解了指标之间的关系，在解读指标时就可以达到基本的融会贯通。将所有的指标连接在一起就像一棵树，我们把它称为指标树。

- 指标应用：指标会在分析报表、报告中使用，也会被应用在各个运营环节中，比如分佣计算、业绩划分核算、费效比核算等。只有将指标架构设计好，完成指标设定，明确指标关联，设计指标树后才能应用指标。

表 5-1 运营指标体系

整体业务目标	提升 GMV			
1级指标	新客转化率指标（总部/区域维度） 提升新阶会员销售占比	会员留存指标（总部/区域维度） 会员每日活跃指数	会员复购指标（总部/区域维度） 提升会员购买频次	扩大高阶会员体系（总部/区域维度） 提高升级会员人数占比
2级指标	拉新活动转化率	提高触达频率	增加活动频次 ／ 增加产品力	重构等级体系 ／ 提高升级动力
3级指标	目标人群精准率 • 品牌投放数据（PV-UV-转化率-成交率） • 地推活动人群精准率（流量-转化率-留存率） • 线上试用数据（UV-领取率-连带率-复购率） • 门店导购用户标签完整性-标签可提取（流量-注册率） • 门店服务标准化（服务态度/店铺氛围/商品质量）	提高触达频率 • 事件触发（打开率-参与率） • 1对1服务（满意度评价） • 全量主动推送（号率-转化率） • 定量主动推送（号率-转化率）	增加购买频次 • 日常活动保持频次 • 大促活动提升频次 • 定制活动维系高净值用户高频次消费 增加产品力 • 品类结构（试用-爆品打造-生命周期管理） • 商品组合策略（转化率） • 限量定制包装（流量-转化率）	重构等级体系 • 区分企业会员 • 调整等级差距（累计数据测试） • 设置合理的等级分布 提高升级动力 • 增加服务权 • 增加兑换权 • 增加定制权益
运营策略	拉新活动策划/落地人员培训/完善分类会员信息标签	促活活动/落地人员培训	促销活动策划/选品/落地人员培训	会员等级权益重构

5.1.3　指标搭建五步法

如果把指标搭建五步法比作一个金字塔，如图 5-2 所示，则需要从底部开始搭建，逐层递进，才可以到达应用层，让数据真正发挥作用。对于指标的意义，需要从全局去看，清楚指标对应的数值背后代表的业务含义。

图 5-2　指标搭建五步法

指标架构的核心在于要基于业务场景来做。为了保持对"业务场景"的理解一致，我们用一段业务场景的描述来厘清各个概念。

L 公司是一家领先的食品零售商，主要渠道为线上平台、线下门店。L 公司经营了超过 2000 家门店，线上多个平台，覆盖多个食品细分领域。L 公司的购买场景对应的是到店或者到家购买食品，覆盖消费者的多个业务场景。

基于故事线的描述，简化提炼出以下核心业务场景：消费者在交易场所购买了 L 公司的产品。拆解成业务场景如图 5-3 所示。

在拆解出业务场景后，我们确定在各个场景下看什么指标，对应做什么研究，如何解读这些研究结果，如图 5-4 所示。

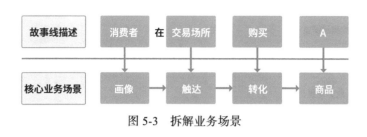

图 5-3　拆解业务场景

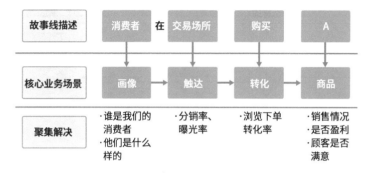

图 5-4　业务场景聚焦

基于对业务场景的提炼和待解决问题的聚焦，我们可以进行下一步：根据要解决的问题设定指标。很多数据分析师非常喜欢设定一些自己的指标，这里需要提醒大家，在通用场景下，经典的传统指标可以解决 80% 的问题。如非特殊需要，比如只有用新指标才能发现和说明结论，无须设定新指标。

我们在图 5-5 中添加解决问题的对应指标就基本完成指标体系的搭建了。

有了这些指标，就如同拿到了企业经营的拼图。下一步就可以把这些指标沿着实现路径拼成一幅完整的画面。如图 5-6 所示，在画出指标间的实现路径后，我们就可以得到提升销售额的方法，不断提升消费者触达率 + 各环节转化率（或者缩短环节），最终提升消费者满意度，使之持续购买。

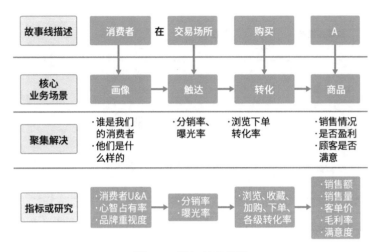

图 5-5　添加对应指标

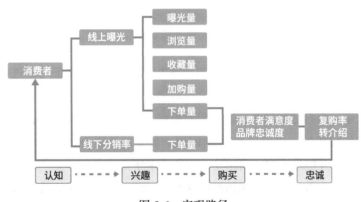

图 5-6　实现路径

在确定指标与业务环节环环相扣并通过互相作用实现最终的目标后，我们就形成了完整的拼图。为了把企业的所有指标都清晰归类，我们还需要把指标按照不同的分类聚集成树状结构，这时就形成了指标树，如图 5-7 所示。

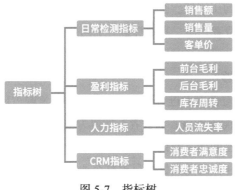

图 5-7 指标树

一般企业的指标树梳理会相对复杂一些，不像示例这么简单，对于不同行业也存在一些区别。有了指标树，接下来就是指标应用。基于指标树的结构可以快速将其应用到日常报告中。

除此之外，指标树还可以用于各种交叉分析，比如销售额下降是否因为开店密度过大等。通过指标关联关系的分析，最终定位企业内部存在的问题并跟进解决。当遇到新问题，且现有指标无法解决和聚焦时，就会衍生出企业特有的新指标或者解决该问题的专属指标。

5.1.4 数字化运营案例

Z 公司是一家茶叶企业，主要渠道为线下门店、线上平台。在过去十年，Z 公司已经开拓绿茶、花茶、红茶的多个品类品牌，覆盖中高端茶叶市场。

我们对 Z 公司的运营数据进行详细的分析，发现了不少有意思的问题——消费者买得越多就越忠诚，而且每年的购买金额呈增长态势；低频购买的消费者复购率持续下滑，中间出现严重断层。简单来说就是池子里的活跃用户越来越活跃，但是流失率大于拉新。

茶叶有购买周期，全年一共有 3 次主要购买时段，主要的购买场景是消费者到店，我们拆解一下问题。

- 3 个主要购买时段是否有足够的消费者到店？蓄客数量是否足够？
- 是否对消费者进行了分层运营？每月复购占比如何？
- 是否能识别核心消费者？如何为他们提供服务？

带着这些问题，我们先从数据质量开始观察，这是非常重要的第一步，往往通过数据质量观察企业的数字化程度。我们通过数据质量评估模型（Object Dimension Tool，ODT 模型）进行评估，结果发现数据断点明显、数据分散、数据质量差，存在改进空间，如图 5-8 所示。

我们再从经营数据上对问题进行详细分析，从用户价值、用户生命周期、用户等级、渠道、品类等方面进行运营诊断，发现了 4 个核心问题。

- 会员质量差：核心会员的占比为 6%，贡献营收的占比为 54%，且无针对性服务。
- 新客转化差：流失率高达 80%。
- 复购频次低：73% 的会员只购买 1 次。
- 会员流失高：只有 32% 的金卡会员近 3 年内有跨年消费记录。

从数据质量问题和核心问题方面提出以下两个课题。

- 消费者在线：打造私域，让消费者在线。
- 业务触达链路在线：主要触达工具在线，包括企微话术库、公众号内容矩阵、活动池在线。

消费者在线首先要设计好私域运营的阵地。目前最佳的私域运营的阵地就是企业微信。基于此，我们构建了整套运营体系，涉及运营人员、导购、消费者，如图 5-9 所示。

业务(O)	用户旅程采集埋点	数据质量程度	数据流动性	用户画像完善度	沉淀价值数据
维度(D)	用户链路在线化，每个节点数据埋点情况： 1.拉新埋点，注册监控 2.老客精准人群营销 3.触达链路埋点 4.数据化场景运营	数据记录行为质量： 1.一个订单多个会员信息，积分兑换、赠品和消费订单合并一个订单，信息混乱 2.新旧系统数据未完整同步	各主体、场景、系统未关联，系统 数据关联： 1.门店记录用户信息未同步到总部系统，无法形成有效关联 2.线上工具与门店体验数据未打通 3.无在线化，数据化	对人信息的采集量： 1.生理：出生、年龄、性别 2.生活：婚姻状况、喜好 3.职业：行业、公司性质、职位	数据分析支持： 用户的CLV、RFM、购买频率分析、会员卡等级分析
工具(T)	个人微信	单个数据字典	未有打通工具，主要是单个系统输出	门店用表格记录	分析工具 分析应用场景展示
现状评估	无 需增加	需改善：优化数据质量维度 需增加	需改善：断点明显 工具需增加	需改善：数据分散、片面 工具需增加	需改善：可分析场景少 工具有效应用增加

图 5-8　数据质量评估

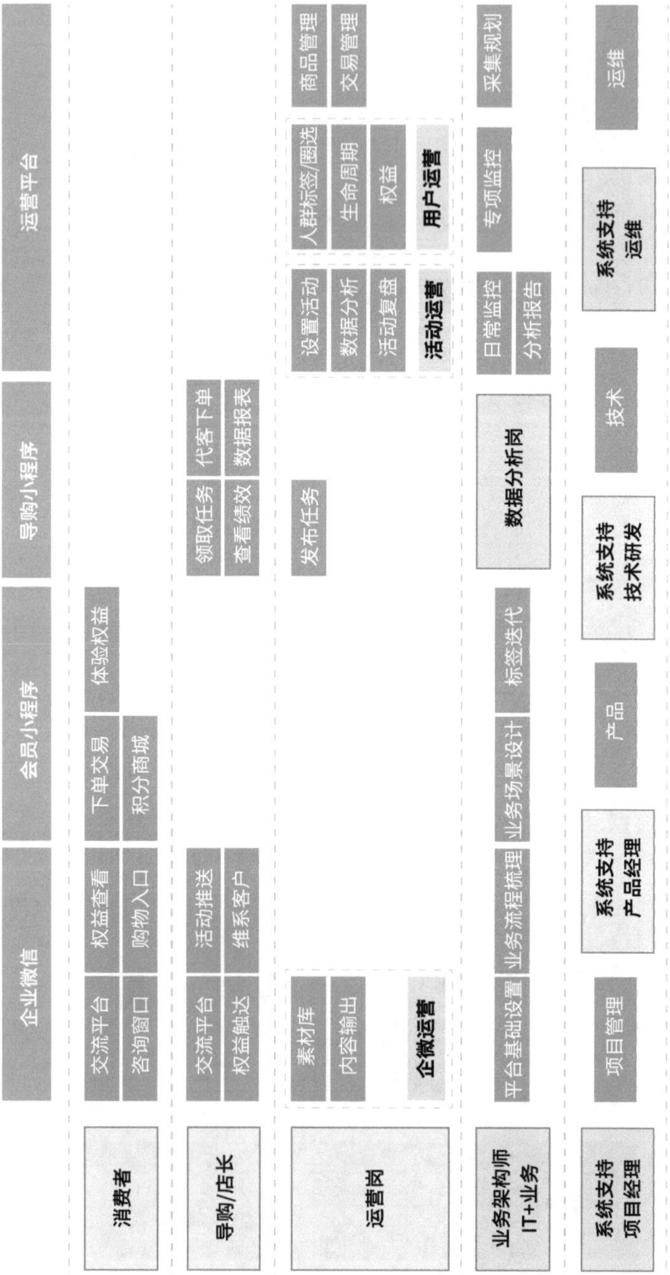
企业微信
会员小程序
导购小程序
运营平台
消费者
交流平台
权益查看
下单交易
体验权益
咨询窗口
购物入口
积分商城
导购/店长
交流平台
活动推送
领取任务
代客下单
权益触达
维系客户
查看绩效
数据报表
运营岗
素材库
内容输出
企微运营
发布任务
设置活动
数据分析
活动复盘
活动运营
人群标签/圈选
生命周期
权益
用户运营
商品管理
交易管理
业务架构师
IT+业务
平台基础设置
业务流程梳理
业务场景设计
标签迭代
数据分析岗
日常监控
分析报告
专项监控
采集规划
系统支持
项目经理
项目管理
系统支持
产品经理
产品
系统支持
技术研发
技术
系统支持
运维
运维

图 5-9 运营体系

如图 5-10 ～图 5-12 所示, 依据不同的运营场景设计会员小程序、导购小程序、企业微信和运营平台, 并对不同的触点设计了不同的业务功能。

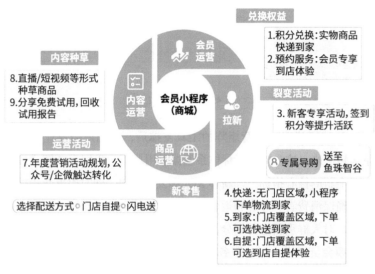

图 5-10 会员小程序

图 5-11 导购小程序

图 5-12　企业微信

　　设计好消费者运营矩阵的工具支撑后，我们还需要让整个体系运转起来。这个时候指标体系就派上用场了。我们为 Z 客户设计了两个新的核心指标——新客 ROI 和复购 ROI。同时要更新考核体系，确保消费者、导购和运营团队有足够的动能去迁移，如图 5-13 所示。对人群重新进行划分，对高价值会员提供 VIP 服务，向低价值高频会员提供一对一服务，对低价值低频会员提供自助式服务。

　　至此，完成了如下功能。

- 服务消费者重新分层：识别最具备价值的客群，设计了"发现—服务—挽回"的用户旅程。
- 建设指标体系：以"人 + 经验"驱动的运营体系升级为"人 + 数字"驱动的运营体系。
- 运营体系完善：把运营落地到系统中，从策划到执行再到复盘，实现整体活动数字化，让营销活动可复盘、可迭代，获得更多营销 ROI 的提升方法。
- 数字化工具的建设：覆盖公域流量—公域转私域—私域运营的运营工具，符合企业数字化转型的目标；通过一套工具实现业务在线、消费者在线，让企业的消费者运营工作通过数字化工具实现全面提升。

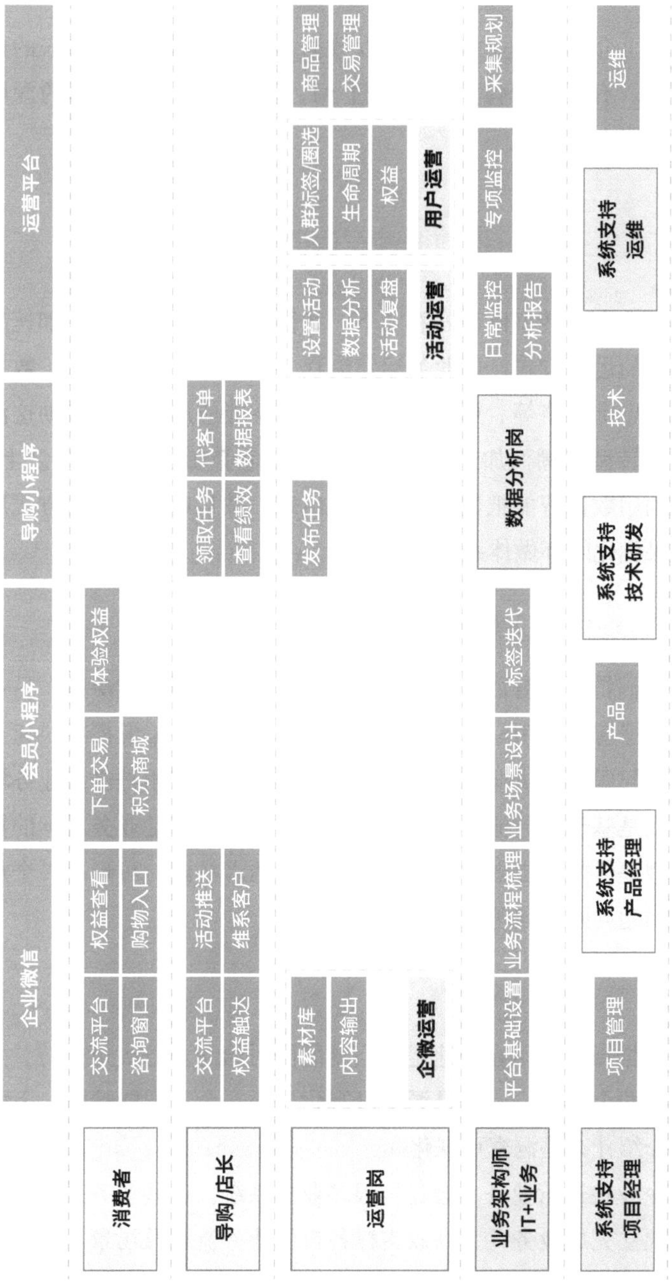

企业微信
会员小程序
导购小程序
运营平台
消费者
交流平台
咨询窗口
权益查看
购物入口
下单交易
积分商城
体验权益
导购/店长
交流平台
权益触达
活动推送
维系客户
领取任务
查看绩效
代客下单
数据报表
运营岗
素材库
内容输出
企微运营
发布任务
设置活动
数据分析
活动复盘
活动运营
人群标签/圈选
生命周期
权益
用户运营
商品管理
交易管理
业务架构师
IT+业务
平台基础设置
业务流程梳理
业务场景设计
标签迭代
数据分析岗
日常监控
分析报告
专项监控
采集规划
系统支持
项目经理
项目管理
系统支持
产品经理
产品
系统支持
技术研发
技术
系统支持
运维
运维

图 5-13　考核体系

以上介绍了企业如何建设以数据为基础，驱动企业增长的运营体系。有了这套体系，再通过 AI、算法等技术把数据的深层价值挖掘出来。

5.2 数据智能，把数据深层价值用起来

在数字化转型巨浪席卷之下，我们看到很多企业正在加速改变过往的运营方式，如业务运营流程、业务系统升级改造、数据运用的思维策略等。更有甚者，在数据智能应用方面也借助这波数字化转型浪潮而加速落地。本节针对企业在数字化基础之上，如何利用数据智能把数据价值发挥出来，并且以更高效的方式形成效果优化闭环做体系化通盘介绍。

5.2.1 数据智能发挥在何处

我们把数据智能分为两个维度，一个是数据智能决策，另一个是数据智能应用。两者的区别在于数据智能决策发挥在快速定位业务问题并提供业务决策支持；而数据智能应用是围绕业务场景，或是基于业务流程、规则之上，通过最能满足业务目标的算法模型提供降本提效增收的业务应用。两者搭配，可形成一个从定位问题到解决问题的数据智能体系。

1. 数据智能决策

数据智能决策在快速定位问题的同时给予业务决策支持，主要分为两个类别，一个是洞察可视化，另一个是智能诊断。下面先来介绍什么是洞察可视化。

企业在运营业务上会建构很多业务系统。这些业务系统能够各自独立完成业务并且高效支撑各自的业务流程及场景。如果想

要从全局的维度汇总业务运营结果，形成报表以辅助决策，因为业务流程或场景的数据沉淀在各个独立的业务系统中，导致企业必须贯穿全链路或是多个链路的业务流程数据，才能形成报表。这时候就会花很多时间在业务数据穿刺上。企业要逐一提炼各个业务系统的数据，涉及跨部门的协作沟通和指标开发。

我们服务过一个行业龙头集团型企业，集团高层希望在隔天中午前形成全局的管理报表，因为涉及多个业务系统数据穿刺及整理，最快也只能隔天下午形成管理报表，有时候甚至需要花费超过 1 天的时间才能完成。在争分夺秒的动态竞争商业环境中，丧失了一些先机。

那么数据智能决策面对这样的需求痛点如何发挥效率，提升竞争力呢？

首先需要跨部门的协作，搭配体系化的数据应用方法产出业务侧关注的指标。然后通过数仓、数据平台或数据中台的大数据基础建设，把核心业务场景数据、解决业务问题所需要的数据（可能是跨多个业务系统数据），经过有规划的抽取、存储、处理、分析计算后输出到对应的洞察可视化前台（系统），把公司高层及各业务部负责人关注的指标进行开发并沉淀在大数据平台或数据中台里面。这样能够快速响应前线业务的报表需求。这是数据智能决策在洞察可视化的体现。

综上，洞察可视化是通过业务人员多年的运营积累经验及智慧，以多维度业务数据融合加上业务逻辑规则形成的可视化报表，用以判读当下及未来业务发展、做出业务决策或者指导业务运营策略。

数据智能决策的另一个维度是智能诊断。它通过数据智能算法，呈现运营关键问题，告诉管理层或运营层人员距离标准水平还有多远，以呈现问题的方式帮助企业更快地发现问题，进而给予企业改善建议，针对已发现的问题提出解决方式或手段。数据智能决策在完成企业业务目标的过程中扮演着很重要的前置角色，可以帮助企业判断运营存在什么问题，包括用户运营维度和商品动销维度。

数据智能决策可以通过业务经验沉淀进行会员健康诊断，可以通过库存健康诊断算法改善用户运营，还可以对商品动销的关键问题进行诊断。

从会员健康诊断来说，企业在不同阶段会有不同的会员运营策略，有的是拉新、促活，有的是提频、提升客单价、连带率，还有的是降低沉睡率。这几个指标里改善哪一个才是最快且最有效率完成会员运营目标？每一个会员生命阶段结构是否健康？哪个阶段状态不健康？当下需不需要改善？

以上一连串问题是运营人员绕不开的。反观实际情况是，运营人员往往在制定目标后，依照过往经验去铺排会员运营活动并对应运营策略，然后照着计划执行。会员生命周期的阶段状态是动态变化的，正因如此，我们更需要一个体系化的运营诊断方法，动态地衡量并指导年度会员运营目标。企业若能随时保有诊断－运营的优化流程，在会员运营上会如航行有了罗盘一般，能够知道策略方向、掌握核心。

举个例子，用户运营领域有几个关键指标，比如复购率、客单价、连带率、流失挽回率、二购率、拉新转化率等，商品维度包括库存周转天数、缺货率、库存金额、门店日均销等指标。这些指标紧扣业务场景探讨提炼之后，加上算法的应用融入数据智能诊断，可以帮助前线业务人员、企业的决策人员或者高层管理者更快看到业务问题点，把问题定位到相关的业务指标。由业务指标的问题定位我们就能知道应该对哪个／类商品、哪个人群、哪家门店、采用什么手段进行改善，更快更有效地达到目标，做到降本增效。这是数据智能的体系化应用，好比我们去做健康检查，根据具体是哪个指标出现了问题，离正常水平还有多少距离，给针对性建议方案。

从过往的服务经验来看，客户为了满足上级交办的 GMV 目标，会规划很多会员拉新活动。通过会员健康诊断发现，想要提升新客回购率并且防止老会员流失，挽回才是最重要也最能够有效拉升 GMV 的手段。有了这样的诊断结果和指标，我们就能有的放矢地开展运营手段，自然就能有效地提升业务成效。

2. 数据智能应用：结合业务场景及智能算法降本增收

数据智能应用是围绕业务场景，或是基于业务流程、规则，通过最能满足业务目标的算法模型提供降本提效增收的业务应用。数据智能应用落地有 5 个步骤，如图 5-14 所示。

图 5-14 落地数据智能应用步骤

1）了解业务场景需求。这是最重要的一步，需要紧扣业务场景，了解业务场景的具体要求，包括业务是如何运作的，上下游是怎么协同配合的，在整个业务链条里扮演什么角色、发挥什么功能。

2）选定场景数据。重点看有哪些数据是围绕这些场景产生的。这时候非常考验数据专业人员对于场景所产生数据的掌握，是能否发挥数据智能效果的一大考验。

3）数据预处理。在数据精准度已经有所掌握之后，接下来进行数据的预处理。我们可能面对数据存在缺失值、极端值、偏误值的情况，对于这些数值的处理也必须要根据业务场景来进行，如果对业务场景不了解，很可能看到极端值或偏误值就凭直觉去处理，这是不够客观的。如果上述数据处理得不够精准、不够完整，也会导致后面的数据智能效果不好。

4）数据探索与洞察。数据预处理完成后，我们会做相关的数据探索与洞察。这一步能够还原在业务场景、业务流程中发生的现象和事实记录，进而帮助我们更深刻地了解这个场景下发生的业务事实，甚至能一定程度上反向推测业务逻辑、还原业务人员的操作。

5）算法构建选型。在完成数据探索及洞察后，接下来就是最后一步了——算法构建选型。这一步是整合相关参数（影响业务结果的因素）进行模型训练，或者进行数据模型的选型。在算法模型选型上只有最适合这个业务场景的方法，我们会通过多个不同的模型算法去做测试验证，找到里面效果最好、最合适的算法模型。在初步选型定下后，根据场景数据回流再对这个算法和模型做不断修正训练、调优，输出最精准的应用结果为业务所用，提升业务价值。

5.2.2　四要素定义成功的数据智能应用

一个成功的数据智能需要具备 4 个要素，如图 5-15 所示。

图 5-15　成功的数据智能应用的 4 个要素

要素一：紧贴业务并能测算价值。

成功的数据智能应用一定是紧贴近业务并且能够被明确测算出业务价值的，而这个业务价值测算维度或指标也是客户业务最关心的，测算得到的价值需要让企业满意。这是第一个也是最关键的一个要素。

要素二：具备优化闭环。

可以被不断优化、不断学习、不断修正调整，体现了数据智能应用具备越用越好、越用越有效的弹性。

要素三：具备应用效率。

第三个要素是数据智能在应用处理上能够越来越有效率。而这个效率的提升可能会依托于中台或是类中台形态的基础平台。因为复用是中台的核心思想之一，所以数据应用的建设形态是以应用共性、业务共性形成各个业务中心或数据域。在此基础之上配合对应的模型算法就能快速形成对业务有帮助的应用输出，同时能够有效复用。在整个数据应用发挥上，效率能得到很好的提升，这个提升可以体现在时间维度，也可以体现在复用的维度。

要素四：符合投入产出比。

投入产出比就是我们常说的 ROI。当我们面临是否要投入数据智能应用的时候，如果需要投入的资源或成本明显远大于所能获得的业务价值，那么现阶段投入数据智能应用就不是一个很好的投入选择。时间维度也是需要考虑的，在现在数字化浪潮席卷之下，时间是最宝贵的资源，如果我们从 0 到 1 去构建数据智能应用，可能需要花很多的时间，那么从某种程度上来说，也不太符合投入产出比。

5.2.3 数据智能在人货运营场景的最佳实践

人货运营场景一直是企业核心，也是最具挑战的领域，极致的消费者体验追求的是高效的"人货匹配"。在企业持续优化的过程中，除了需要做对、做好消费者运营，做好商品的运营也十分关键。能否通过数据智能赋能企业核心的人货运营场景并发挥业务价值是判断企业是否具备优良数据智能能力的主要衡量标准。

1. 会员营销域最佳实践：全国高端零食连锁巨头会员活动，创造 700 万元增额营收

落地高效的会员营销活动一直是会员运营的核心议题。接下来的案例特别值得分享，能很好地证明数据智能驱动业务价值。这案例是我们服务的一家全国型高端零食连锁巨头，该企业会员营销活动的表现已经很不错了。该企业希望能在既有基础之上，通过数据智能方式让营销效果更好。我们在 2020 年国庆档期与他们合作，配合他们全国性的门店会员活动，融入数据智能方式帮助营销活动成效更加优化，发挥数据威力。

　　一个成功的应用落地脱离不开 AB 测试。于是我们配合客户安排好的活动设计了一套 AB 测试机制，将相同的会员池子里分为 A、B 两组沟通人群：A 组是沿用企业前线运营人员经验智慧以数据判断得出的沟通人群；B 组是通过相关数据，以数据智能算法输出预测活动期间最高概率购买人群的沟通人群。营销活动的优惠力度、沟通渠道、方式、频率对于 A、B 两组人群是完全相同的。唯一不同的是一组是以企业营销人员过往的经验及数据判断去操作，而另外一组是通过大数据智能算法输出在活动期间最高概率的购买人群。AB 测试成效及对比如图 5-16 所示。

群组	发送人群	到店销售额（元）	进店转化率
数据智能 1 组：预测人群 + 个性化短信			
数据智能 2 组：预测人群 + 常规短信	200 000	506万	24.60%
业务逻辑 1 组：RFM 人群 + 个性化短信	200 000	372万	13.20%
业务逻辑 2 组：RFM 人群 + 常规短信	200 000	372万	13.10%

图 5-16　营销智能 AB 测试成效及对比

　　如图 5-16 所示，B 组人群，也就是由数据智能算法驱动预测高概率购买人群，进店转化购买率比 A 组高出一到两倍，另外创造的增额营收比 A 组多出将近 700 万元。也就是说，如果这档活动通过数据智能预测活动期间最高概率购买人群，预期创造增额营收将近 1400 万元。这次 AB 测试体现出在企业数字化转型的过程中，如果通过信息化手段，真正地把数据价值盘活，驱动数据智能，就能够把数据价值创造出来。

2. 供应链商品域最佳实践：全国生活日用百货门店补货优化，4 个月降本近 1500 万元

这个案例是供应链库存优化场景。这是一家全国生活日用百货巨头，旗下拥有将近 3000 家门店，我们帮它锁定的应用场景是赋能一个仓所覆盖的所有门店补货。这些门店的所有商品去重后有近 4 万件商品。我们通过智能补货应用得知应该对哪一家门店，在什么时间补什么商品，要补多少商品，帮助店家更进一步地解决门店库存积压跟畅销品缺货的商品动销经典运营问题。通过这个方式，客户关心的门店单店日均销指标在仿真环境对比过往提升了 27%、缺货率下降了 1.5%，各个关键指标都带来了不同程度的优化。同时在降本维度的业务价值测算，为这家企业节省了将近 1500 万元的门店商品库存成本。

5.2.4 数据智能的走向和过程

如今，数据已经如同石油般重要。各企业都对数据充分发挥业务价值投入相当多的资源，让数据能够为企业所用。本节我们探讨数据智能应用的最终走向。

我们对数据智能走向的定义是企业能构建起为业务场景赋能的数据智能大脑。这个数据智能大脑能够基于贴合企业核心业务场景的智能模型、智能算法等结果，让企业在系统之上直接采取相应的业务动作，例如将数据智能应用结果输出集成到既有业务系统中，能够根据数据结果产生有建设性的洞察可视化，以及持续不断地完善和补充。回顾我们服务的行业细分领域头部及颈部客户，他们对于数据智能应用的建设情况也正是如此。

未来企业的智能化场景一定会越来越丰富。数据智能应用通过对大数据进行不断的训练与学习，做出更加智能的应用及决

策，形成好的修正闭环，最终覆盖企业全场景全链路并指导决策赋能业务。此外，企业构建自身的数据智能大脑是数智化升级转型的重要里程碑，也是拉大与其他竞争者差距的一大利器。

　　然而每个企业对数据的理解、掌握能力以及驾驭数据的能力都不尽相同。要从 0 到 1 构建企业的数据智能大脑，有 3 个过程供各位读者参考——从一开始的应用尝试探索到场景深层应用，最后走向成熟体系化应用的过渡。

　　（1）数据智能应用尝试探索阶段

　　通常企业在数据智能应用尝试探索阶段，会先挑选某个业务场景进行由浅到深的试点应用。例如在单一的业务场景中进行针对性较强的智能化建设试点，比如金融行业在开户业务环节引入人脸识别开户认证功能。大致来说，一般这个阶段的应用场景选择在市面上已经有一定成熟度的应用。在尝试应用探索落地的过程中有不少的成功案例能够借鉴，能够循序渐进地落地实践。与此同时，在数据智能能力的储备上，企业开始对基于智能算法的推荐、预测、决策等模型进行能力打造并开始积累相关的技术人才和数据。

　　（2）场景深层应用阶段

　　当企业进入场景深层应用阶段后，在某种程度上已经掌握或了解数据智能技术并驱动的业务价值。具体在应用场景上，已经在大部分或核心的业务场景中应用落地，并且在业务流程和场景中发挥着关键的作用，比如智能补货、销量预测、消费者购买时间预测等应用。

　　（3）体系化应用阶段

　　最后一步是走向体系化应用，到达这一步的企业已经能够在该行业赛道上体现显著竞争优势，包括在智能驱动业务的降本增效上，甚至能够对既有的商业模式进行迭代或创新。当企业走到体系化应用阶段，在集团层面或企业层面会将大数据智能技术与业务进行融合，能够明显通过数据智能驱动各业务场景降本增效。处于这个阶段的企业已经有丰富的业务场景支持数据智能的建设并应用落地。在智能应用能力维度，企业所构建的数据智能模型、算法能力可以在业务场景中实现优化迭代的闭环，并且可被追踪、被监督及管理。

对应上述内容的数据智能产品矩阵如图 5-17 所示。

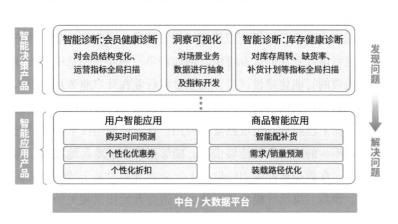

图 5-17　数据智能产品矩阵

转型利器：数字中台

数字化营销转型是一个非常复杂的系统工程，涉及战略制定、业务架构设计、技术选择、组织变革、人才储备、文化建立等方面的工作。有没有这样一个数字化平台，在内容上沉淀了行业营销数字化的最佳业务实践，在技术上采用了可靠、先进、开放、可进化的技术体系，能让企业的数字化组织在这个平台上高效地创新迭代，从而有效驱动企业向整体数字化转型战略目标前进？

数字中台就是这样的一个数字化平台，与在其之上搭建的智能商业应用一起，可体系化地加速企业转型进程，如图6-1所示。

数字中台上搭载了一系列智能商业应用，这些应用是必需的、开箱即用的，覆盖了全部端到端的业务在线场景，标准化实现了最佳的数字化营销业务实践。再者，这些应用是基于数字中台的业务和数据能力建设的，并且可以高效地在数字中台上定制，以满足企业个性化的需求。

图 6-1　数字中台与智能商业应用

数字中台沉淀了营销数字化场景的业务和数据能力，这些能力必须足够强大，来自大量的多行业、多业态、领先企业的转型实践，唯有如此才有可能基于这些能力迭代出符合新业务架构的智能商业应用。同时，数字化业务类型多样和数据来源丰富，以至于数字中台需要提供必要的编程范式和工具，让数字化技术团队能够在海量的能力中发现能力、理解能力，科学高效地使用能力进行协同开发。

6.1　数字中台是营销数字化的新基建

在数字化浪潮下，营销数字化是数字化转型的切入点，构建营销闭环，直达消费者。那么，如何建设企业的基础设施和应用体系来支撑企业的营销数字化转型呢？

6.1.1　什么是数字中台

企业在多年的信息化进程中，从特定应用场景的角度引入或建设了解决特定业务领域问题的多套垂直 IT 系统或套件。这些以往以业务领域纵向切分建设的"烟囱式"单体系统导致了如下问题。

- 功能重复建设和维护带来重复投资。
- 数据和业务被打散到不同系统，数据重复且不一致，不利于业务沉淀和持续发展。
- 原有功能不能拆分，导致无法被新业务共享使用，因而无法快速应对互联网时代前端业务的变化。
- "烟囱式"系统间交互的集成和协作成本高。
- 单体应用不能很好地支撑互联网大量用户的高并发需求。

我们需要一种新的思维方式和架构体系以应对上述问题，答案就是数字中台。在《中台实践》一书中已指出，数字中台是基于云计算、大数据、人工智能等新一代技术打造的持续演进的企业级业务能力和数据共享服务平台，如图 6-2 所示。

图 6-2　数字中台的定义

首先，中台是共享服务平台，即以服务的方式提供共享能力。那么共享的是什么？共享的是企业的业务能力和数据能力。

其次，中台是企业级的、集团级的，而不是部门的。

最后，中台是持续演进的，而不是一成不变的，是根据业务的需要持续迭代和运营的。再者，中台是使用新一代的技术架构打造的，包括云计算、大数据、人工智能等。

数字中台通过对业务、数据和技术的抽象，将业务按领域，比如订单、商品、会员、用户、库存、支付等进行拆分，并以服务化的形式输出共享能力。同时建设统一的洞察平台，包括大数据处理平台、主题和事件模型、推荐和预测等算法，以及标签等处理能力，统一数据管理和数据服务，及时按需与业务应用互动，不断地将数据转化为行动，实现一切业务数据化，一切数据业务化。

数字中台作为企业级的业务能力和数据共享服务平台，通过共享提升了应对业务变化的能力，还通过一套平台化的中枢系统，打破企业各业务部门、各子公司单独建设部门级系统的壁垒，又适应了企业，特别是大型企业集团业务多元化的发展战略。数字中台提供了数字经济时代用技术解决商业领域未知问题的支撑能力，从而助力企业进行数字化创新。

6.1.2 数字中台是数字化时代的必然选择

传统的企业 IT 基础设施是指硬件、网络和基础软件等。云计算通过虚拟化和租用的方式，为企业应用构建了新一代的基础设施。在数字化时代，尤其是为了应对营销数字化，企业的基础设施需要更贴近应用，更好地为业务服务。数字中台作为企业级的业务能力和数据共享服务平台，具有以下作用。

- 将企业的通用业务能力沉淀为企业基础能力，通过业务自治、业务编排和配置等手段，对企业能力进行重组，快速实现业务随需而变，进而应对新的业务场景。
- 由于中台作为中枢点同时支撑多个上层企业业务，因此中台成了打通原先割裂业务的最好着力点，能够让不同的业务之间产生连接，让不同的业务互相借力和引流，互相促进发展。

- 基于中台，建设企业统一的数据资产，为业务创新提供更大的可能性和数据支撑。
- 可整合企业上下游、集团内部企业间的业务资源和业务能力，构建企业生态。

数字中台打破了企业按部门或按领域单独建设 IT 系统的传统方式，构建了企业进行应用开发的新一代平台型基座，翻新了 IT 系统的技术底座。同时，数字中台的建设将会驱动企业进行组织变革，建设全公司服务共享部门，让 IT 从单纯技术服务走向业务服务。数字中台是天然的数字应用新型基础设施，将加深企业的数字化、智能化、平台化和生态化，正在成为产业数智化转型与产业经济变革的关键步骤和战略安排。数智化企业如果想拥有持续的业务敏捷性，则需要投资于现代的企业基础设施，致力于长期取得成功。

6.2 智能商业应用覆盖消费者数字旅程

既然数字中台是数字化的新基建，沉淀的是企业的共享能力和数据资产，那么自然产生了一个问题——数字中台沉淀哪些共享能力和数据资产呢？以消费者为中心的营销数字化是数字化转型的切入点，也是数字中台赋能的第一个试验田。所有的场景和能力将以组件的形式沉淀在数字中台，而数字中台的能力共享，将高效地支撑营销领域千变万化的业务创新特性，发挥数字中台的最大效能。

根据营销数字化的 3 个关键实现，即"端到端的业务在线场景闭环""以消费者数字旅程为核心"及"实现数据驱动业务智能"，智能营销应用产品需要提供一体化的品牌、市场、销售、渠道，以及交易、消费者及服务的全方位产品解决方案。我们根据实践将其拆分为消费者运营、精准营销、零售全渠道数字化、渠道数字化、智能客服 5 个"业务 + 数据"的核心领域，如图 6-3 所示。

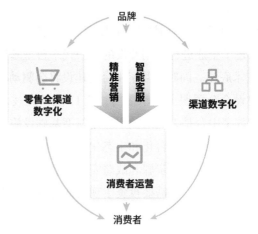

图 6-3　营销数字化的 5 个核心领域

6.2.1　消费者运营

消费者运营是在全渠道消费者数据的基础上，对消费者与品牌之间"了解—认知—认可—忠诚—流失"的过程进行管理，通过认知消费者旅程中的关键节点，与消费者交互，监测数据分析结果，进行有效的运营、再运营，最终实现企业对消费者群体的全方位管理，实现客户生命周期价值的最大化。

消费者运营平台的核心要素是消费者数据平台（Customer Data Platform，CDP）和会员关系管理平台（Customer Relationship Management，CRM），如图 6-4 所示。

1. 消费者数据平台

消费者与企业之间有很多触点，不同触点下的消费者信息、行为、黏度和价值是不一样的。如何准确定义消费者的生命周期、价值等以提高企业的运营效率，成为目前企业消费者运营的难题。消费者数据平台则是对消费者多渠道数据进行连接、整合和洞察，解决消费者渠道数据歧义、矛盾的问题，为消费者深度运营提供数据支撑。

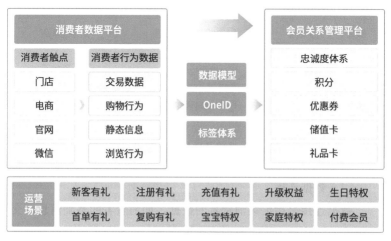

图 6-4　消费者运营平台构建策略

消费者数据平台为消费者和企业之间"了解—认知—认可—忠诚—流失"全流程提供智能数据服务，主要场景如下。

- 打通企业公域、私域的消费者数据，丰富企业的消费者池，实现公域流量引流到私域、私域流量在公域进行人群放大的循环。
- 利用大数据技术精准划分人群，为自动化营销提供精细化人群包，提高营销的转化效果。
- 通过数据挖掘，精准识别消费者价值、生命周期和忠诚度等，将数据赋能会员运营策略。

消费者数据平台的建设通常按照数据连接、数据整合和消费者画像 3 个部分进行，从而实现消费者的全链路数据融通，如图 6-5 所示。

图 6-5　消费者数据平台建设过程

（1）数据连接

数据连接是指汇集消费者的数据，如消费者的基础信息、交易行为、浏览行为等。数据连接越全面，对消费者的画像刻画越精准。数据连接应尽量覆盖消费者的所有触点。触点可以分为企业自有系统和渠道数据。

- 企业自有系统：由企业自主建设的系统，如自有商城、会员关系管理平台、营销系统等，一般通过 ETL[⊖]离线或者实时同步数据。
- 渠道数据：企业和其他企业合作产生的数据，需要通过 ETL/API[⊖]方式同步。对于互联网渠道，如微信、抖音、

　⊖　ETL（Extract-Transform-Load，抽取－转换－加载）是一种数据仓库技术。

　⊖　API（Application Programming Interface，应用程序接口）又称为应用编程接口。

小红书等，消费者数据平台可以根据开放平台 API 的对接规范，实时同步消费者数据。

（2）数据整合

数据整合是消费者数据平台的核心内容，需要采用大数据技术将不同渠道的数据进行整合，从而解决消费者在不同渠道数据不一致、数据割裂的问题。数据整合一般可以分为数据清洗和处理、OneID 引擎、数据融通三部分。

- 数据清洗和处理：对脏数据、异常数据进行校验和清洗，如手机号码校验、身份证校验、枚举转换等，促使各渠道的消费者数据保持一致，保障消费者数据的质量。

- OneID 引擎：采用智能的 ID 识别技术，精准识别数字世界的"一个人"。如何精准识别"一个消费者"是 OneID 建设的难题。通常是采用图计算技术来找到各 ID 标识之间的关联关系，从而识别出哪些 ID 标识属于同一个消费者。对于公域的消费者数据，需要先保证互联网生态圈内部逻辑的完整性，然后与私域消费者数据融通，如微信生态的 UnionID 和 OpenID 间的关联性。

- 数据融通：基于消费者 OneID 体系，打通不同渠道的消费者基础信息和行为数据，并且解决不同渠道消费者数据的歧义，形成消费者统一视图。

（3）消费者画像

消费者画像是基于消费者统一视图，结合智能标签技术，精准识别消费者特征以构建消费者标签体系，从而刻画消费者 360°画像。然后利用数据统计和数据挖掘对人群进行精细分层和画像分析，挖掘运营人群的特征。同时为消费者忠诚度运营提供消费者标签画像、人群包等数据服务，实现数据驱动消费者运营。

- 标签体系：基于消费者统一视图，建立消费者基础信息标签、统计类标签和挖掘类标签，形成消费者的标签体系。在标签建设过程中，需要结合 RFM 模型、生命周期模型和流失模型等运营分析模型。

- 人群分层：基于消费者标签体系、消费者行为明细数据进行人群细分，如高价值人群包、即将流失人群包等。
- 消费者画像：围绕消费者行为轨迹、社交关系、标签特征等，建立消费者个体画像。基于人群分层，结合 RFM 模型、生命周期模型和流失模型等标签模型，挖掘消费者群体的特征画像。

2. 会员关系管理平台

在消费者数据平台的基础上，企业可开展会员关系管理。一般会员关系管理起步于会员洞察，通过等级、积分、资产等运营工具，达到促活、留存、转化、裂变的目标。

（1）等级体系

等级体系分付费型体系和成长型体系。常见的付费型会员体系有山姆会员店的付费机制、Costco 的会员付费模式、京东PLUS、淘宝 88VIP 等。而传统企业常用的等级体系多是成长型等级体系。

在成长型等级体系的构建过程中，完成消费者数据集成、识别和洞察后，企业可以随时随地根据客单价、购买频次、活跃度、行为等规则灵活配置会员等级计划。成长型等级体系一般包括成长值规则、等级规则及权益体系，如图 6-6 所示。

- 成长值规则：与会员行为密切相关的度量衡。通过消费、等级倍率、行为可以灵活配置成长值的获取规则。
- 等级规则：等级规则是在成长值的基础上，自动匹配等级，并赋予不同的权益内容。等级规则包括等级策略、升降级规则，以及关联权益。

- 权益体系：权益体系设计一方面要考虑权益使用的业务
场景，如新客培育、老客促活、复活唤醒等场景；另一
方面也要覆盖常见的权益内容，如优惠券权益、折扣权
益、资格类权益等。

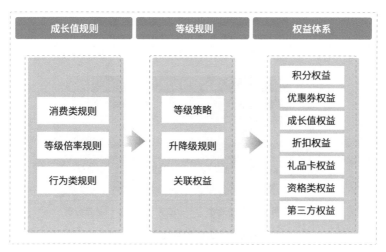

图 6-6　会员等级体系设计

（2）积分体系

积分在一定程度上可以理解为虚拟货币，是激励和引导用户
行为的载体和工具。积分对用户来说是有价值的，比如可直接抵
扣现金、兑换各种福利，对用户而言感知性较强。积分既然有了
价值，就可以通过积分玩法促进用户留存，再通过留存过程中的
引导，培养出企业的忠诚客户、等级客户。

积分体系还可以泛化为虚拟货币体系，即以积分为中心，积
分获取与积分消耗规则为框架，积分玩法为主体内容的体系化机
制。积分的作用主要表现在提升用户在平台的持续活跃留存，培

养用户忠诚度。积分的价值和娱乐性能够吸引用户参与，用户获取积分的沉没成本会提升用户的留存。

一个完整的积分系统设计包括积分业务整体管理、积分发放规则定义、积分消耗场景定义、积分数据统计 4 个方面，如图 6-7 所示。

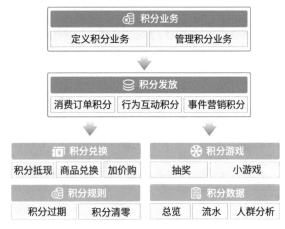

图 6-7　会员积分体系设计

首先确定积分业务框架，积分的类型一般包括行为类、消费类、兑换类、抵现类等。然后梳理积分发放场景，比如消费订单积分、行为互动积分、事件营销积分。积分消耗是积分的出口，一般有积分兑换和积分游戏两种方式。积分兑换包括积分抵现、商品兑换、加价购等；积分游戏如抽奖、小游戏等。积分规则则是为了保证积分池的健康，避免积分膨胀、滞留而导致积分成本增加，对积分的有效期进行管理，根据规则自动做过期清理，降低企业运营风险。

（3）资产管理

完整的会员资产管理需要综合企业线上线下业态开发的消费

者资产，营销方式应以优惠券、礼品卡、储值账户等为主。应用
场景如下。

- 礼品卡布局礼赠业务，满足商务馈赠、员工福利等场景，
  支持礼品卡销售、激活、绑定与交易。
- 储值卡吸引客户储值，用余额消费，以此推动稳定的持
  续消费，支持充送等运营方式，可使用储值的账户进行
  支付。
- 优惠券、福利券、提货券、团购券等针对不同业务配置
  合适的券，提升活动转化率。

优惠券是营销促销中最常用的手段，对于企业而言，可以
起到拉新、促活、提高转化的作用，对用户而言也可以获得实在
的优惠。优惠券体系的核心在于各种券的管理、发放、使用及核
销，如图 6-8 所示。优惠券是一套规则的组合，它的基本信息包
括优惠券名称、发放数量、优惠券是否可叠加、每人限领张数、
是否和其他促销同时使用（优惠优先级）、使用规则等。

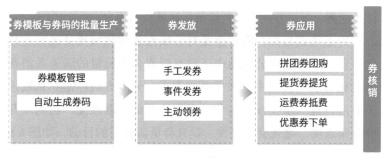

图 6-8　优惠券体系设计

为了配合不同形式的线上、线下活动，优惠券体系势必需要
频繁地改动。如何最大限度地降低改动的成本，是系统设计中需
要解决的关键问题。为了提高券系统的复用性，减少改动成本，

需要在系统设计中将规则与执行相隔离。在规则层，各类优惠券的使用限制需要进行合理的抽象以模块化和重用。执行层可以理解为根据规则，将优惠券通过手工发券、事件发券、用户主动领券等方式发放到用户账户中，并应用于交易的不同应用场景，如满减券下单、运费券抵扣、提货券提货等。

6.2.2 精准营销

所谓精准营销，是指对于每一个用户或者每一类有着共同特性的用户，产生有针对性的营销动作，从而让用户生命周期价值最大化。下面介绍企业如何在纷繁的数据中，精准地定位目标消费者并进行精确的信息沟通。

1. 精准营销的目标

精准营销需要洞察企业全触点消费者数据，了解消费者所处的场景，进行有针对性的沟通，将信息、活动、品牌、商品以内容为载体，与消费者通过不同渠道进行交互。精准营销的两大目标是挖掘公域潜在用户和持续激活私域现有用户。

为了达成目标，需要企业对公域流量和私域流量进行差异化运营，一方面将公域池中还没有变成企业流量的弱关系消费者转化为私域流量中的强关系消费者，另一方面在建立私域强关系后，进一步实现人与货、人与活动的精准匹配，达到提升会员满意度，增强会员黏性，提升会员留存率的目的，如图 6-9所示。

2. 构建精准营销平台

企业面对营销需求，要构建一个自动化、可复用、机制灵活性高的精准营销平台，满足消费者在不同生命周期的多样化营销场景。一个完备的精准营销平台应由消费者分群、内容管理、自动化营销、多触点渠道及数据分析五部分组成，如图 6-10 所示，五者相辅相成，缺一不可。

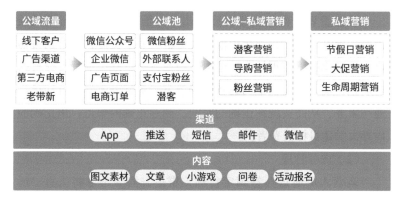

图 6-9　精准营销平台构建策略

图 6-10　精准营销平台业务架构设计

（1）消费者分群

消费者分群是指通过对消费者的洞察，形成消费者标签体系。常见的标签有事实标签、模型标签、事件标签等。事实标签通常是消费者的人口统计学信息和社会统计学信息，如年龄、性别、地域、学历等。模型标签则是如 RFM 模型、促销敏感度模型这些基于算法产生的标签。事件标签是行为标签，通过实时捕捉用户行为而产生。在不同的营销场景下，运营人员可将不同的标签组合成精细化的营销人群包，实现消费者分群。

从消费者分群的定义可以看出，由消费者数据平台提供的消费者标签是营销自动化中消费者分群的底层支撑，是营销自动化、精细化得以实现的背后逻辑。简而言之，基于消费者分群的自动化营销，就是在不同的营销场景下，对细分人群的自动化沟通与服务，从而实现在正确的时间，通过正确的渠道，用正确的内容去触达目标消费者。

（2）内容管理

运营人员通过标签圈定目标人群后，需要考虑将信息、活动、商品、品牌以内容为载体，与消费者进行交互。内容在很大程度上影响着营销的效果，因为内容创造消费者价值，消费者永远是被好内容吸引来的，所以企业需要重视内容规划和内容管理系统两个层面。

内容规划要遵循 3 个"了解"原则。

- 了解产品：了解产品的核心价值和定位，进而根据用户特征去圈定目标用户。
- 了解自己：了解产品内容的调性。
- 了解用户：以用户为中心和出发点，而非以企业利益为中心，了解用户最关注的风格、结构、形式，进而根据用户关注点，整合内部资源及分发渠道。

内容管理系统是自动化的内容生产及管理工具，通过内容组件，自助搭建的微页面，以海报、文章、留资[⊖]表单、游戏互

    ⊖ 留资指留下可供联系的资料信息。

动等形式，分发到内外部渠道。一个内容管理系统应包含素材管理、页面设计、内容管理、内容分发、数据分析 5 个核心部分，以及标签管理、内容形式，如图 6-11 所示。下面重点介绍素材管理、页面设计、内容分发和数据分析。

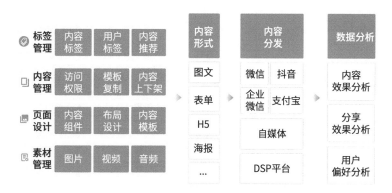

图 6-11　内容管理系统设计策略

- 素材管理：内容管理的基础，一般可分为图片、视频、音频等。从素材来源视角，又可分为内部素材和渠道素材两类。
- 页面设计：在素材管理框架设计确定后，梳理可以承载使用内容的落地页场景。根据这些场景定义微页面的表现形式，比如文章、表单、商品、留资等多个落地场景，以业务运营的思路进行规划。
- 内容分发：完成前面两个步骤后，接下来就要组织内容的分发，可以按照内部渠道和外部渠道两个维度来进行。
- 数据分析：在内容分发之后，对内容效果、分享效果、用户偏好等数据进行分析，及时给运营部门反馈及建议，评估内容的使用效果，并根据数据进行决策调整。

（3）私域流量自动化营销方法

简单来说，自动化营销是通过技术手段，简化营销任务构建和执行流程，提升用户生命周期的智能化管理水平，进而提升营销效率，并使 ROI 易于衡量。具体来看，自动化营销一般提供以下 3 个功能——主动营销、事件营销以及营销画布，如图 6-12 所示。

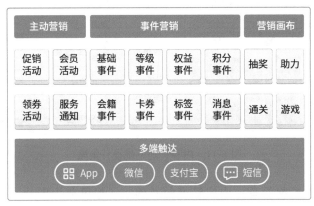

图 6-12　自动化营销系统设计

主动营销是指基于企业运营人员的营销计划，设置和布局一次性或者周期性的营销任务，例如在节假日、会员日或者大促时期，运营人员圈定目标营销人群，并选取适宜目标人群的沟通渠道、权益、时间，进行精细化运营。

事件营销以每个客户的行动和事件为基础，设置和布局一个循序渐进的营销旅程。系统通过捕捉用户旅程中的关键事件，提供即时营销触达，如用户欢迎旅程、会员绑定旅程、追加销售旅程、回购旅程等。旅程中对应的用户事件应覆盖日常运营场景，如等级事件、权益事件、积分事件、券事件、会籍事件、卡事件、服务提醒事件和标签事件等。举一个等级事件的例子，在日常运营中，系统通过实时监控用户事件，发现用户在消费后达到等级升级标准，即时触发等级事件，自动提升用户等级，并提醒用户新权益的获得及使用方法。

营销画布是一种可视化的营销旅程编辑器，如图 6-13 所示，将营销动作模块化，配置流程化，形成可预设、可监测的客户旅程。运营人员只需要通过简单的拖曳就能完成复杂的营销树，可将效果好的营销树沉淀为模板，方便后续快速套用。营销画布将营销事件拆分成节点、动作、条件等元素后，根据不同的营销情况，组合合适的营销节点，自动执行相应的营销动作，实现"主动推送 + 监听触发"的混合营销方式。一个灵活、便捷的营销画布需要包含如下特性。

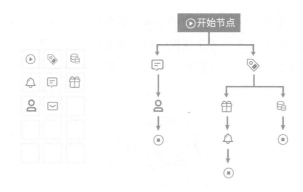

图 6-13　营销画布示例

- 节点模块化：支持创建营销节点、营销内容及对应的渠道。
- 数据自动化：营销数据自动、快速回流，支持营销活动快速响应调优。
- 策略资产化：沉淀营销内容、营销计划等至营销策略库，包括但不限于营销内容模板、对接渠道、画布模板形式等。

- 素材复用化：素材库、广告投放素材统一管理，可复用。

6.2.3 零售全渠道数字化

零售全渠道数字化需要高度融合所有第三方电商平台、自建电商渠道、零售实体店的零售交易场景，赋能线上线下全渠道的购物场景，为消费者提供可随时随地购物的场景式消费体验，满足顾客多元化、个性化的购物需求。以消费者为中心的营销一体化、服务一体化、数据一体化，是零售全渠道交易的重要特征。

1. 零售全渠道数字化的三大核心价值

零售全渠道数字化需要帮助企业完成电商系统建设、门店业务数字化、线上线下一体化建设，核心价值体现在消费者体验升级、业务降本提效、决策智能化三方面，如图 6-14 所示。

图 6-14　全渠道交易三大核心价值

- 消费者体验升级：企业通过全渠道交易模式打造的场景

式体验为消费者营造更优质的购物体验、更愉悦的消费过程。类似手机下单半小时送达的极速购物方式、在线预约到店免排队等消费场景，使得消费者从单一消费行为升级为场景式的消费体验，在消费过程中消费者获得的不仅是产品，服务也成为消费环节的价值点。

- 业务降本提效：企业整合各个销售渠道的业务和数据，在各个环节提升企业的运营效率。比如对各渠道的商品、库存、订单的统一管理，有效提高了运营和管控效率；通过库存预测及订单路由等手段减少库存的积压和调用，达到降低库存存储和履约成本的目的。
- 决策智能化：在全渠道交易的生态体系中沉淀围绕消费者旅程的数据，能够帮助企业实现大数据智能预测。在供应链侧实现智能补货，实时变更战略库存以及供应计划；在营销侧实现千人千面的精准营销；在客户管理侧针对客户的购买偏好和习惯制定个性化策略，最大化客户生命周期的价值。

从企业角度来说，要完成零售业务的数字化转型，必须以当下各渠道为基础进一步融合所有渠道，完成全渠道的数字化建设，打通线上线下全渠道、全场景，让消费者享受真正的无缝购物体验。

2. 三大核心建设系统

零售全渠道数字化建设包括构建核心领域的数字中台能力，以及基于数字中台快速开发的上层应用。核心领域包含店铺中心、商品中心、促销中心、交易中心、库存中心，而基于中心之上建设的业务应用则包括数字商城系统、全渠道运营系统、数字门店系统，如图 6-15 所示。

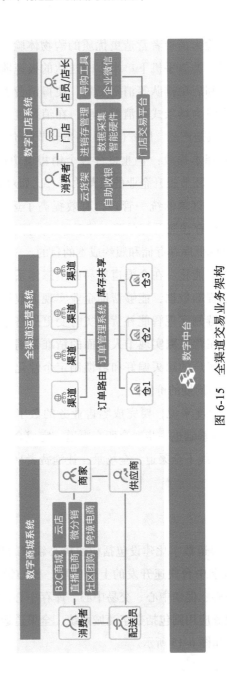

图 6-15　全渠道交易业务架构

（1）数字门店系统

数字化门店系统解决了传统门店对消费者持续运营、门店日常经营、快捷交易等核心场景缺乏有效管理工具和手段的痛点。在消费者持续运营方面，企业微信和导购工具能够帮助门店突破物理限制，与消费者在时间和空间上进行有效的互动延展；在门店日常经营方面，通过进销存管理、数据采集智能硬件、数据赋能工具等可实现门店商品的智能化供应、规划、管理；在快捷交易方面，使用云 POS、云货架、自助收银机等硬件设备，从交易场景、商品 SKU 种类、门店经营效率等方面最大化门店效益。

（2）数字商城系统

数字商城系统为企业提供完善的电商运营管理工具和消费者前端应用来满足消费者在多种交易模式下的消费场景。交易模式的设计是企业零售业务创新的关键。比如：B2C 模式能够使传统零售企业向 C 端消费者提供在线交易的平台，迈出线上转型的第一步；云店或社区团购模式能够帮助拥有线下门店的零售企业将客流进行线上线下转化，提供更多新零售玩法；商家入驻模式能够帮助企业旗下的经销商实现业务在线化，对 C 端消费者形成有效触达。企业需要根据自身业务特点将系统量身打造成符合企业中长期发展目标的电商模式。

（3）全渠道运营系统

全渠道运营系统旨在为企业解决新消费时代背景下多渠道销售（仅线上电商渠道就有 10 余个，如淘宝、京东、抖音等，同时还有自建商城、线下门店等）、多仓库管理（各地仓库分散不互通，门店无法履约线上订单等）所导致的品效、人效、货效低下问题。通过中台连接器打通上下游并提供丰富的作业策略，实现渠道统一管控、订单集中履约、库存全域共享，提升企业经营效率与客户消费体验。

3. 零售全渠道数字化六大核心模块

为了支撑三大核心建设系统，提升零售全渠道系统在企业运营、消费者体验方面的业务价值，零售全渠道数字化业务建设应具有六大核心模块。

（1）全渠道店铺运营

全渠道店铺运营包含商家入驻、开店及管理各渠道店铺等业务场景。店铺中心的关键属性设计如店铺结构、渠道类型、经营类型、业务类型等，对全渠道融合起到关键作用，如图 6-16 所示。

图 6-16　全渠道店铺管理

店铺中心以多商家、多店铺结构为基础，这使得零售业务在发展过程中无论成为单店型、连锁直营型、连锁加盟型还是平台型，系统都能够灵活适配。店铺渠道有线下门店、线上店铺、第三方电商平台。所有渠道的店铺都能够在店铺中心统一管控。店铺经营类型分为直营和加盟，在权限范围、财务结算、数据统计方面会有不同的业务规则。店铺业务类型则可以根据企业自身业务特点进行定义，如社区团购、微分销、云店等。完善的店铺属性设计能够满足企业使用一套业务系统，在全渠道、全场景下开展零售业务的核心诉求。

（2）全渠道商品运营

在零售业态多元化经营的背景下，商品中心需要支撑全渠道的商品运营。在商品信息上，除了需要满足商品的通用属性与通用规则的管理，零售各行业及不同业态对商品还有着行业专属的运营诉求。建设商品中心需要具有通用性强、动态可扩展的定制能力，以实现业务增长带来的商品运营变化。在整体结构上，商品中心主要由品牌、类目、属性、单位等基本信息加上商品信息、商品上架信息等实体及关联关系构成。

商品运营模式可分为单店模式和多店模式。单店模式通常为B2C 模式且流程相对简单，首先完成商品数据的创建，之后上架到商品货架即可对消费者进行销售。多店模式的企业通常为连锁型或加盟型，平台统一管理商品资料，店铺运营负责选品上架，并支持商品引进审核、经营授权、停售等功能，满足平台对店铺的管控需求。

企业在多种渠道销售模式下，还需要维护统一的商品库，提供商品主数据给所有渠道使用，如图 6-17 所示。运营者能够使用同一套上架流程维护多套商品销售数据，如门店商品、第三方电商渠道商品、社区团购商品、跨境电商商品等。不同渠道和交易模式的业务特征允许上架信息存在一定的差异。不同业务引用一套商品主数据上架销售的管理模式满足了企业对全渠道交易战略实施商品管理一体化目标，有效提升了商品运营效率。

（3）促销系统

企业常用的促销活动有优惠券、兑换券、秒杀、拼团、砍价、满减满折、满赠满返等，适用于线上自有电商渠道以及门店交易业务。为了满足不断进化的促销形态，需要建设复用度高、机制灵活的促销系统。促销业务流程分为创建活动和参与活动两个步骤，促销中心需要设计一套促销引擎以及优惠叠加配置来完成创建活动和参与活动流程的快速开发。

图 6-17　全渠道商品运营

促销引擎的关键在于将通用的活动规则抽象成规则模板，供新增活动类型时直接复用。高频使用的规则如活动时间、条件门槛、活动资格总数等。活动规则可按 6 个维度进行整理和归类，如图 6-18 所示，当运营团队针对活动提出新需求时，通过快速组合适用的规则模板，可大大降低新活动的开发成本。

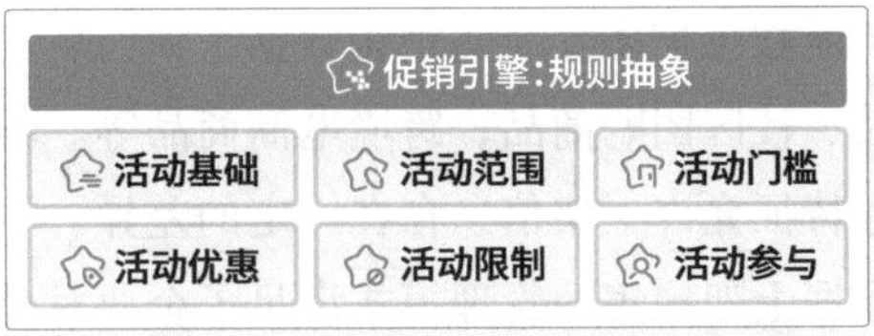

图 6-18　促销引擎规则归类

促销活动之间的优惠叠加规则是活动的基础部分。优惠叠加配置需要解决活动叠加规则灵活可配的核心诉求，允许运营者创建活动时决定活动之间的优惠叠加关系，如优惠券 A 可与满减活动叠加使用，与秒杀活动互斥。用户下单时选择优惠券、促销、积分抵扣等优惠时，系统根据配置的叠加规则判断订单最终的优惠金额。

（4）全场景交易流程

交易可以由消费者或店员发起。线上商城、电商平台由消费者发起下单，而线下门店收银、线上代客下单则由店员发起。

不论线上线下场景，通用交易流程涵盖加购商品、生成预订单、选择优惠、支付订单、退款售后的交易场景。在通用流程基础上，根据企业自身业务特点，需要对流程节点进行增减、顺序更改、信息校验，比如预售商品需要分2次完成预付款和尾款的支付、拼团需要校验凑团人数是否满足条件、社区团购需要校验收货地址与团长地址一致等。如果每次业务扩展都对原有流程进行结构性修改，往往涉及较大的开发工作量且易造成系统不稳定。

交易编排设计可以解决自有渠道交易场景下的流程排布问题。交易编排将各中心提供的能力有序地编织起来，聚合成一条执行链，用于完成特定的交易场景，从而灵活应对特定的交易业务，如图6-19所示。例如拼团活动在流程上需要在付款状态下增加凑团人数是否满足条件的判断，再决定是否流转至待发货状态，此时可以通过流程配置化的方式增加判断条件，帮助业务快速落地。

（5）全渠道订单履约

履约的核心在于提升从用户下单到商品送达链条中各环节的组织效率、库存周转效率。

首先需要支持统一渠道管控，需要打通各个销售渠道（如淘宝、京东、拼多多、自建商城等）的订单，即运营人员可在同一系统管理所有渠道订单，如图6-20所示。

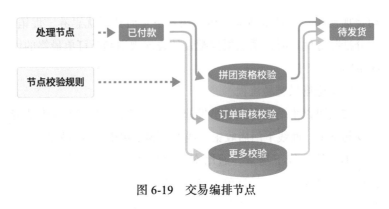

图 6-19　交易编排节点

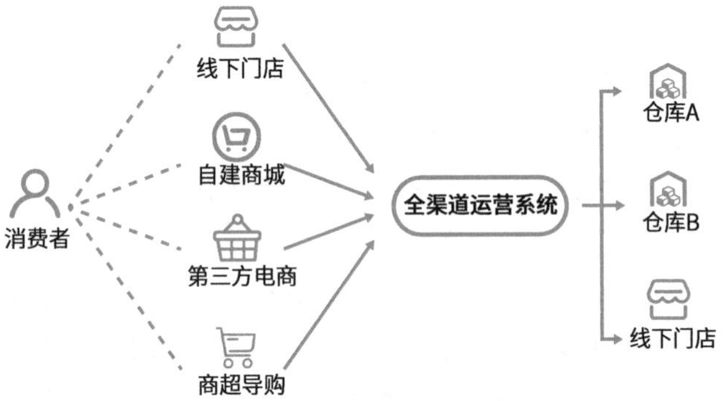

图 6-20　全渠道订单履约

　　然后是交易流程自动化。系统需要具备丰富的订单审核、发货单拆分与合并策略，只在需要人工干预时进行拦截，减少重复人力投入的同时提升订单作业效率。

　　最后实现全渠道订单统一路由。订单根据丰富的路由策略（如支持按库存、距离、效率、信用等）便可按企业需求实现智能仓库分派，从而提升库存效率、降低履约成本。

　　（6）全域库存共享

　　全域库存共享是指汇总所有货品库存即全网一盘货，打通线上线下各销售渠道，从而支持销售订单智能分仓、就近发货，解决因仓库库存长期积压、库存成本居高不下导致的资金周转困难与新品销售滞后等库存周转效率低下的问题，实现全渠道库存管理可视化、集中化，提升店铺业绩及库存销售最大化。企业可根据各渠道动销情况自定义物理仓（实物仓映射及实时物理库存管理）、逻辑仓（满足按经营或财务维度划分的逻辑库存管理）、共享仓（承载逻辑库存分配计算策略结果）、渠道仓（对接渠道电商顶层库存）之间的库存共享关系与计算规则，把货及时供给好卖的渠道，如图 6-21 所示。

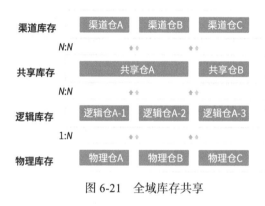

图 6-21 全域库存共享

6.2.4 渠道数字化转型

近年来，随着消费场景的升级和技术的创新，给渠道商带来了翻天覆地的变化。传统渠道体系中，品牌商缺少与零售终端的直接连接，无法直接发力于终端。经营效果完全取决于中间商的市场业务能力，营销成本很高。即便企业有自己的业务团队，传统手段也不能准确地实现对零售终端的精准营销。越来越多的品牌商受困于原本最熟悉的渠道，诸多新挑战促使企业进行新一轮的渠道体系重构即渠道数字化转型。渠道数字化转型是利用数字化技术和能力来驱动渠道模式创新和渠道生态系统重构的途径和方法。

1. 渠道数字化转型的三大核心阶段

通过渠道数字化转型，品牌商能打通上下游的连接，使整体营销效率发生巨大变化。品牌商通过直控终端、快速推新、高效响应，掌握全链路交易信息，反推上游生产，可以极大地提高供需效率和质量。渠道数字化分为以下三大核心阶段。

（1）经销商订货在线化

长期以来，传统的渠道订货方式是经销商通过电话、微信等方式联系品牌商下订单。由于产品的规格、样式、颜色、大小等各有不同，每次下订单都要和品牌商的接单员反复沟通确认，接单员统计订单数据、查库存，用微信、电话回复经销商的各种问题，疲于应对各种咨询，导致订单流转效率低下，还容易造成错单、漏单、拖单等情况。

经销商订货在线化，商品、价格、订单、库存实时同步，渠道政策直达经销商客户，支持经销商自主在线下单，将全面提升经销商与品牌商的交易效率。

（2）零售终端订货在线化

传统渠道业务中，零售终端通常掌握在各区域经销商手中，零售终端订货由经销商的业务员代为完成，品牌商很难掌控零售终端的具体运作情况。通过为品牌商构建 F2B+B2b 的私域化渠道生态，赋能经销商，连接零售终端，实现零售终端向上级经销商订货的在线化，实现厂家－经销商－零售终端的多级订货在线。同时，品牌商可直接获取经销商及零售终端的业务数据，有效提升品牌商对各级渠道的掌控力度，轻松实现渠道运营的差异化、精准化。

（3）BC 一体化

品牌商通过数字化技术完成自建零售渠道、经销渠道数字化新基建后，就具备数字化运营的基础了：一方面通过自建零售渠道直接与 C 端用户连接和沟通，沉淀私域用户，建立品牌与 C 端消费者的反馈闭环和营销链路；另一方面通过灵活的政策和管控，赋能 B 端、运营 B 端，让终端不再是终点，而是深度连接消费者的起点。品牌商通过渠道社群化、加大 KOL/KOC[⊖]的运营，建立与消费者的深度连接；寻找和打通直达消费者的深度连接场景，如一物一码、优惠溯源；同时实现供给效率的改革，包括 BC 一盘货盘活库存、以采定销等新业务模式的创新。最终 BC 合力，供给侧、需求侧同时发力，重塑和融通零售渠道和经销渠道，共同服务消费者。

2. 渠道数字化的五大关键能力

与面向消费者侧的全渠道交易比较，渠道数字化除了能实现交易在线、库存在线以及灵活的促销互动之外，还有独特的五大关键能力。

（1）统一主数据能力

主数据主要体现在组织、客户、商品等环节。

- 组织：企业内部组织及外部渠道集团化管控是企业传统渠道业务线上化、数字化的前提。组织中心可为渠道管理、渠道授权提供更有效的管控与指导。
- 客户：统一的客户信息能力，对渠道客户进行统一管控。包含客户分级分类管理、所属区域管理，同时支持潜在客户自主注册加盟，精细控制客户可采购的品牌、品类、产品等。对于前端应用，客户中心提供客户的基本信息、采购范围以及采购价格等。

⊖　KOL（Key Opinion Leader，关键意见领袖）。
　　KOC（Key Opinion Consumer，关键意见消费者）。

- 商品：统一的商品信息能力是渠道交易的基础。商品中心为前台提供商品展示、营销活动、订单创建、订单支付的数据支撑，也为后台的仓储、采购、物流等提供基础的数据支撑。

（2）价格在线能力

借助价格在线能力，实现价格策略的创建，支持多种渠道模式下的价格管理。具体体现在：针对上下游客户设置价格策略，设置策略适应的商品范围、区域范围、客户范围，可精确到具体客户，同时支持设置价格策略的有效期，客户登录系统后自动匹配对应的价格策略，为前端商品展示、订单提交，后端订单审核、退换货等环节提供基础数据支撑。

（3）政策在线能力

渠道业务中的政策通常包含品牌商对经销商的返利政策，以及经销商对下级批发商或零售商的促销政策等。

返利中心需要灵活支持品牌商对经销商的返利管理，提供自动计算返利的能力，比如可根据客户的类型、等级、所属区域、具体商品设置返利模型，客户下单后即可按照对应的返利模型自动计算对应时间内客户应获得的具体返利额度，并支持返利发放的多级审批及核准。该方式的主要优势是可快速完成返利的核算、审批及发放，实现返利管理的闭环。返利中心也支持自定义设置返利的使用规则，如订单达到一定的额度才能使用、订单返利的比例限制等，为前端订单提交、返利抵扣提供数据支撑。

促销中心可为经销商对下级批发商或零售商的运营提供有效的助力，支持满减、满折、满送、特价、加价购、组合套餐等多种形式的促销活动，并支持按客户类型、客户等级、客户分组、客户区域、指定商品等多个维度进行有针对性的促销活动。

（4）信用在线能力

信用在线需要支持对客户信用进行多维度的管理，主要体现在以下几个方面。

- 对客户进行多维度授信申请，包含按产品线进行授信申请、按组织进行授信申请。
- 授信额度的审核，支持在系统内完成审核，同时支持接入 OA（Office Automation，办公自动化）系统、钉钉等第三方系统进行审核。
- 额度的下发，支持为客户开通一个或多个信用账户，同时支持一个信用账户包含多个信用有效期。
- 设置信用的校验规则，包含额度校验、逾期校验，可具体到校验时点（下单校验、审核订单校验、发货校验）、校验策略（额度不够时是拦截还是提醒，出现逾期时是拦截还是提醒）。
- 设置账期模型，包含一般账期、固定月结日、固定周结日、分期付款，并设置账单到期的时间。
- 支持查看每一笔信用支付的流水明细，自动进行账单的生成和提醒。

（5）支付结算能力

支付需要支持多种接入方式，包含线下转账支付、预存款支付、信用支付、返利抵扣、微信、支付宝、网银以及大额支付通道等。企业可选择一种或多种支付方式，并支持智能化配置支付引导路由，即当企业同时接入多种支付通道时，系统可根据客户身份、历史支付习惯、订单状况，对支付方式进行智能化的优先级排序，将最合适的支付方式排在最前面。同时，支持企业配置同一笔订单仅支持一种支付方式或多种支付方式的组合使用，如某订单 10 000 元，使用返利抵扣 1000 元，使用预存款支付 5000

元，剩余的 3000 元采用微信支付的方式进行。

结算中心是基于解决客户在线支付、预付款交易、二清合规，以及高频收、付、退款财务处理，高频人工分账、财务对账、财税合规等业务需求，通过银行或第三方支付机构为品牌商搭建一套交易资金记账、分账以及资金支付结算体系。结算中心以搭建虚实结合的账户体系为基础，基于不同业务场景，扩展支付渠道和结算方式，抽象支付和清结算能力，实现交易记账、结算账户绑定、鉴权验证、入金、出金、交易资金清算和交易资金对账一体化。可灵活支持 F2B、B2b、F2B2b 等业务模式，通过配置实现对接不同银行或第三方支付机构的结算解决方案，以满足客户个性化需求，提升结算的效率和精准度。

6.2.5 智能客服

在当下的存量经济时代，人口红利逐渐枯竭，许多企业开始意识到仅在产品和价格上竞争远远不够，客户服务将成为新的战场。搭建一套智能客服系统，建设全链路智能客户服务体系，提高服务响应的及时性，提供个性化的服务体验满足用户需求，可最大限度地解决客户服务症结。

智能客服业务架构如图 6-22 所示，客户从各个渠道发起服务请求，无论是在线咨询，还是热线咨询，都先由 AI 客服进行接待，为客户提供秒级响应服务体验的同时极大地降低客服成本。当遇到 AI 客服无法顺利解决的问题，可快速地转交给人工在线客服或人工热线客服跟进。若人工客服也无法立即解决客户问题，再利用智能工单进行问题的跟踪与协同，保证问题解决的流程化、透明化、高效化。最后，智能对话分析与服务大脑始终全天候贯穿式地监督每次客户服务，监控人工客服的服务规范、分析 AI 客服的问题解决率、挖掘客户的潜在诉求，从而驱动产品服务调优。

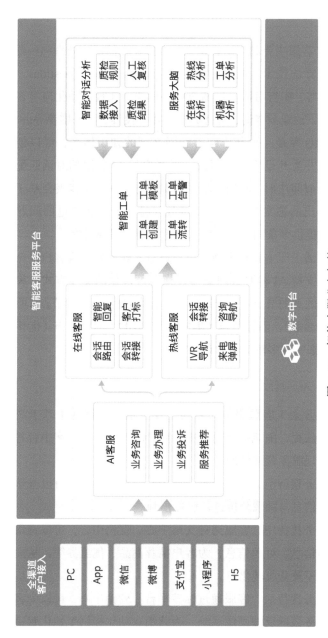

图 6-22　智能客服业务架构

1. AI 客服

AI 客服主要利用语音识别与合成、自然语言处理和机器学习等先进算法技术，结合 FAQ（Frequently Asked Questions，常见问题解答）库与对话工厂两个核心模块，实现自动化应答客户不同场景下的业务咨询、业务办理、业务投诉、服务推荐等诉求。

FAQ 库是一个基于问答和同义词的知识体系，可以创建一条问答并为其设置相似问法，当客户与 AI 客服的对话匹配到问题或相似问法时（利用自然语言处理技术），AI 客服会基于检索算法得出的答案集合相似度得分与排序，为客户返回问题的答案，或提供多条问题给客户选择进而得到具体答案。

对话工厂主要基于槽位填充通过多轮问答实现客户复杂咨询场景。支持 AI 客服管理员通过拖曳可视化的交互方式，编排对话流中的意图节点（用于识别客户咨询目的）、填槽节点（收集业务查询参数）、函数节点（集成系统调用）、回复节点（优化结果表达）来完成多轮对话设计。

2. 人工客服

提升人工客服服务质量与工作价值的关键在于基于消费者的购物旅程，围绕接待前、中、后阶段连接打通数字中台各大中心，实现服务营销目的。

服务接待前，客服通过会员中心、标签平台，可以基于客户的基础信息与画像分析进行服务预判。

服务接待中，客服通过交易中心、促销中心，可以查询客户的商品信息、订单信息，为客户推荐商品、优惠券等，从而提升服务效率及营收转化。

服务接待后，客服通过标签平台、营销中心，可以为客户打标，业务数据反哺画像系统，为营销自动化提供个性化营销的人群数据，实现留存客群的复购与沉默客群的唤醒。

3. 智能对话分析

智能对话分析全天候全量地质检人工客服、热线客服，无差别地判断人工客服的服务规范，让企业告别 3% ～ 5% 的人工抽检，实现降本增效，同时有助于舆情监控、生产调优以及提升服务质量。智能对话分析搭建包含 4 个核心模块：数据接入、质检规则、质检结果、人工复核。

- 数据接入：接入人工客服、热线客服产生的对话数据后，支持全量质检，也可通过规则定义只质检部分对话数据。在质检前，需先处理好语音数据的文本转写以及对话数据的角色分离。
- 质检规则：根据质检目的，可制定文本质检规则（如关键词、正则表达式、上下文重复等）与语音质检规则（静音、语速、抢话等）及规则间的逻辑关系与对应的评分标准。
- 质检结果：客服可查看每个对话的分析结果，包括命中的质检规则及对话质检评分。通过评分大盘可查看坐席排行榜、坐席得分趋势等，从而把控整体客服服务质量的提升情况。
- 人工复核：通过复核规则自动输出对话数据给复核员，从而纠正系统质检结果误判，同时优化质检规则配置，提升机检准确率。

4. 服务大脑

服务大脑主要用于在线客服、热线客服、AI 客服、智能工单的数据监控，从而通过数据驱动业务调优。以在线客服和 AI

客服为例，在线客服的分析主要包括访问量、访客量、接待量、首响时长、等待时长、排队数、转接率、流失量、消息数、好评率等；而 AI 客服的分析主要包括对话轮次、热门问题、冷门问题、点评率、点赞率、点踩率、无答案率、有效知识占比、有效对话流占比等。

6.3 数字中台的建设内容

在围绕着消费者数字旅程的智能应用场景中，我们让端到端的数字化营销实现业务在线，以消费者为核心重塑了很多流程。这些场景、流程或更细颗粒度的业务能力，都经过抽象沉淀在业务中台之中，以领域化的形式存在并共享。

所有的应用都需要数据和算法的加持，在领域化的各个业务中心积累了大量的数据。这些数据通过治理形成了企业所需要的各类数据资产，这类治理模型我们称之为数据模型。将这些宝贵的数据资产输入给算法可以得到业务决策，而业务决策将直接嵌入和体现在智能应用中，比如门店的智能补货建议，从而实现业务数据化，数据业务化的闭环。

此外，庞大复杂的业务中台和数据中台需要技术平台的支撑。技术平台需要定义业务和数据能力之上的编程模型和项目敏捷迭代模式，并通过低代码开发工具、大数据开发工具、研发和交付管理工具进行固化，如此才能有效和高效地让多项目团队协同使用海量的业务和数据能力。再者，技术平台对开放且复杂的底层云原生技术进行封装，降低了开发和运维的技术复杂度。

一个完备的数字中台是由业务中台、数据中台、技术平台 3 个部分构成的，如图 6-23 所示，这三者相辅相成，缺一不可。

图 6-23　数字中台的建设内容

6.3.1　业务中台沉淀数字化业务能力

业务中台以业务领域划分边界，形成高内聚、低耦合的面向业务领域的能力中心。业务中台打通企业各业务领域，以共享的商业能力域呈现并持续演进，使得提供的业务能力进一步满足企业数字化业务多种多样的需求。

1. 业务中台的 3 个关键价值

为什么构建业务中台？这是摆在企业决策者面前的灵魂拷问。有的企业业务系统烟囱林立，系统与系统间业务及能力的互通面临很大挑战。一旦有新的业务输入，往往是牵一发而动全身，各业务系统均可能涉及对应的调整适配，对企业原有的业务均会产生关联，阻碍业务快速推进。为了加速推进企业营销数字化的进程，改变原有的烟囱模式，企业需要通过业务能力服务化支撑上层业务应用，如图 6-24 所示。

业务能力服务化是由业务中台统一支撑的。总结起来，业务中台可以给企业带来以下 3 个关键价值。

（1）整合企业业务能力

企业前期为了业务的快速发展，各业务部门并行开发各自的业务系统，整体而言，共性的业务能力重复建设，无法复用接入，浪费了开发资源。而业务中台作为能力共享服务平台，整合各种业务场景及能力，使得业务中台的能力覆盖营销数字化的各个领域，覆盖从企业到 C 端全链路所需的业务能力，最终为端到端的业务在线提供了统一的业务能力基座。

图 6-24　业务能力服务化支撑业务应用

（2）打造企业数据资产基石

企业应用系统的烟囱性建设，使得业务领域的数据散落在各个孤立的业务系统上，数据格式不统一，无法互通，形成数据孤岛，对企业而言很难形成有效的数据资产。业务中台领域能力的统一使用，改变了烟囱式的数据存储及使用方式，沉淀统一的领域业务数据，形成企业数据资产，为后续数据的进一步洞察和分析提供了基础。

（3）提效企业业务创新

在数字化时代突围而出，对企业的快速应变能力提出了很高的要求。当企业启动新的业务规划时，可以基于业务中台已有的能力进行分析，在原有的业务中台的基础上，丰富、扩展中台能力，满足新业务应用的需求。如此一来，企业创新业务的响应速度大大提升，为快速打入市场、快速试错验证争取了宝贵的时间。

2. 业务中台的架构及构建内容

企业开展业务中台的建设，首先需要了解架构及具体的构建内容。业务中台的架构包含三部分——通用能力机制、能力中心和中台控制台，如图 6-25 所示。

图 6-25　业务中台的架构设计

（1）通用能力机制

业务中台需要规范和实现统一的通用能力机制。结合通用能力机制建设业务中台的能力中心，为业务中台的统一管理提供基础。业务中台主要是以通用能力机制来支撑不断变化的业务场景，并确保不会频繁地推倒重建。在建设业务中台时需要做好通用能力机制的架构设计，包含以下 3 个机制。

- 能力上报机制：能力中心通过能力上报机制，实现能力的统一上报。上报的信息主要包括实体对象、API 描述、配置项、编排节点等，为业务中台提供了管理对象，以便开发人员更快地接入、配置、管理业务中台能力。
- 能力扩展机制：企业在业务快速发展的过程中，对于同一能力场景会有不同的业务规则。通过能力扩展机制，可以动态修改配置项，按需扩展实现及配置差异化的业务规则，大大增强业务中台的灵活性，真正实现能力复用与差异性建设的平衡。

- 能力编排机制：主要体现在两个维度，第一个维度是 API 层级，能够在原有 API 的基础上，通过一定的逻辑关系进行编排，从而创建新的 API。第二个维度是流程级，抽象业务流程节点，根据不同的业务规则配置节点间的流转关系，从而支撑差异化的业务场景。能力编排机制可以进一步复用业务中台已有的能力，避免能力重复建设。

（2）能力中心

由于营销数字化需要覆盖围绕消费者旅程的营销闭环，因此业务中台的能力中心需要支撑会员管理、商品管理、交易管理、服务管理等场景。通常需要建设的能力中心包括但不限于用户中心、会员中心、店铺中心、商品中心、交易中心、支付中心、库存中心、工单中心等。同时为了实现端到端的业务在线，业务中台还需要延伸到企业 B 端，覆盖企业组织管理、经销商管理、经销商铺货等场景，建设能力中心一方面需要新增企业 B 端相关的能力中心，如组织中心、客商中心、价格中心、信用中心、返利中心等，另一方面也需要对原有的能力中心进行扩展及加强，如店铺中心、商品中心、交易中心等需要进一步抽象以增强覆盖企业 B 端场景的能力。

需要注意的是，构建能力中心，并非将之前所谓的公共组件或套件改造为微服务就可以了。业务中台的能力中心从表面上看是能力、API 的复用，其实质是对商业模式及业务场景的抽象及复用，需要经过各商业模式的思考和各场景的通用抽象来沉淀通用能力，实现企业各业务场景的扩展和复用，进而支撑企业业务的快速发展及创新。

（3）中台控制台

在通用能力机制的基础上建设多个能力中心后，还需要对能力中心进行集中管控。通过中台控制台，企业可实现业务中台的统一管控。

- 接口在线可视化：通过中台控制台浏览已有的能力中心的接口详情，并且实现在线接口验证，实现中台能力的在线化、可视化，降低使用门槛。
- 能力按需可配置：通过中台控制台对能力中心的能力规则进行业务配置，并支持对不同层级如全局、租户、业务级进行配置，使得配置后的能力同时满足多个应用的具体场景需求。
- 业务动态可隔离：通过中台控制台创建不同的业务空间，根据业务的不同运营规则，在具体的业务空间中进行配置，实现业务的配置隔离，在不影响已有业务的同时，保证新业务快速生效。通过业务的动态隔离，实现各垂直业务的独立运营，保证各业务独立发展自有的业务模式，互不干涉和影响。

3. 业务中台的 4 个构建策略

在明确业务中台的架构及构建内容后，业务中台应该如何构建呢？一般而言，可以围绕以下 4 个策略进行构建——领域驱动、通用性抽象、可变性识别和服务分层化，如图 6-26 所示。

（1）领域驱动

构建业务中台，首先必须识别出需要建设哪些具体的能力中心。有一种误区是在规划业务中台的具体能力中心时，使用常见的业界划分或原有的组件模块直接确定具体的业务能力中心。最终的建设结果与企业实际情况不相符，实现的效果仅仅是组件模块微服务化，这样反而增加了企业维护的难度，对企业业务需求的快速响应没能带来太多的帮助。业务中台的构建应该以一种系统的分析方式来开展，推荐使用领域驱动的方式进行分析。

图 6-26   业务中台的构建策略

领域驱动的一个关键原则是划分子域及识别核心域。通用的领域驱动理论提出将子域划分为核心域、支撑域、通用域。在业务中台的领域识别过程中，一般不需要太强调这些子域的类型划分，因为在不同的业务和场景下，这些子域的类型会发生改变。比方说，在面向 C 端消费者的 B2C 交易场景下，主要关注商品、交易、库存等核心领域，而结算不属于核心关注的内容。对于面向 B 端经销商的 F2B 交易场景，针对经销商的结算领域就是关键内容。使用领域驱动划分子域的关键在于识别领域，并针对领域进行建模。

在识别领域的过程中，一般采用的是协同共创的模式：由业务专家提供输入内容，确保业务输入的正确性及完备性，由领域专家主导领域的整体识别，再由关键技术人员配合细化领域的边界（即限界上下文），最终划分出来的子域，从业务中台的角度出发，即可对应到业务中台具体的能力中心，如此完成业务中台整体的领域划分。

（2）通用性抽象

划分业务中台的能力中心后，建设每个能力中心时，首先应针对应用需求进行通用性抽象，识别出通用的需求。这一识别过程可以使用一种通用需求分析的方法来实现，即场景—需求矩阵。

如表 6-1 所示，场景—需求矩阵左边一列为所有拆解后的业务需求，第一行为具体的应用场景，矩阵的内容对具体的业务需求进行标记。

表 6-1　场景—需求矩阵

业务需求	应用场景 1	应用场景 2	应用场景 3
R1	必须	必须	必须
R2	--	必须	--
R3	必须	可接受	必须
R4	必须	必须	必须

在表 6-1 中，需求 R1、R4 对于所有应用场景都是必须存在的，作为一个通用需求的候选。因为 R2 在应用场景 1 和 3 中不存在，所以不一定是通用需求。结合优先级做进一步分析，以需求 R3 为例，该需求对大部分应用场景而言是必需的，同时也是其他场景中可被接受的需求，那这个需求也可以纳入通用需求的候选。结合通用需求，进一步建设形成业务中台的通用能力，满足多种业务场景的共性需求。

（3）可变性识别

在通用能力的基础上，为了应对业务的多场景需求，满足业务上通用能力的不同业务规则需求，中台还需要考虑个性化需求及规则的设计和实现。对个性化需求及规则的识别过程称为可变性识别。

可变性识别通过拆解业务场景及流程、分析规则，识别可变需求并定义与这些需求相关的可变点。以交易下单流程为例，对于普通的下单流程，可拆解为下单、支付、发货、退款等通用的动作节点；对于经销商的下单流程而言，下单后还需要先进行审核，审核通过后才能执行后续的动作，是否支持审核动作，就是整个下单流程的一个可变点。再者，即使对于同一个节点，不同的业务场景也会存在不同的规则。比如普通商品下单只需要校验商品的库存、价格等常见的规则，而拼团下单还需要考虑是否成团的因素，那么下单校验就被识别为一个可变点。以此类推，最终形成一系列可变点的列表。这个可变点列表就是业务中台扩展性的一个体现，我们可基于可变点使用上文提到的能力扩展、编排机制进行业务中台已有能力的扩展与完善，使得业务中台能够更快地满足业务的多样化需求。

当然，可变性并非越多越细就越好。如果抽取太多，相当于把很多差异化的内容放大呈现给业务应用，反而增加了业务应用接入的难度。在可变性识别方面，一方面需要适度地抽取可变点，另一方面还需要保证抽取出来的可变点是内聚关联的。一般会预置一些通用的可变点组合模板，对应某些通用的场景。使用过程中则按分组进行配置，使得可变点的使用更加简单。

（4）服务分层化

为了降低系统的复杂度，在业务中台的建设过程中，需要在架构设计上对能力中心进行服务分层。服务分层化的目的是通过关注点分离来降低系统的复杂度，同时满足单一职责、高内聚、松耦合的要求。业务中台一方面需要对所有的能力中心进行整体划分，另一方面还需要针对单个能力中心的内部实现进行职责分层，如图 6-27 所示。

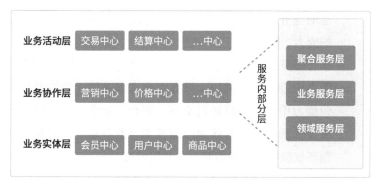

图 6-27　业务中台服务分层

首先，针对业务领域管理对象的不同性质从下向上可将不同领域拆分为业务实体层、业务协作层、业务活动层。

- 业务实体层（Biz Entity Layer，BEL）：由管理企业静态资源的能力中心构成，如会员中心、用户中心、商品中心等。
- 业务协作层（Biz Collaboration Layer，BCL）：由对企业资源使用策略进行管理的能力中心构成，起承上启下的作用，如营销中心、价格中心等。
- 业务活动层（Biz Activity Layer，BAL）：由管理或实现企业核心业务活动的能力中心构成，可实时调用下方两层的业务能力，执行业务活动，如交易中心、结算中心。

在划分业务中台的能力中心后，可将单个能力中心拆分为领域服务层、业务服务层、聚合服务层。

- 领域服务层（Domain Service Layer，DSL）：定义领域内的原子服务。这一分层的重点是将数据模型的能力按照业务场景进行拆解和实现。
- 业务服务层（Biz Service Layer，BSL）：实现对领域服务

层的业务编排，通过业务服务层组装不同业务场景所需的能力。

- 聚合服务层（Aggregation Service Layer，ASL）：实现跨能力中心的服务调用。只有在聚合服务层才会涉及与其他能力中心的接口进行交互、聚合。如此一来，可以将服务依赖的范围有效地收缩在聚合服务层上，避免出现循环依赖等不合理的跨中心调用情况。

6.3.2　数据中台沉淀数据模型

数据中台是一种将企业业务产生的数据通过体系化的建设与治理形成数据资产，产生智能，并循环再生，为业务服务，从而实现数据价值变现的系统和机制。数据中台的核心资产是以业务场景为抓手建设的数据模型，以及灌输到模型里的数据。

数据中台的本质是解决数字化进程中的数据在线问题，而数据模型正是数据中台为数据在线提供的核心资产。可以从两个维度解读在营销数字化进程中，数据中台沉淀的数据模型，一个是从功能维度进行划分，另一个维度是从业务出发，将数据模型按照主题域进行设计与划分。

1. 标签模型的加工

从功能维度，可以将模型大致分为分析类模型、标签类模型、算法类模型。关于分析类模型与算法类模型的建设思路在《中台实践》一书中已经做了较详细的描述，本节重点介绍标签类模型的设计与应用。

标签模型有比较规范的设计流程，一般可分为 8 个步骤，如图 6-28 所示。

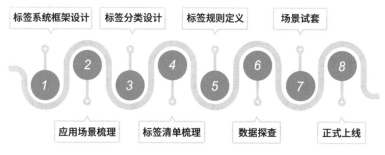

图 6-28 标签建设流程

1）标签系统框架设计：标签系统框架设计是标签模型的顶层设计，一般可采用学术分类将标签分为基础属性类、统计学类、模型组合类、算法类标签。

2）应用场景梳理：在标签系统框架设计确定之后，梳理企业在运营过程中可能使用标签的场景。根据这些场景定义标签，比如在新品推广、营销活动、节日促销、售后服务、商品运营等多个业务场景以访谈＋数据化运营的思路规划标签。

3）标签分类设计：有了前面两个步骤，基本上可以明确标签建设的大致范围，接下来进一步确定标签范围，可以按照基础属性、社会属性、偏好属性、渠道属性、价值体系等维度进行归类。

4）标签清单梳理：在标签分类体系中明确每一个标签可能使用的场景、标签的具体名称和业务口径。

5）标签规则定义：进一步细化标签规则定义，主要是定义标签的物理取数逻辑和对应的技术口径，并确定标签的物理类别，如枚举型、是非型等。

6）数据探查：标签开发过程中，由于数据的质量问题可能引起标签倾斜，或者因为定义逻辑问题导致标签失去意义。比如，性别标签原始定义为男、女两个枚举值，但在实际数据探查中却发现大部分性别为非男非女的值。这时就需要追溯数据的源头，可考虑在业务上做限定，在录入的时候规定为必填项，而且用下拉框的模式进行选择，而不要使用填写的模式。再比如，一开始定义年龄段的取数规则为 0 ～ 14 岁为少年、15 ～ 45 岁为青年，46 ～ 65 岁为中年，65 岁以上为老年。在数据探查的时候发现 0 ～ 14 岁与 65 岁以上人群特别少，那么就可以采用方差、平均差等手段与实际业务结合来进行重新划分取值规则。

7）场景试套：场景试套是在初步开发标签之后，将这些标签按照可归属的使用场景进行试用，及时获取运营部门的反馈，评估标签的使用效果，并根据情况继续调整。

8）正式上线：当标签通过场景试套后，可以与业务系统做对接，正式投入运行。随着业务的发展，正式上线的标签也可能存在取数逻辑需要调整的情况，这就涉及标签体系的运维与管理了。我们需要一套有效的标签运行机制来监控标签的热度、使用效果以便随时进行优化与升级。

2. 数据域模型

营销数字化所覆盖的智能商业应该包含消费者运营、精准营销、全渠道交易、渠道数字化与智能客服等业务。由此，按照业务域进行划分，大致包含用户、营销、交易、渠道、商品、服务等数据域，如图 6-29 所示。接下来重点介绍用户、营销、交易这三类特别重要的数据模型。

（1）用户域模型

用户域模型是营销数字化模式下最重要的数据资产，这些资产可以通过以下渠道获取：三方电商平台的用户购买行为；微信公众号、抖音等平台的粉丝关注信息；广告投放平台的用户触点信息以及自有业务的会员注册、会员营销、会员交易、会员互动交流、会员售后服务等信息。从使用场景来看，用户运营通常关注新用户的转化情况、老用户的留存、流失情况，以及根据用户所处的生命周期阶段进行分析，制定有针对性的营销、刺激消费策略。

图 6-29　数据中台及数据域模型

那么，如何创建用户域数据模型呢？用户模型至少应当包含两大模型。

一是以用户为中心，聚合用户所有基础属性以及行为数据形成的用户汇总模型，通常称为用户大宽表。注意，组成用户大宽表的元素是维度与指标。这个用户粒度的大宽表一方面为用户分析洞察应用提供数据服务，另一方面是用户标签模型的数据源。

二是对用户汇总模型的维度与指标通过统计、算法、组合等方式形成用户全域标签模型，如图 6-30 所示。

用户全域标签模型是营销数字化过程中非常重要的模型。按照标签模型建设方法论，用户标签模型应包含用户基础信息标签、用户价值标签、用户消费行为类标签、商品品类偏好、购买渠道偏好等标签。用户价值类标签类可细分为用户权益、用户自然等级、用户积分等基础类标签。可根据用户的价值度建设用户价值模型标签，也可以根据用户的最近购买时间、购买频率、购买金额 3 个指标进行组合，将用户细分为高、中、低价值标签。可根据用户购买互动旅程建设 AIPL 模型标签，将用户打上潜客、感知、兴趣购买、忠诚等标签。还可以根据用户的生命周期将用户分为潜客、新客、忠诚、易流失等标签。

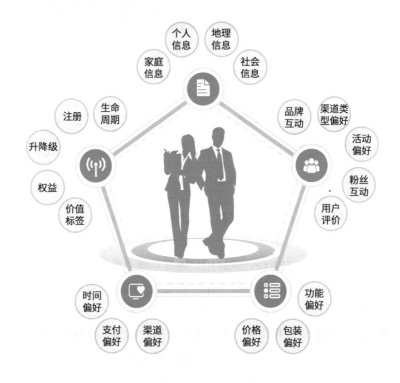

图 6-30　用户标签模型

业务端可以通过标签的组合进行人群圈选，实现精准营销，也可以在一对一的客户服务场景提前感知用户，提供有温度的客户服务。

（2）营销域模型

数据中台对于营销的数据赋能分为营销前、营销中与营销后。

由于营销前需要获取营销目标人群以及针对历史营销效果进行分析，因此营销分析模型必须具备用户、营销活动、营销类型等相关维度，而分析指标则可从投入金额、触达人群数、互动人群数、转化人群数、转化购买金额数等指标进行分析，并且通过这些指标下钻到个人以便精准营销。

营销中除了使用用户标签模型进行圈人以外，还需要一些高阶的算法模型进行更加精准的营销。比如，利用用户长期购买商品的相关性，以预测算法为基础建设个性化商品推荐模型；根据用户对折扣活动的敏感度，建设个性化折扣模型。

营销后需要及时对本次营销进行复盘。支撑营销复盘的模型同样可以使用营销分析模型。

（3）交易域模型

仅从数据分析洞察来支撑交易域业务应用是远远不够的，还需要支撑为消费者提供个性化的商品品类、商品摆放位置等场景。常见的交易域模型一般既有分析洞察模型，也有智能应用模型。

宏观层面，交易域的分析洞察类模型应具备渠道、商品、区域、分公司等常规维度，支撑的指标包括销售总金额、交易单数、客单价、退单数、参与活动交易数、毛利额等。有了这些基础的维度与指标，可以由"原子指标＋时间限定词＋维度"组合成多种多样的派生指标，供运营部门分析、定位问题及做出相应调整。

微观层面，如果按商品销售渠道类型来精细化分析，则可对渠道类交易与零售类交易分别建设模型，特别是自建电商平台，更需要进行细粒度的分析。通常会在交易端进行埋点，用于对用户购买行为进行跟踪与分析，诊断用户对于产品的兴趣度或者系统设计的友好性。而在渠道交易方面，关注点更多的是将经销商的下单量、销售量、达标情况、提成、信用积分、回款情况等进行统一分析。

交易域典型的智能应用类模型主要有两类——商品推荐模型和销量预测模型。商品推荐模型帮助提升消费者的忠诚度，帮助消费者快速购买到感兴趣的商品。商品推荐模型可以用于商城首页"猜你喜欢"、购物车页"你可能感兴趣"等多个场景。销量预测模型可以帮助商品运营部通过历史销量预测下一阶段各SKU 的销量，以便在商品研发计划、铺货策略上进行统筹规划。

6.3.3 技术平台

技术平台是加工生产中台业务和数据能力，以及消费这些中台能力，开发上层智能应用的生产线。从逻辑上划分，技术平台至少包括低代码应用开发平台、大数据开发平台和研发服务平台。

1. 低代码应用开发平台

营销数字化转型是业务创新的关键驱动因素，而低代码工具平台是迭代企业营销应用的加速器。搭建低代码应用开发平台主要围绕着数据、服务、界面、协同和部署 5 个关键要素展开，如图 6-31 所示。

（1）数据

低代码平台是以数据模型为基础去构建应用。数据模型包括实体模型、数据传输对象模型、页面模型等。数据有不同来源，可以是中台的元数据、业务对象，也可以是第三方的数据，还可以是通过公式计算而来的数据。除此之外，数据层面还包括系统的配置数据和基础数据等。

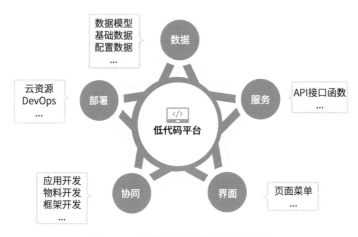

图 6-31   低代码平台构建关键要素

（2）服务

服务是应用构建的核心元素，可以是 API 接口，可以是一种函数，也可以是一种算法。服务除了可以解决对数据基础的增删改查操作，还可以满足复杂的业务处理，以及跨业务之间的信息传递和授权控制等。

（3）界面

应用界面由不同控件，包括基础控件、组合控件、业务控件等，结合数据模型搭建而成。通过低代码平台可以对界面进行属性、样式、排版、布局等进行设计，以实现不同的应用风格。通过控件的抽象，我们可以实现一个页面模型定义支持多端设备渲染。通过拖曳进行界面可视化设计，所见即所得，提升开发效率。

（4）协同

低代码平台提供的协同机制包括开发框架的搭建，从 0 到 1 开发组件，基于数据模型设计服务，并把组件、服务形成模块化的功能包发布到应用市场，再消费应用市场上的物料去组装可运行的应用，并最终形成由多个应用构成的解决方案。对组件、服务的增强可以反哺框架，业务运营又可以促进改进应用。低代码平台的整体协同方式快速、便捷，并可持续沉淀企业的研发资产。

（5）部署

通过低代码平台，研发人员无须过多关注底层的硬件、服务器、操作系统、数据库、中间件等。这些系统部署所需的前置资源已经由低代码平台框架封装并提供，并且提供多云适配，从而部署到不同的云环境。

2. 大数据开发平台

大数据是营销数字化的基石。能否有效利用企业沉淀的大量数据资产赋能业务，是评判营销数字化建设成功与否的重要标准。我们平常所见到的"猜你喜欢""会员流失预警""差异化营销"等内容均是业务与数据完美结合的场景，这些应用场景需要依赖强大的大数据体系，如图 6-32 所示。

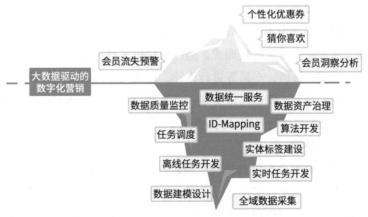

图 6-32　大数据驱动的数字化营销

　　大数据建设是一项非常体系化的工程，而且近年来随着大数据技术日新月异的发展，海量存储、秒级计算、毫秒级查询等场景越来越多。现有技术无法覆盖所有场景、缺失大数据技术架构师等问题愈演愈烈，影响到企业的大数据建设。企业需要一套覆盖企业数据中台建设全场景的大数据研发平台。如果说数字中台是营销数字化的利器，那么高效的大数据开发与数据资产管理平台则是建设数据中台的利器。

　　大数据建设可以概括为采、存、通、管、服 5 个步骤，如图 6-33 所示，大数据开发与数据资产管理需要覆盖以上内容。

　　采，指的是将各种业务数据源定时或者实时同步至数据中台。

　　新零售模式下的数据源种类随着消费者的触点越来越丰富，也变得更加多样化，但大致会分为以下三类。

- API 对接类数据：主要应用于与外部电商平台产生的订单数据、社交平台合作产生的粉丝、关注等行为数据。这些数据在相应的平台都提供了开放接口，数据采集模块需要具有拉取这些数据的能力。

- 行为日志类数据：主要来自自建商城、营销、广告落地页等页面的埋点日志。这些数据对于企业跟踪消费者的行为轨迹，进行后续产品体验优化以及精准营销具有非常重要的意义。数据采集模块必须具备采集日志类数据的功能。

- 企业业务系统产生的业务数据：这类数据通常存储在数据库中，且数据库的类型多种多样。数据采集模块需要支撑多种常用的数据库，同时要提供按照某一个时间戳字段进行定时增量采集和基于数据库日志进行实时同步的功能。

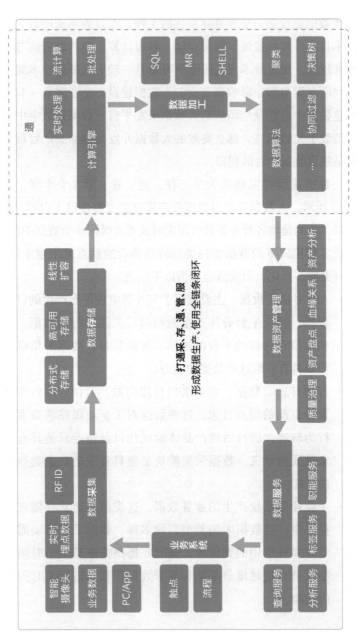

图 6-33 大数据建设的全生命周期

存，指的是将各种格式的数据通过平台进行分类存储。

数据一般分为以下几类：从数据源系统采集过来的明细数据、加工过程产生的标签类明细数据和加工过程中产生的汇总数据。这些数据的使用场景不一样，以至于查询、写入的性能要求也不一样，在选择存储的时候要充分考虑。

举例来说，消费者标签数据是营销数字化过程中用到最多的数据。这类数据在加工和查询过程中对性能的要求完全不一样。加工过程是对海量数据进行批量读取和批量写入，那么大数据领域中的 Hive 是实现这一场景的最优存储方式。而标签查询则对查询性能要求极高，Hive 这种存储方式是不合适的，HBase 这种列式存储就是这种场景的最优选择。拉通来看，从数据采集到标签加工再到标签查询，整个链路加工需要跨越多种存储模式。高效的标签加工工具需要屏蔽这些高门槛的技术选择，让开发人员只需关注标签业务逻辑。

通，泛指数据的联通、聚合等加工流程。

支撑营销数字化的数据中台最重要的数据资产就是模型与数据。这些模型与数据均是通过加工过程进行处理的。高效的数据开发平台尽量屏蔽底层大数据技术的调用，让开发人员通过简单的拖曳式处理，即可完成整个数据处理链路的加工。

管，指的是管理数据中台产生的数据资产。

有了平台对数据资产进行体系化的管理，无论是数据业务负责人还是大数据开发人员，都能清晰地知道当前企业数据中台的数据模型、数据指标、标签、服务 API 等资产对象，以及这些资产对象每天的增长情况、变化趋势、使用冷热度、质量情况等，便于快速评估数据中台现有数据资产是否能支撑前端数据应用的需求，同时可以体系化地监控并随时清理已经废弃的数据资产。

服，即统一数据服务功能。

该功能通过界面配置模式完成数据对外提供服务的 API 加工、API 申请与授权、API 调用等。

3. 研发服务平台

为了应对快速发展和更新的业务，企业营销数字化转型中对于软件研发效率提升的需求在不断地增加。在软件生产加工的各个阶段，零散的、独立的系统虽然可以满足一定的提效需求，但通常需要投入更多人力成本来支撑这套体系。我们需要建设一体化的研发效能服务平台，通过协同不同角色人员，提供可视化的操作，简化应用开发、测试、部署、运维以及监控的流程，提升整体的研发效率，降低开发者门槛，促使应用软件快速交付，适应并助力企业业务的快速搭建和升级。

（1）研发服务平台的 6 个核心模块

面向企业级协作的研发服务平台作为一体化的研发过程管理系统，应基于云原生 Kubernetes 容器编排系统，集成先进且流行的开源软件，并采用微服务的理念和架构实现企业级的 DevOps 能力构建和流程打通，提供敏捷管理、应用管理、开发流水线、测试管理、部署流水线、运营监控、效能可视化报表等功能，帮助企业规范和串联管理软件研发过程，如图 6-34 所示。

敏捷管理用于管理项目的需求、计划和执行进度。以 Scrum 模型为核心理念，通过创建史诗、故事、缺陷、任务来记录需求和工作任务。使用活跃看板和故事看板等工具，编排需求和任务的优先级和实现批次。使用会议纪要工具记录敏捷管理过程中各个重要会议节点的内容并关联待办事项，以达到有节奏跟踪项目进度的目的。

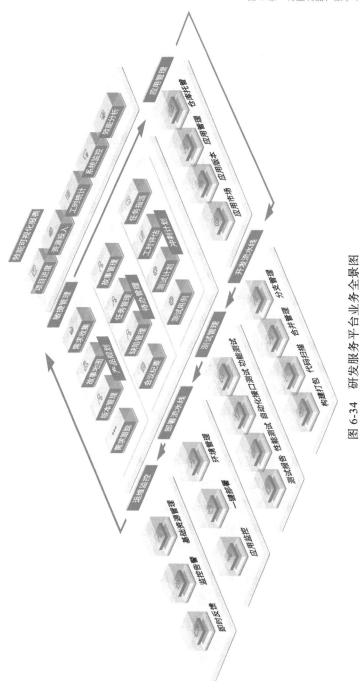

图 6-34　研发服务平台业务全景图

应用管理负责应用和应用版本的管理，结合应用市场可提供应用全生命周期管理及搭建企业级应用共享生态的功能。创建应用时，可选择脚手架实现自动初始化。对应用构建过程所产生的产品可设置清理逻辑进行自动化维护。项目所产出的应用可发布到应用市场中供其他项目部署。同样地，也能在应用市场中选择二方应用或三方应用在本项目下一键快速部署。

开发流水线提供开发流程的管控。包括对项目的代码仓库进行托管，可以在对应的代码仓库中创建新的分支。分支提交后，系统会自动触发持续集成，并提供分支标记和合并请求的业务操作。对分支在各环境中的流转提供跟踪分支状态的分支提测管理功能。通过代码扫描插件，检查并输出代码质量报告。开发流水线提供开发流程的所有关键业务操作，并实现开发信息的透明化。

测试管理提供敏捷的可持续测试工具。基于敏捷管理中的需求可以创建一一对应的测试大纲，并根据测试大纲创建关联执行粒度的测试用例。通过创建测试计划安排测试节奏和测试人员。测试人员可以上报在测试过程中发现的缺陷，并据此开展新的测试循环。最终达到测试环境可持续流转、高效优化交付质量的目的。

部署流水线提供应用快速部署能力和部署情况实时跟踪。可通过对环境及其相关资源配置的管理，实现多种部署模式快速安装，并实时跟踪监控实例状态。在此基础上，提供部署流水线的编排功能，通过可视化的流水线操作界面，自定义全流程自动化部署方案。

运维监控提供集群管理、主机管理、监控管理和证书管理等功能，可对集群和主机资源进行分配和配置。集成 Skywalking、Grafana 和 Prometheus 等先进的监控工具，实现对基础服务资源的实时监控和监控告警能力，减轻运维工程师的工作负担，降低人力成本投入。

除了以上模块，面向企业级的研发服务平台还可以提供移动开发管理、知识库管理、效能可视化报表等功能模块，用于打造研发全流程的效能服务生态，形成高效研发交付的全业务场景闭环。

（2）建设研发服务平台的策略和方法

兵无常势，水无常形。搭建研发服务平台需要根据不同体量组织的实际情况做出灵活机动的调整，而调整决策的依据则应该是一套明确的策略和方法。

首先，应以"通用、易用、开源、先进"为指导策略。

- 通用：提取研发过程的业务共性，抽象高效的研发功能并灵活搭配，适应不同类型研发团队和多团队的需求。

- 易用：以用户为中心，考虑研发过程中全角色的使用体验，提供可视化的功能界面，协助研发过程顺畅有序地流转。

- 开源：服务能力应低耦合、高内聚，并提供开源系统的能力集成机制。通过构建分布式微服务架构和开源集成体系，增强研发服务平台的可扩展性。

- 先进：选择先进和流行的软件工程方法，采用行业最新的技术成果，提升研发服务平台的行业生态匹配程度，时刻保持在技术领域的第一梯队。

其次，应以"明确边界、平台集成、数据支撑"为落地方法。

- 明确边界：梳理研发过程环节，以业务小闭环为一个环节模块的边界。边界的确认就是对业务能力的不断拆解，最终圈定最小的业务闭环，使得建设研发服务平台的过程中优先实现最高价值的业务闭环，根据反馈快速迭代升级。

- 平台集成：以应用为中心，以敏捷管理模块为研发过程的信息抓手，围绕敏捷信息有机接入测试管理、开发流水线、部署流水线、应用管理、运维监控等模块的关联关系，形成研发效能服务的整体业务闭环，实现研发交付全生命周期效能管理生态。

- 数据支撑：在研发效能服务中，可以根据研发资源投入产出的量化、研发质量和效率的量化、团队和个人能力的量化 3 个层次制定合适的数据化支撑体系。数据化支撑是研发服务平台长期运营的保障，引导平台中的研发团队向正确的方向进行优化和突破。

（3）建设研发服务平台的价值

研发服务平台的核心价值是提高交付效率，而体系化集成、效能可度量和全角色协同就是核心价值的具体体现。

- 研发能力体系化集成：有别于传统研发团队偏好的零散研发效率工具集，研发服务平台将零散的研发能力和工具体系化地聚合起来，搭建统一的管理平台。串联研发流程，避免割裂式研发，使得规划、开发、部署、测试、运营监控成为一个有机整体，从而打造出一条研发服务的信息化高速公路。

- 研发效能可运营度量：研发服务平台基于多层次的数据化支撑体系，以及一体化数据集成的优势，提供更加宏观全面的效能度量方案。可基于研发全流程进行度量跟踪，便于对比复盘，快速定位可优化的环节，明确每个时间节奏的提效成果。

- 全角色协同：研发服务平台串联研发及交付过程中的不同角色，在统一平台上进行所有角色的业务操作，快速查阅协同的工作内容和任务进程，提高团队成员的协作效率，降低团队沟通成本，以团队整体的模式推动应用的快速生产和落地。

6.4　软件定义加持的中台体系

6.3 节详细介绍了数字中台的三驾马车——业务中台、数据中台和技术平台。

首先，业务中台实现了业务数据化，数据中台提供数据业务化，形成一个闭环。业务中台和数据中台，双剑合璧才能最大限度地发挥中台的能力。

其次，建设业务中台和数据中台需要有技术平台的支撑，才能更好地推进中台的建设，"工欲善其事，必先利其器"。

这只是在"软件定义中台"的思想下指导中台建设的一部分。为了更好更全面地阐述软件定义中台的思想，本节专门来讨论一下软件定义的起源、本质，以及软件定义与中台的结合后给中台建设带来的新思路。

6.4.1　中台建设面临的问题

中台概念提出和流行后，在直面企业中台落地过程中产生了一些实操方面的疑问。

- 中台是以分布式系统的方式构建的，拆分出众多服务，那么如何有效地管理、维护和迭代？
- 企业的中台会涉及多种云环境，也涉及前端、后端、大数据等技术，各自有各自的要求，如何快速部署及稳定运行中台系统？
- 中台有没有一个具象的呈现方式，而不仅仅是一堆 API，以便帮助使用者更好地了解、学习和使用中台？

- 中台的共享能力如何适应具体应用场景，且根据场景特色实现可扩展？
- 中台所支撑的多业务之间的逻辑如何得到有效的梳理，并在共享的基础上得到一定程度的隔离？
- 中台如何有效地监控业务数据源的变化，从而当业务数据源发生变更时得到自动甄别？
- 数据加工链路太长，导致开发周期长；当数据出现质量问题时，排查难度大等问题，如何解决？
- 中台的建设和使用涉及多个相关角色，业务架构、业务运营、IT 团队等，这些角色之间的工作，如何进行有效的协同？

上述问题促使我们重新思考中台的具体建设方式和内容。

6.4.2　软件定义中台的核心思想

为了回答上述问题，我们借鉴了"软件定义"的思想。随着数字化的推进，软件的重要性和复杂度在上升，在软件开发、维护、升级方面投入的工作量也越来越大。2008 年提出的"软件定义网络"开创了"软件定义"时代，如软件定义存储、软件定义数据中心、软件定义汽车等。软件定义的本质是利用分层思维拆解一体式的硬件设施，将软、硬件分离，通过硬件资源虚拟化和服务能力可编程，用软逻辑替换硬逻辑，从而按需进行编排，实现服务的灵活管控。软件的重要性逐步上升，已经超越了机械和电气设备。

基于"软件定义"的本质，我们创新性地提出应以"软件定义中台"来指导中台的落地。软件定义中台的核心思想主要包含两部分：其一，作为企业业务能力和数据共享服务平台，数字中台是由技术平台支撑业务中台和数据中台建设和闭环；其二，根据"软件定义"的分层思维，解耦中台为运营、控制和执行 3 个平面，以实现中台的统一运营、集中管控和柔性执行，如图 6-35 所示。

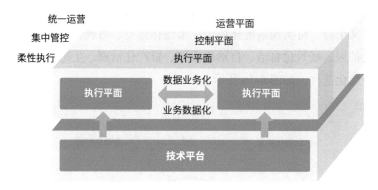

图 6-35　软件定义的中台系统

中台控制台（Mid-Platform Console，MPC）即控制平面关注业务逻辑的配置和编排，执行层关注通用接口能力的抽象和业务中心的稳定运行，并提供灵活的业务引擎，诸如交易引擎、促销引擎等，从而使中台变得更灵活、更智能，为业务创新提供更好的基础设施。中台通过商业运营中心（Business Operations Center，BOC）达成多个应用的统一入口和应用构建管理，辅助 MPC 更好地实现中心化企业应用的统一运营。

中台可拆解为分布式的执行单元，而执行单元是由功能包叠加而成的。分布式的执行单元各自上报自有的能力到统一的管控中心，进行集中管控。经过可视化编排，产生配置值、业务规则和业务流程等配置信息，通过配置协议下发到各执行单元。这些可配置信息就是控制平面与执行平面交换的媒介。执行单元根据统一的机制按需装载合适的配置值、业务规则等，结合引擎，实现系统柔性运行。

6.4.3　软件定义中台的 9 个特性

软件定义中台，解耦中台的控制平面、运营平面和执行平面，通过中台控制平面集中管控分布式的中台系统，既保证系统稳定运行，又实现基于业务随需而变，助力业务创新。通过软件定义中台，可实现系统化协同、柔性化运行、可视化编排、动态化扩展、场景化自治、自动化感知、资产化治理、生态化开放和持续化迭代，如图 6-36 所示。

图 6-36　软件定义中台的 9 个特性

1. 系统化协同

软件定义中台规范了"中台＋应用"的平台架构模式，研发分为三层——技术平台、能力平台（即业务中台和数据中台）和应用平台，如图 6-37 所示。

在此基础上，软件定义中台也对中台系统的建设者进行更细化的专业分工，包括中台机制设计方、中台能力提供方及中台能力使用方，并通过中台控制台、商业运营中心及技术平台，协同参与中台及应用建设多方角色的工作，一起推动业务的迭代和创新。

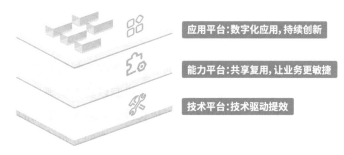

图 6-37　三层开发模式

2. 柔性化运行

配置信息的统一控制、下发和隔离、装载机制，以及环境隔离都会让中台随需而变。除此之外，支持动态执行业务规则和业务流程的引擎也是实现中台柔性化运行的一个支撑点，比如交易引擎、促销引擎、流程中心等。以交易引擎为例，各领域上报和提供的能力经由可视化编排，既可以实现先付款后发货，也可以实现先发货后付款。对于大额订单，还可以实现支付环节的自定义，比如上传支付凭证、经过审核完成支付等。通过编排能力来满足具体业务情况，而不是修改代码，大大增强了中台的灵活性和应变能力。

3. 可视化编排

可视化编排使中台更具象化，从而降低中台管控和运营的门槛。比如可自定义按价值流组装的配置视图，将配置模型以可视化的方式呈现出来。利用营销画布，通过拖曳的方式设计营销活动。还有可视化的自助分析平台、可视化数据加工、向导性标签生产等，这些功能使得中台的核心能力更直观、更易操作，并以更有建设性的方式促进业务思考，从而更好地帮助各角色发挥中台的价值。

4. 动态化扩展

基于组件化的结构设计、横向分层和纵向分割的架构、标准化的接口、动态插件框架、通用扩展点机制以及提供满足常见业务所需的默认扩展，保证中台的可成长性，并减少了定制的工作量和难度，从而降低了维护成本。中台所包含的分布式执行单元本身并不是一个整体，而是在一个基础功能包之上，由多个功能包叠加起来的。将不同的功能拆分为不同的功能包，优点是可按需组装叠加。结合功能包的叠加机制，各业务应用方再根据实际场景需要添加合适的插件进行扩展，就可完成对中台管控的迭代演化。

5. 场景化自治

通过全局、租户、业务空间和业务身份四级来多层级共享和细粒度隔离业务的差异性。比如，基于业务空间，隔离各垂直业务的运营。再者，通过业务身份的定义和识别，更细粒度地执行有差异的业务逻辑，比如基于特定商品或特定等级会员的交易流程，实现业务的自治。将隔离的执行环境和业务代码结合隔离的配置信息，既可充分发挥能力共享，又能降低业务间的相互影响以及分析和回归验证的难度。通过业务自治保证了各业务相对独立地发展自有的业务模式，互不干涉和影响。

6. 自动化感知

自动化感知指的是通过内建机制感知到中台数据结构或能力的变动。比如，中台能力的新增、配置项的变动、文档的修改，都会自动上报到中台控制台及开放平台、能力地图等接收方。业务中台和数据中台之间通过一体化的设计，监测业务端数据源的变化，包括由于业务变更引起的数据结构的变化、数据内容的变化，尤其是数据可选值范围的变化，并基于监测到的变化，推断变化的种类，并调用可执行的动作，比如修改元数据、数据监测指标等。通过自适应，减少中台变动带来的一连串的维护工作量。

7. 资产化治理

数据是一种无形的资产，治理数据需要提升到资产高度，以达到数据的有效应用，从而实现价值化。数据中台的职责就是利用数据赋能业务，实现数据价值变现。通过数据治理，构建统一且可执行的数据标准，维护元数据，支持数据血缘分析，定义数据质量标准，评估及实施质量解决方案，提升数据质量，管控数据的安全使用，以及数据的生命周期管理，再辅以数据资产目录和地图等形成数据资产管理和检索的门户，从而定期监控资产增长情况并及时清理，保持中台健壮。

8. 生态化开放

能力开放是构建生态的前提。中台提供统一的开放平台，结合组件化的机制、标准化的接口、可视化的能力地图和 API 文档，以及内外部开源应用市场等，如图 6-38 所示，方便企业内外部了解中台并在此基础上接入中台。更进一步，将企业自身的能力赋能给上下游，推动数字化能力建设，促成产业协同。通过开放的平台发展中台系统的生态体系，拓展企业业务的边界，从而加快企业的数字化转型。

图 6-38　生态化开放

9. 持续化迭代

软件定义中台驱动企业 IT 系统的建设从烟囱式跃升到共享式。必须明确中台对业务模式的创新和商业运营模式的驱动，明确中台建设的目标、投入、计划、组织和绩效等，通过商业模式和中台系统同步演进、迭代的方式进行效果监控，持续优化，从而保证中台建设的成果和产出。

第三部分

营销数字化行业解决方案与案例

营销数字化是以"技术 + 数据"双驱动，将传统营销进行在线化和智能化改造，进而帮助企业构建消费者全渠道触达、精准互动和交易服务的过程。营销数字化的本质是借助数据和算法，以及营销资源，依靠实时数据跟踪，实现营销由粗放向集约发展；依靠中台的强大连接，实现渠道从单一向多元发展；内容策划和投放依靠数据算法的提前预知，从经验决策变成智能决策。营销数字化帮助企业更高效地利用营销资源，大幅降低推广费用，最终实现驱动企业业务增长的目标。

本部分将详细讲解汽车、家电、日化、医药、新式茶饮、新餐饮等大消费细分行业如何通过数字技术实现营销数字化。首先，我们会给出每个行业建设营销数字化的目标、解决方案以及实现路径，然后通过真实的案例，详细讲解营销数字化的落地思路和方法，以及给企业带来的具体价值。

汽车行业的营销数字化

营销数字化在汽车行业并不是一个新的名词，它与汽车新四化一样，从提出之日起，一直坚定地推动着车企转型。营销数字化的背后动因，是汽车运营不再以产品为核心，变为以用户为中心。同时营销数字化的目的，是躲避行业内卷，躲避产品同质化，躲避品牌模糊化，躲避客户无感化。营销数字化已经逐渐成为头部车企的转型方向。特别是小米宣布启动造车后，汽车企业与互联网企业的边界轰然倒塌，可以预见的是，未来成功的汽车企业同样是一家成功的科技企业。

如今汽车品牌也越来越像快消品牌，用户与商品之间的联系不再局限在 4S 门店，用户与品牌之间可以面对面沟通，随时随地享受服务。不管是去年直播盛行，还是今年盲盒大热，汽车行业的营销业务变化越来越快，我们虽然无法预测一年后汽车营销会怎么样，但可以确信数字化汽车营销将大放异彩。

7.1　数字化浪潮加速汽车行业营销业务颠覆式发展

在创新的模式中，有一种创新被称为颠覆式创新。如果把这种创新用通俗的话概括为"意料之外，情理之中"，那么汽车行业的创新应该也属于这一种。在不确定的营销环境中唯一能确定的是变化，而数字化就是我们应对不确定变化的确定性武器。

7.1.1　汽车行业变革驱动车企营销创新

随着特斯拉在中国市场大放异彩，汽车行业对于变革的信念变得越来越强，车企通过传统营销模式持续盈利的好日子仿佛要到尽头了。不管是主机厂还是经销商，都在以前所未有的高频次与汽车消费者在线互动，借助移动互联网的技术便利构建全新的消费者体验场景，比如直播。尽管如此，汽车企业也并未完全从以渠道经营为主的营销模式转型为以用户为中心的营销模式，过长、割裂、封闭的营销链路正阻碍着车企成为真正的互联网企业。

2020 年的新冠肺炎疫情可以算得上汽车行业开启全面营销数字化的起点。行业销量整体下滑、经销商无法开展线下经营、消费者在线时长激增等客观因素进一步激发了车企通过数字化转型实现商业升级的主观愿望。以长安、吉利、长城为代表的自主品牌加速了营销业务的创新进程，纷纷推出了更智能、更年轻、更具娱乐性的产品，搭配软件定义汽车解决方案、数字化服务体验、个性化营销场景，在 Z 时代用户这个越来越主流的细分市场攻城略地。横空出世的"蔚小理"们抛弃传统汽车的营销模式，从汽车用户需求痛点出发，从 0 到 1 地创建以用户为中心的消费者全生命周期运营业务，以期成为新能源领域的头部玩家。可以预见的是，仅靠产品竞争力而忽视用户体验的车企将面临日益危险的经营态势，稍有不慎就会失去长期经营积累的忠实客户。

以用户为中心，意味着车企必须直面客户。蔚来汽车创始人李斌在这个方面无疑是做得很出色的，也引发了汽车行业企业高管出镜代言的热潮。汽车企业想实现直接经营客户，还有很多现实的问题要解决。首先是兼顾经销商的利益，传统营销模式下的经销商是一个独立于车企的实体，主导到店客户的销售、服务流程，"一刀切"将所有营销主导权收归主机厂直面客户的营销平台显然是不合适的；其次，要守护好汽车品牌在消费者心中的定位，当车企直面客户进行营销时，产生任何体验不好、响应不及时、互动不顺畅等不愉快事件，都将降低客户对品牌的满意度和印象分；最后是车企内部的营销组织现状，市场、销售、服务、用户运营等部门各管各的，协同流程模糊、数据共享难、考核KPI 不一致都成为直面客户时的运营桎梏。

全新的车企直面客户营销模式，要求业务部门必须重视消费者全生命周期的运营价值，充分洞察消费者需求并精准地提供个性化服务。消费者触点不再只有线下渠道，而是通过移动互联网及车联网的高速发展，扩展至社交媒体、短视频、车载应用、智能家居、自建私域平台、第三方合作生态等数字场景。消费者的需求也在悄然变化，除了看车、购车、用车、修车、换车之外，还衍生出社交认同、品牌体验、出行帮助甚至营生赋能等需求场景。如此多的消费者触点，与如此多的需求场景，给业务部门带来的运营工作压力并不是相加而是相乘。

与此同时，汽车行业产品同质化加重了车企的研发成本，传统渠道的营销费用高居不下也给车企造成了更大的利润压力。一旦企业内部僵化的业务组织、守旧的管理思维无法适应行业外部营销环境的改变，亏损就在所难免。全面开启营销数字化，是中国汽车企业通往下一个智能商业时代的必经之路。对于传统车企而言，打好这场数字化防御战的关键手段是组织变革、业务变革和技术变革。

- 组织变革。构成营销数字化组织的三要素是业务、技术、数据。业务管理结合互联网的敏捷迭代思维会运作得越来越快，数据分析通过中台的技术架构将变得实时而准确，技术升级随着业务数据化、数据业务化的双轨应用逐步有序而稳定。

- 业务变革。传统市场部门营销业务的方式主要是投放及引流，而新的数字化组织则需要负责用户全生命周期的运营。原本车企对于经销商的管理也偏向流程管控，新的组织需要通过数字化工具赋能伙伴达到提效降本。在工作方式层面，互联网七字真言"专注、极致、口碑、快"将倒逼业务管理从项目负责制转变为产品负责制，所有的业务管理人员都需要将工作重心转移到创造业务价值而不是实现业务逻辑，关注运营业务数据资产而不是统计数据报表。

- 技术变革。云原生的技术体系在阿里、腾讯、华为等云厂商的努力下正成为汽车行业便利的新基础设施。营销场景中的活动流量洪峰处理、实时圈人精准触达、个性服务千人千面等技术难题都被一一击破。传统车企的 IT 包袱可以借助数字化技术逐步卸下，轻装上阵与造车新势力、互联网跨界玩家站在同一起跑线。

将汽车行业的数字化进程比作海洋潮流的话，目前中国车企呈现着"三浪叠加"的形态。1.0、2.0、3.0 的企业之间相对明显的差异点有 3 个：第一，业务运营是否通过数据驱动的方式进行；第二，企业自上而下是否认识到数据资产的价值；第三，是否通过营销自动化降低人力投入的成本。这些差异使中国车企的数字化进程分为 3 个等级：1.0 的企业还是传统的营销模式；2.0 的企业正在开展局部的营销数字化，比如企业内部流程数字化、供应链数字化；3.0 的企业已经追上阿里、腾讯、华为，并与其他互联网企业同台竞技。

未来的 3 ～ 5 年是中国车企的巨大机遇，包含两个重要趋势：第一，现有的数字化生态会蓬勃发展，汽车企业转型为互联网企业带来业务多元化升级；第二，颠覆式的数字化技术会助力中国车企在全球新一轮新能源浪潮中形成领先优势，全面营销数字化成为新时代头部车企的标准配置。

7.1.2 传统汽车营销业务在数字化浪潮中的颠覆

营销数字化不仅涵盖传统汽车营销业务中的产品销售与服务流程，还关注与消费者的长期互动，其中的重点是与消费者深度绑定的会员体系及基于用户社交网络的社交化营销体系。被数字化重构后的产品销售与服务流程不再相互依赖，而是被独立设计成两个不同的运营体系，深层原因是营销对象的本质不同。产品销售数字化的营销对象更接近"粉丝"，服务数字化的营销对象更接近"客户"，粉丝运营与客户经营的营销目的、营销手段、营销阵地都有着很大差异：粉丝运营一般聚焦公域流量平台，以内容投放、在线直播、营销活动等形式培育品牌粉丝，并引流到自建私域流量平台持续进行粉丝互动，不断了解、洞察粉丝的需求并提供个性化购车方案；而客户经营则主要围绕现有车主，基于 OneID 的客户、车辆、渠道数据分析做出预见性服务解决方案，重构温馨、自然、透明、简单的"用车、养车、修车、换车"服务流程，联动第三方服务生态提供出行整体解决方案。

汽车行业的会员体系一直被广泛讨论和实验。由于传统汽车行业营销业务链路过长、割裂、封闭，推行的效果距离快消品行业还有一定的差距，因此汽车行业会员体系核心的搭建目的应该与快消品行业以复购为导向不同，重点应在于维持消费者全生命周期的品牌黏性。无论是粉丝、潜客、意向车主、准车主、车主还是流失客户，都应纳入汽车行业会员体系的运营范围。同时为了区分处于不同生命周期阶段的会员激励行为，目前大多数车企使用双轨制会员体系。

在营销数字化的全新业务模式里，与会员体系相辅相成的是社交化营销体系。它打破了传统汽车销售漏斗模型，为汽车行业进一步实现新零售模式打开了演进通道。社交化营销当前的核心阵地仍然是日活十亿的微信生态。前十年微商的野蛮生长导致了如今微信生态的严格管控。如何设计全新的社交化营销体系来适应规则是许多企业（不仅是汽车）实现营销数字化的一道难题。

全面营销数字化后的汽车行业消费场景，可以产生海量实时在线的数据跨越时间、空间自由流动，原来割裂的场景可以重新排列组合成一个新的场景解决方案，结合会员体系、社交化营销体系构建公域到私域的全域营销平台。不再拘泥于传统的消费者触点，不再受制于固化的营销流程，全域营销平台将成为汽车行业营销领域数字化创新的核心解决方案。

7.1.3　汽车营销数字化：基于数字中台构建全域用户营销平台

一般将汽车行业的营销数字化解决方案定义为智能体验终端与智能体验云的组合。智能体验终端负责构建围绕用户体验的触点产品，以极致的个性化数字服务响应处于不同生命周期的消费者。智能体验云则负责实时连接消费者触点，洞察触点连接的消费者分别处在哪个生命周期，并基于数据算法告知智能体验终端做出个性化服务的决策。

全域营销平台解决方案的构建核心三要素是"有需求的人""有个性的车"和"有内容的场"。

- 厘清汽车品牌所面向的客户群体特性，是全域营销平台的出发点。通过数字化技术打造超强的客户需求洞察能力，围绕"有需求的人"构建全域营销平台。
- 基于个性化的客户需求，全链路重构汽车企业的产品服务体系。从车型策划、销售、售后服务到车生态的每个传统流程，都将以客户体验提升的方向进行"有个性的车"的改造。
- "有内容的场"不仅涵盖传统数字媒介、线下门店及自建数字触点，也包含如抖音、小红书等新媒体。这些场景需要用数字化工具进行埋点监控，对产品、活动、事件等内容触达转化的有效性进行监控，并不断优化针对不同渠道的客群目标选择、渠道投放方式的自动化营销引擎，实现数据驱动内容运营的敏捷化营销场景。

从实施的角度，搭建汽车行业全域营销平台可以分为 3 步：1）围绕消费者全生命周期的触点数字化；2）打通线上线下全渠道的运营数字化；3）从公域到私域的用户营销数字化，如图 7-1 所示。

1. 围绕消费者全生命周期的触点数字化

不管是 DTC 还是 BBC 的数字营销模式，触点数字化都是至关重要的第一步，而消费者全生命周期的触点之多、功能之繁杂往往成为实现数字化的头等难题。围绕看车、试 / 选车、买车、用车到换车，一般主机厂需要自建多达数十个触点，主流的如超级 App、品牌小程序、官方商城、经销商云店及车主服务公众号。保障用户体验的一致、连贯、个性是解决方案的核心。

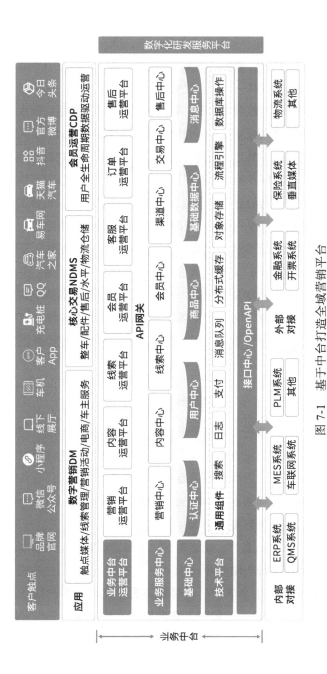

图 7-1　基于中台打造全域营销平台

数字中台由于天然的业务统一性，成为汽车行业消费者触点数字化的最优解，如图 7-2 所示。消费者触点的研发节奏随着用户需求演进，已经从一月一迭代变成一周一迭代甚至一周两迭代。业务场景的不确定性愈加明显，数字中台可复用的灵活搭积木式的技术架构可以用来沉淀应对不确定性业务的确定性能力。引入业务身份、业务空间的概念，消费者触点上针对不同的客户群体、不同的产品、不同的服务的业务流程可以在不改动代码的情况下快速灵活重组。数字中台的统一运营能力也可以把不同的触点运营工作进行账号、数据、权限的整合，同时支持新触点的快速搭建。

围绕消费者全生命周期的数字触点，在人机互联、万物车联的时代大背景下，无论是数量还是功能都会不断增加，由此创造出越来越多的数字体验场景。每个场景的解决方案基于共享的数字中台进行构建，可以产生场景互联、场景跨界、场景订阅等二次创新，占领更多有效的用户时间，为品牌心智定位提供更多业务价值。

2. 打通线上线下全渠道运营数字化

传统的汽车行业营销渠道以第三方垂直媒体与线下经销商门店为主。随着第三方垂直媒体的客户数据因法律法规限制，无法提供给主机厂，而线下经销商门店日渐式微，主机厂直营门店成为新趋势，打通线上的丰富触点与线下的多类型门店成为许多新品牌的渠道解决方案。

主机厂直面客户、赋能渠道、全局营销管理是端到端的全渠道运营数字化的关键要素。

- 主机厂直面客户：通过触点数字化收集客户信息，将客户分为路人、粉丝、意向客户、成交客户、车主以及会员等不同身份，分发至不同运营主体。

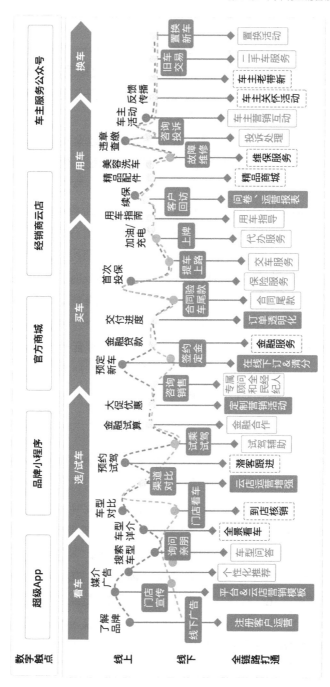

图 7-2 围绕消费者全生命周期的触点数字化

- 赋能渠道：面对城市展厅、品牌体验中心、交付中心、代理加盟商、售后中心及合作伙伴等不同性质的运营主体，提供其所需的客户数据、营销权限、商务政策、培训服务，并以数据赋能作为新型增值服务。

- 全局营销管理：以数字中台为基石构建全渠道运营数字化，让全局营销管理成为主机厂的标配。通过营销数据大屏、营销业务驾驶舱、数据移动报表等全局管理应用帮助销售公司实时掌控瞬息万变的营销态势。

渠道数字化解决方案的重点仍然是数字中台，如图 7-3 所示。区别于传统经销商管理系统的分布式技术架构，云原生的数字中台技术架构可以解决数据不统一、同步不及时、蜘蛛网式错乱接口等问题，还可以构建统一对外的共享服务能力向合作伙伴开放。大中台、小前端的数字中台技术优势，轻松地适应销售、售后分开的渠道管理新形式。新的销售模块常常运行在企业微信、App 上，售后模块也可以运行在 iPad 上方便接车服务，所有模块的业务流程不再因为端的不同变得割裂和复杂。

3. 从公域到私域的用户营销数字化

结合前两节的介绍，显然汽车行业的消费者习惯已经呈现触点碎片化的挑战：一是新增触点，如小红书、抖音、视频号等；二是新增功能，如直播导购、社交裂变等；三是新增互动，如积分、等级、权益等。越来越多的消费者习惯了全渠道汽车购买、使用体验，倒逼着汽车企业的客户管理由传统的简单交易式关系向以兴趣、价值等为主的开放式关系转型。以 CDP 为核心构建用户营销数字化，打通从公域到私域的多端全链路客户数据，取代传统车企 CRM 为主的客户管理系统，逐渐成为各大头部车企用户营销数字化方向的主流。

图 7-3　打通线上线下全渠道的运营数字化

利用数据中台集中存储处理一方、二方及三方客户数据，CDP 相比过去 DMP、CRM、DMS 各自存储的形式，更加便于消费者全生命周期的洞察与全渠道精准营销的实现，帮助车企及时发现营销业务的增长点。如图 7-4 所示，汽车行业的用户营销数字化，本质上是新零售模式，是以用户为中心，借助一系列的数字化运营工具比如积分、等级、权益等实现千人千面。用户营销数字化的难点，不在于营销功能而在于用户数据，数字中台的一切业务数据化和数据业务化就是解题的关键。

如何建设数字中台，在汽车行业里并没有通用的答案，正如营销数字化在不同的车企中呈现不一样的形态，需要根据车企发展战略、组织变化形态、业务创新趋势及技术演进路线进行整体规划。见证了头部车企借助数字中台获得领先优势后，汽车行业迎来了 3 ~ 5 年的数字化浪潮，抓住机遇的车企将提前迈入智能时代，享受"数字新体验"带来的商业红利。

7.2 汽车行业案例分析

汽车行业开始数字化转型以来，无论是领先市场的合资车企，还是后来居上的自主品牌，都在探寻一条结合数字化手段提升自身业务运营能力的最佳路径。从过去的数字化转型案例来看，营销领域无疑是汽车行业数字化见效最快的板块。这是一场百花齐放的营销盛宴，同时也是弥漫硝烟的战场。我们无法预见营销失败的原因，却可以从领先玩家的最佳实践案例中洞察并总结方法，希望这些来自现实的数字化实践经验能够为汽车行业的前瞻者提供一些帮助或启发。

图 7-4　从公域到私域的用户营销数字化

7.2.1　A 车企：以用户运营为先手重构数字化营销模式

过去一年，疫情持续动荡不安，各大行业纷纷由线下转战线上，直播带货成为新的经济增长动力。各行业纷纷以最快的速度做出市场应对，尤其是围绕汽车行业的数字化转型在这一波浪潮中再次被点燃。一时间，各大头部互联网企业如小米、百度、阿里纷纷宣布进军汽车领域，围绕车企的竞争将进入一个全新的换挡期。

2021 年，新能源车企的用户不断向年轻化、高知化趋势发展，特斯拉引领行业发展，而国内造车势力紧随其后，不断寻求差异化价值突围，蔚来提倡极致的用户体验，小鹏智能化彰显竞争力，理想成为增程式智能电动车引领者。站在对面的传统车企数字化发展进入深水区。面对严重的内卷化，包括价格内卷、渠道内卷、流量内卷甚至是公关传播内卷，为实现车企全面电动化、智能化、网联化、共享化，数字化是一道摆在传统车企面前的必选项，如何应答将决定品牌的生死留存。

A 车企深刻理解数字时代和产业结构的变化，随势而动，贯彻到底。面对复杂的增量市场环境，A 车企交出了满意的答卷——连续 14 个月实现同比增长，面对疫情冲击的 2021 年，1～5 月累计批售已达 1 027 807 辆，实现了 61.4% 的同比增长，完成了年度目标的 47.1%，截至 5 月底，A 车企年批售、零售均已突破百万大关。在存量市场的竞争中，传统品牌 A 车企在数字化浪潮中练就了哪些过硬的本领呢？下面为大家一一揭晓。

A 车企的数字化转型举措主要有三点：第一，实现以用户为中心的数字化连接；第二，通过建设全新的数字化平台，建立与用户无缝衔接的纽带；第三，与客户共享及与生态伙伴共建的全生命周期贯穿全生态链路的共享服务平台。

1. 围绕以用户为中心的数字化连接

如今，传统的营销模式逐渐失灵，车企纷纷开始加速数字化转型。从关注车到关注人，越来越多的车企希望通过数字中台实现企业、用户、上下游及合作伙伴的接入，覆盖用户售前、售中、售后整个生命旅程，为用户提供精准的产品和服务，构建自身生态体系。

A 车企一直围绕用户需求，建立客户全生命周期在线和多角色的服务全流程在线，打通 A 车企用户 OneID 体系以及 OneID 体系的私域运营客户数据管理平台和服务成长管理数据平台，实现对营销服务全场景的占位与传统服务业务流程的再造与重构。不管是一方数据、二方数据还是三方数据，都可以通过该体系实现用户身份的统一识别，形成对用户的在线洞察，通过数字化实时在线触达，以建立用户全域画像，线上与线下实时了解用户的个性化需求，从而实现精准营销。

A 车企近些年在产品上不断推陈出新，狠抓打磨，以创新者姿态打造全新的数字汽车。除了产品的颠覆性变化以外，在服务上更是围绕用户看车、购车、用车、享车的全生命周期全场景体验，建立"五心"服务。与用户共创，将传统的服务体验以数字化、智能化方式重新塑造，将用户的个性化需求结合特定的服务场景以全新的方式提供，不断吸收客户反馈并快速应对，积极响应以实现品牌的价值、口碑、服务、文化的营销。

一般的传统车企，在研、产、供、销的管理方面存在很大的数字化鸿沟，各个系统之间的数据并不互通，难以汇集，不能形成统一管理及业务运用。同时公域流量越来越难获客，而车企所服务的客户定义也在发生改变，从传统的买车客户，演变为接触即粉丝。由于在存量市场的大背景下，销售新车已不再是车企最主要的利润点，因此 A 车企积极寻求创新营销思路，发掘业绩增长点。目前 A 车企通过车联网可以随时随地运营用户，催生了非常强的数字化转型动力，去连接更多的消费场景，通过数字化让汽车销售从一场交易的结束变为一种关系的开始。

2. 建立数字化在线平台，重构用户之间的纽带

构建新型数字服务关系，需要建立车企营销数字全流程、各端、全场景在线。A 车企的产品服务全过程均需要实现在线。构建客户数字化平台，从线上客户到线下 4S 店、经销商，围绕客户服务的每一个角色，通过搭建线上触点和工具，实时响应用户碎片化场景服务。A 车企数字化转型的重点是重构与客户的关系纽带，建立一个客户全生命周期在线、服务全流程在线的数字化平台。

用户在线：通过在线的数字化平台，全域业务可以实时在线，围绕用户服务的每一个业务场景，均可以通过业务沉淀相应的数据。有了"业务数据 + 用户行为数据"，可以构建用户标签体系及用户画像，通过未来智能运营、精准营销服务进行标签圈人、用户分群、自定义圈人营销反哺全链路触点业务，形成营销链路的闭环，打造互动、共创、运营的生态循环。

渠道在线：搭建工具赋能经销商端，或者顾问端，形成与总部直通、客户直连，同时对渠道进行赋能，提升厂店协同运营的效率。

厂端在线：A 车企围绕用户个性化需求建立 C2M，提供高度定制化、千人千面的差异化产品和服务的连接在线。对于汽车产品，通过车机端不断地迭代产品和服务，产品和服务高度需求化之后，就可以驱动软件定义汽车、软件定义服务，这就是厂端在线重构连接用户与车的关系。

在线下，存量渠道资源重构的核心也是围绕用户。A 车企提出将原有的 4S 店进行服务共享化，4S 店作为服务中心，提供传

统的售卖、维修场景，其他的网点则是辐射场景，由体验触点、售卖触点、服务触点、信息触点，形成共享化、轻资产、场景化的渠道生态。

　　基于"线下业务云化"的目标，A 车企通过对已有的业务服务能力进行组合，迅速完成现有业务功能的扩展和新业务的开发，同时实现业务的数据化、数据的实时在线和统一，重构人与车、人与店、人与渠道之间的关系。云徙科技以数舰·数字中台为着力点，在 2018 年牵手 A 车企，助力重构车企售后服务版块人货场，打造售后生态车主管家服务数字化平台。截至 2021 年，平台经历四期迭代后，车主服务的每一个环节均实现了在线化，数字成绩显著，并在 2021 年签署了第五期合同。至今"车企管家"服务已然成为 A 车企售后服务体系中重要的线上服务，为用户提供一站式售后服务体验。

　　通过建立售后服务的数字化在线平台，总部直连客户，赋能并监督经销商、4S 店直连客户，与客户建立在线的纽带，在售后服务的场景中提供 VIP 服务在线沟通、快速预约；可实时查看经销商门店的工位忙闲、保养周期，实时在线且透明。让车主拥有更好的在线体验的同时，也提升了经销商的售后产值。另外，A 车企将车主纳入私域流量体系中，通过业务沉淀数据、数据反哺业务，在适时的场景下通过主动营销活动触达用户。管家服务数字化在线平台从一期上线至今，已覆盖 A 车企全国所有经销商门店。截至 2020 年 9 月，引流 360 万＋流量、通过经销商服务顾问绑定客户数超过 11 万、通过在线售后服务预约达到每天每家门店 200 人、到店数每月每家门店增量达到 150 的成绩单，每一个数字的背后，不仅是 A 车企数字化转型的成果，更是车企面向存量市场从车（产品）的营销逐步转向对人（用户）的营销思路。

　　在此之前，A 车企有多个不同架构的应用程序来管理经销商、配件、客户和售后服务，包括 DMS、DCS、CRM、评价打分系统、营销宝 App。车主入口众多，包括 A 车企云店、A 车企服务号微信、A 车企 FAN 等，采用"烟囱式"架构，数据无法统一，随着市场的快速变化，新的营销手段和方法无法应用。总体上，给内外部用户体验带来不便。在互联网与自媒体发展日新月异的今天，随着汽车市场的变化，营销模式不断变化，急需在传统业务流程上创新营销，为公司的发展和布局奠定基础。基于此，信息化工作也显得刻不容缓，需要在全渠道数字化营销方面建设平台，支撑业务开展。

A 车企管创 IT 部门及业务部门提出数字化运营方案，在对接现有第三方平台如 CRM、DCS、DMS 的基础上，统一对外提供服务，主要包括售后快保预约、营销活动、认证车主社交化。数字化平台的建设基于云徙中台共享服务的设计思想以及云徙技术平台承载核心业务。

售后服务的数字化在线平台按照"大中台，小应用"的原则进行设计，中台共享服务包括账户中心、会员中心、经销商中心、活动中心、评价中心、内容中心、交易（工单）中心等。在实现服务共享的基础上，还沉淀了公共的身份认证、搜索组件、通信组件、基础数据中心，结合项目现状按照隔离原则新增接口中心与其他应用系统对接，应用开发按照"前后端分离"原则，分为前端表现层、应用层、中台层。

通过建立共享能力中心及服务，支持前端应用实现，便于扩展，开发效率提升了 40% 左右，并形成了 A 车企数字化营销的自主开发和维护运营能力，未来将不断扩展共享能力中心，逐渐支撑 A 车企营销服务的整体业务。

共享能力中心在业务上，给用户、经销商、总部带来的价值主要体现在以下三方面。

- 用户在 A 车企尊享服务数字平台上，享受简单、自然以及温暖的售后服务。
- 售后服务透明、高效，系统按需提供实时在线的服务给用户，总部直接触达并掌握客户数据。
- 给经销商赋能，在为经销商创建稳定直达的客户沟通渠道的同时带来价值及产值。

基于共享能力中心可支撑用户前端触点的不同场景。普通用户关注 A 车企服务微信公众号即可进入 VIP 服务室，使用售后服务相关的业务功能。车主进行注册 / 登录并认证后，可使用尊享服务相关场景功能。A 车企尊享服务数字化平台将共享能力中心拆解到每一项服务场景中，通过场景沉淀中心能力、通过中心能力以应对未来用户个性化服务场景需求。

（1）尊享服务场景一：在线预约保养

车主会员可通过尊享服务，在线预约保养。车主会员选择经销商、保养项目、预约时间后，提交预约申请。经销商 DCRC 收到预约申请，可修改服务顾问、服务时间或取消预约。服务顾问可在营销宝端查看预约单进行后续预约单的实时跟进。预约车主在指定的预约时间进店后，尊享系统根据 DCS 系统同步的工单状态实时更新维保进度，车主可实时在线查看。针对不同的触点，通过预约中心共享服务能力以支撑车主线上预约、修改、取消预约等操作，同时服务顾问端实时调用并查看预约中心的车主预约信息，跟进、确认到店、核销等操作都是实时在预约中心进行处理的，保证数据的一致性和统一，确保用户看到最新的实时单据状态。同时，预约中心共享服务也可以支撑包括售前的试驾预约、售后的活动预约等场景。

（2）尊享服务场景二：在线咨询

A 车企尊享服务数字化平台搭建 VIP 服务室，车主关于售后的任何问题，只需一键沟通即可轻松解决，拉近了与客户的距离、节省了服务的时间、提升了服务的效率。车主会员进入 VIP 服务室后，由经销商服务顾问、服务经理、客服经理、总经理组成的 VIP 服务团对车主会员进行在线咨询服务。一般由服务顾问对车主在线咨询进行解答。如果服务顾问不能及时回复车主会员的在线咨询，问题可逐步移交至服务经理、总经理，最后可升级至 A 车企 400 在线客服。通过实时在线咨询，及时了解用户的需求和反馈。

（3）尊享服务场景三：在线评价

车主在尊享系统进行相关业务活动后，通过评价中心进行在线评价。A 车企尊享平台的评价包括以下几个场景。

- 在线咨询评价。
- 保养结束后，进行服务评价（由评价系统负责管理，尊享系统调用评价中心能力）。
- 对经销商进行评价（由评价系统负责管理，尊享系统调用评价中心能力）。
- 对服务顾问进行评价。

评价中心将评价内容拆分为主体、规则、等级、标签，细化用户评价的组成部分，提供用户可支持的评价内容选择。根据商品交易前、交易中、交易后的交互需求，提供发布评价、修改评价、追加评价、回复评价、申诉评价的能力，加强用户与平台之间的沟通交流。在监管上，提供平台监管审核的能力，避免恶意评价。

通过评价中心的共享能力，可以支撑售后服务的各种评价场景，以及对不同场景不同评价对象的可配置化。只须将共享服务进行组合调用，实现利用公有能力支撑新的场景。

（4）尊享服务场景四：在线活动

经销商可发布在线活动。活动类型丰富多样，包括公告或招募类活动、大转盘抽奖、问卷调查等。经销商发布活动由 A 车企审核后在线发布。A 车企亦可在线发布活动。车主可在尊享服务前端查看活动信息，并参加在线活动。前端进行埋点设计，后台可统计用户、经销商活动参与及执行的情况，实现从活动模板定义、下发、创建、发布、用户参与、数据反馈全过程跟踪。

通过活动中心的共享能力，提供厂端及经销商端的活动计划、申报、审批、执行、核销的全链路管理，包括活动目的、费用预算、时间范围、方案描述（图文）、物料类型、活动类型（如线上定价促销等）等的定义，以此作为基础材料提交申报，并以此为依据结合政策规范进行相应流程的审批，审批通过后可落地执行，并支持在活动完成后进行核销。活动中心核心包括双引擎服务（活动引擎、营销引擎）、主动营销、事件营销、线上线下活动、优惠券生命周期管理（券发放到核销），以及各类型的促销活动，如秒杀、团购、拼团、预售、满减、买赠、红包等。运营人员可以根据不同需求及业务中台的活动中心，按照计划选择不同促销 / 营销活动类型配置上线。活动中心与活动策划紧密配合，活动中心涵盖了活动类型、活动模板、活动维护、活动审核、活动标签、活动发布、活动费用、活动过程监控、活动效果评估等，以便满足各种活动运营需求。同时，活动中心发放优惠券，券的使用、核销以及流水明细记录查询均可通过活动中心共享能力实现。

此外，对人群的主动营销（精准营销触达）、事件营销（事件驱动营销），以及会员的精准营销主要是由运营人员在 A 车企 CDP 后台，通过手动配置营销内容（发送消息、H5、优惠券），指定人群范围和触达渠道，完成对特定用户群体的精准营销。

A 车企车主管家服务数字化在线平台，打造以客户关系为主体，销售、服务、技师为支撑，总经理可随时介入管理的陪伴式管家团队，回归客户原点，24 小时全天候陪护解决客户问题，实现服务追人，且用户满意是闭环的唯一标准。基于管家服务，以主机厂为核心的运营服务团队可以全方位满足客户的用车需求，提升客户黏性，培养客户习惯，打通客户"用修换选购"全生命链条。

3. 建立全周期全生态的共用共享平台

基于数字中台和云服务的人货场重构，通过信息流、业务流、数据流打通线上与线下，赋能营销数字化，赋能 A 车企数字化的未来。

（1）赋能一：线上数字展厅，突破传统汽车营销模式

线上数字展厅为 A 车企厂端及经销商解决所有与汽车相关的产品与服务问题，为每个销售人员建立了强大的品牌背书，标准化输出个人信息、汽车产品、商城、动态官网等信息，满足了汽车销售方与购买方的双向需求。用真实且有温度的服务与消费者搭建信任的桥梁。汽车资讯、各类车型，A 车企相关的产品和服务都能线上查看，支持在线咨询、填写表单预约试驾、拼团等功能，突破了传统的汽车营销模式。通过最前沿的 VR 体验，消费者可以随时使用手机 360° 全景看车，覆盖从整体到细节的各种内、外立体形象。足不出户也能还原到店体验，给予用户全新的体验，给予经销商更多的表现形式。

（2）赋能二：数字化内容营销助手，好内容带来好销量

一切产品皆服务，一切服务皆内容，内容即流量，流量即销量。企业要想在客户关系中赢得好感，保持黏性，进而创造新的商业价值，就需要在内容营销上有所作为。建设并覆盖用户全生命周期的在线数字化内容平台，在线整合和连接各种媒体资源和热点资讯，并导入车企的各种营销素材，为经销商提供适配的多

样化营销内容素材库（文章、图片海报、H5、短视频等），提供多样、便捷的定制化制作模板。经销商可以编辑和创作内容，大幅提升经销商的内容生产力和内容输出质量。经销商创作的每个素材都可以快速自定义添加商品 / 表单等内容，支持经销商个性化营销。

（3）赋能三：构建数据看板，用数据驱动业务发展

车企总部为经销商搭建了多维度的数据标签和客户画像，数据传递给后台管理系统，让一线销售人员和管理者更加清楚地洞察客户的属性、行为偏好、需求、渠道来源及购买意愿。提供 AI 雷达多维度营销数据，包括各营销素材查看人数、查看次数、浏览兴趣度，以及分享内容的浏览用户、浏览次数与时长、转发次数、获客人数等用户阅读轨迹数据，提升对客户的判断力和把控力，促进有效沟通，从而提升转化率和工作效率。厂端可收集营销过程数据、营销效果数据、客户线索数据、活动数据等，管理者可以全面掌握看板数据，合理制定业务发展策略。

（4）赋能四：总部管理平台，建立统一完善的数据资产中心

车企总部可以查看经销商的线索报表、营销报表、客户报表、产品使用分析、营销运营分析及运营管理等数据，实时更新，真正实现业务运营动态化、信息共享实时化，帮助总部打造"厂端 + 经销商 + 销售 + 客户"四端一体的智能营销管理平台。

（5）赋能五：实现全员营销推广，助力全员营销的经纪人模式

经纪人推客是一套可量化推广的管理工具，利用任务、排行、勋章、兑换体系，轻松实现全员标准化推广，助力全员营销。通过任务模式让所有员工劲往一处使，让员工和部门的行为始终与公司的战略目标保持高度一致。当员工完成指定的任务，就能获取相对应的推广币。推广币的数量体现了个人的工作价

值，并通过多元化多维度的榜单体系激励部门和员工。员工赚取的推广币可以兑换相应的礼品，进一步激发全员的推广动力。

云徙帮助 A 车企基于尊享服务平台搭建了适应互联网业务发展要求的技术框架，并采用快速迭代方法，由少至多逐步抽象并搭建各业务能力模块，确保企业客户数据和业务数据存储统一，同时进一步确保相关数据的操作统一，使得企业业务能力得到沉淀，从而更加快速地支撑业务发展。

产品向新、品牌向上，是中国汽车品牌发展的必由之路。对于自主品牌，品牌向上更是重中之重。A 车企的战略是向智能、低碳出行的科技公司转型，通过共用价值平台，建设一个开放的车生活生态。同时，基于新型的生态圈关系，生态体系伙伴共用这个平台，共享这个平台，和客户之间，和合作伙伴之间，共同建立一个新型的、共赢的、共享的连接关系。

数字化转型一定是由上而下的，公司最高层的参与度往往决定了数字化的成果。数字化不是简单地赋予一个新的能力，数字化的文化、意识、思维模式要渗透到组织肌体，需要最高层的身体力行。A 车企致力于推进汽车行业的数字化转型，同时也一直在探索汽车行业新的营销方式。面向未来，A 车企联手云徙基于中台的人货场重构，通过搭建共用、共享的价值平台，赋能生态伙伴，为用户提供金融、车生活场景生态的买、卖、用、修、服全过程在线数字化体验，结合大数据、车联网、自动驾驶等领域探索市场，实现更灵活、更人性、更透明的营销和运营方式，以及更感知、更全面、更知心的服务方式。

7.2.2　B 车企：双中台引领的商用车企数字化转型

随着网商、直播带货、KOC 带货等新的营销模式越来越成熟，营销阵地也转战到线上渠道。同样，车企核心的售车业务已经不再局限于传统 4S 店的销售模式，须思考如何将线下业务与线上营销打通，更好、更直接地触达客户，提升营销转化率。

同时，技术迭代，以新能源汽车、自动驾驶、智能网联为代表的新技术向车企提出了一个更大维度的挑战。传统车企需要更快速适应技术变革，利用新技术提供更好的服务。外部竞争日益加剧，给车企带来了新的研发制造成本压力，车企需要思考如何进一步提升企业的运营效率、研发效率，降低产品制造成本，提升企业竞争力。

这两年受疫情影响，物流行业迅猛腾飞，带来了新的业务场景，也给车企带来新的机遇。车企不能再仅扮演造车卖车的角色，新业态从传统制造向服务模式转变，从出行服务到物流服务等创新业务已经成为车企的创新热点。传统车企数字化转型道阻且长，需要坚定地直面挑战，坚定地创新，寻求新的突破。

B 车企在数字化探索阶段做的第一个尝试，是通过客服团队对低意向线索进行二次人工清洗、跟进、促成购车意向，再借助市场上某推客电商平台，将车型商品分享给这部分高潜客，引导他们线上下单。完成线下交车后，相应的客服人员即可赚取佣金。在 2 ～ 3 个月的运营期间，成交转化率非常可观，B 车企通过这次小的数字化创新实践尝到了数字化转型的甜头。

同时，这也说明了两个事情。

- 门店业务员跟进的线索数据真实性和准确性较低，线索转化率仍有可提升的空间。
- 商用车客户群体能够接受线上下单、到店交车的购车模式。

如何准确识别并高效转化高意向潜客；如何通过数字化工具来提升业务员的积极性和生产力；如何通过数据可见性和可用性更好地管理业务表现的能力等，这些长期以来存在的问题亟须解决。

在这样的背景下，B 车企开启了整体数字化转型实践，将数字化技术与业务深度融合，以客户为中心，通过数字化技术重构客户体验、业务模式和运营方法，采用全新的方式交付价值、创造收入并提高效率。

在 2020 年，B 车企逆境谋变、多举措突破向上，全年奋力夺取抗疫复工和经营发展双胜利。2020 年，B 车企总销量达 331 098 辆，同比上升 14.15%。轻客全年累计销售 92 994 辆，同比上升 13.96%，卡车全年累计销售 128 875 辆，同比上升 32.98%，皮卡全年累计销售 65 204 辆，同比上升 9.61%。

B 车企数字化转型实践第一阶段的目标：第一，建立私域客户池，打通从普通客户到潜客再到车主的客户全生命周期识别链路；第二，赋能经销商提供便捷的数字化工具，高效触达客户，进而提升生产力；第三，搭建各业务域数据统计和分析能力体系，通过数据可见性和可用性，指导业务运营决策。围绕上述目标，制定如图 7-5 所示的数字化整体规划。

1. 营销前端：搭建 B 车企线上一站式营销触客平台

B 车企私域客户池包含全域客户，即线上线下不论自有渠道还是三方渠道的所有 B 车企的潜在客户、车主。面向线下客户，已有门店端 DMS 作为主要平台，整合和运营线下客户业务。面向线上客户，虽然以车主已有官方 App 为主触点，整合和运营车主线上业务，但缺少面向线上潜在客户营销转化的平台。将此线上平台触点作为整合 B 车企全域流量的入口，即搭建 B 车企线上一站式营销触客平台，将其定位为全域潜客培育阵地，作为品牌连接经销商再连接客户的线上战场，将线下服务和线上场景相融合，向客户提供一站体验式便捷化、透明化和社交化的营销互动平台。

业务应用							
营销前端	PC	微信公众号	微信小程序	手机App	大屏展示	其他智能终端	三方触点
客户端	车型浏览	营销活动	门店导航	用车宝典	问大家	360看车	推荐管
	购车	场景式购车	预约试驾	会员积分	交车预约	精品下订	推荐购
	优惠券	车主绑车	在线购保	商品评价	SSP套餐	积分商城	礼品卡
业代端	一人一码	品宣海报	配件下订		新车大定	服务预约	
			社区广场				
		产品分享	推荐客户	推荐任务	推荐权益	我的客户	推客排分榜
						订单核销	
						智慧客服	
						在线支付	
						佣金提现	

双中台				
	业务中台:核心数据/核心服务能力/超级API		数据中台:数据资产/数据聚合分析/数据服务API	
业务组件 (业务高感知)	用户中心	消息中心	数据能力	数据服务	数据治理	数据质量
	车辆中心	支付中心		数据集成	数据安全	数据地图
	商品中心	内容中心			数据开发	实时计算
	线索中心	报告中心			离线计算	数据分析
技术组件 (业务低感知)	EDAS	MQ	数据引擎	DataWorks	QuickBI	MaxCompute	OSS	DataHub
	DRDS	ARMS					

数据源			
网联数据域	营销数据域	售后服务域	制造数据域	研发数据域	企业管理域	其他域
内部数据源 DMS|TSP|SAP|QMS|MES		第三方外部数据源 BAT|五车平台|物流公司|合作伙伴|政府机构	

图 7-5　B 车企私域流量运营平台的数字化整体规划

（1）营销触客核心场景一：内容营销运营

内容作为营销载体直接触达客户，依附内容能够找到潜在客户群体，影响客户决策的每个阶段。做好内容营销，即占领 B 车企品牌流量入口。B 车企内容营销存在以下问题。

- 营销形式传统，无法匹配互联网新营销的各类玩法，导致营销业务闭环出现断层。

- 活动形式单一，缺乏吸引力，影响客户体验和线索转化效果。

- 活动响应周期长，每次活动效果均需人工统计分析，且每次活动数据割裂，无法全盘统计分析。更关键的是，品牌相关活动与政策没有统一发布渠道，无法有效触达客户以及乡镇底层渠道，客户无法享受品牌的活动权益或享受的权益被打了折扣。

借助微信公众号和小程序的大流量触点，构建移动端内容营销的主要阵地以帮助 B 车企解决内容营销相关的问题。将 B 车企自发的营销活动和外部投放的活动落地到此入口，即不论活动最终投放是垂直媒体还是自有官方 App 触点，客户最终的落脚点均是 B 车企商城营销小程序。在微信即可随时随地接收 B 车企的促销信息，参与到活动互动，从而实现内外部全域流量、活动线索的统一归集。

除此之外，根据品牌常规的活动形式结合互联网热门玩法，整理通用的活动组件。基于活动组件，通过手工配置即可加工活动、一键发布活动到前端触点。活动类型包括资讯类、下订类、报名体验活动、抽奖类活动和分享裂变等。涉及的活动组件有抽奖、秒杀、团购、预售等。有了这些活动组件，业务运营人员即可将活动基本信息、活动规则以及活动落地页进行组合配置和发布。这一方面提升了品牌营销活动运营的效率，另一方面降低了每次同类型活动重复投入研发的成本。

在 B 车企上线的短短 2 个月时间内，通过配置发布了 30 余个活动，从原先的一个月一个品牌发布一个活动，到现在支持每个品牌一个月发布 3 ~ 5 个活动，实现了快速响应品牌活动政策和市场活动热点。

（2）营销触客核心场景二：一站式透明下订

有了客户营销互动的阵地，B 车企可以通过营销内容吸引、引导客户转化，形成从品牌营销到下订的业务闭环。客户可在线上自主搜索或是收到亲友、门店业务员分享的新车促销信息，通过促销信息刺激客户产生预购意向后，快速引导客户在线上立即完成预定，进一步锁定下订权益，以此缩短线索到成交转化的周期，提高转化率。

由于互联网电商、短视频媒体等平台已经建立起客户线上内容分享互动、线上社交、线上购物的成熟心智及习惯，因此客户已经实现在线化，汽车产品和相关业务在线化是必然结果。这就是数字化技术推动人、货、场业务重塑的具体表现。从线上车型浏览、留资到下订链路，以客户为中心，提升客户整体体验，具体包含以下内容。

- 将客户最关心的车型配置、销售价格、下订权益、增值服务以及关联的品牌实时促销信息形成购车心愿单。客户在线上即可一目了然地了解官方购车报价，无须多次到店或电话咨询，扫除了客户对获取信息不透明的顾虑。同时，心愿单作为客户与亲朋好友、销售顾问的沟通媒介，可以一键转发给对方寻求帮助进行共同决策。
- 实现新车小订转大定，支撑新车上市发布等预售相关场景。配置小订、大定权益包，引导客户做出下订选择，选择结果可作为判断客户购车意向的依据，指导业务员跟进转化不同意向客户的话术和方式。

- 拉通金融机构合作伙伴，提供精准的分期购车方案、在线申请和审批的一站式购车服务。
- 除整车下订业务之外，购车后关联的精品附件、充电桩和服务包等产品下订业务同样实现线上化。将非整车产品与整车下订打包到一起，提升贡献值。如客户下订新车的同时，推荐关联一年两次保养服务包一起下订，可享受优惠。将非整车产品与会员体系运营结合到一起，通过会员等级权益送产品或是会员积分兑换产品，在提升会员忠诚度的同时，通过客户兑换的产品进一步刻画客户的特征，分析挖掘客户的潜在需求。

（3）营销触客核心场景三：点对点拓客激励

商用车接近一半的销量来自转介绍和复购。这些车主、车队资源大多掌握在经销商业务员手里，应借助业务员和车主、车队群体的力量来拓展新客户，带来新的业务增长。

有了营销所需的内容，也有可支撑转化落地的工具，还需要做的就是将这些数字化工具和营销能力赋能给经销商业务员、车主和车队。赋能推客营销素材生成和分享工具，分享专属个人的品宣海报、营销活动链接和产品链接去触达客户，记录分享路径和分享转化结果。借助佣金、积分等激励手段，激发业务员、车主等业代个人在营销过程中的自主积极性。同时，业代个人一人一码，可以准确追踪每个人的分享、转化链路，实现品牌与销售个人点对点的奖励。未来，在一阶段建立私域流量池，通过客户标签画像分析功能，识别忠诚客户，此业代模式可扩展到这些忠诚客户上，扩大裂变群体，为业务增长带来更多的空间和可能性。

2. 数字中台：搭建业务和数据双中台

相信大家看了《中台战略》和《中台实践》都清楚中台是什么，中台主要解决了什么问题。不过，很多企业客户还是有很多疑惑——到底需不需要上中台？适不适合上中台？

对于 B 车企来说，在数字化转型打造新营销领域的过程中，增加了越来越多的线上客户触点应用，正如上文提到的内容营销平台、线上一站式下订平台以及拓宽工具。这些平台及工具存在相似、相通的业务流程，可以产生和共用大量客户数据、车辆数据和交易业务数据。对于这些相通的业务流程需要管理，它们产生的数据资产更需要管理。在数字化转型打造的新营销领域，数字化营销业务的特征始终是动态的、多变的、不断迭代的。为了保障这些多变的业务快速扩展，需要一个稳定的基石——数字中台。随着业务试炼过程的推进，信息化也需要不断调整，未来企业的运营结构将会结合数字中台开展，例如系统支撑的数字化运营流程、生产过程中数据的沉淀和使用。由此还会形成中台运营思维的两个方面，即通过数据中台的管理洞察和经过数据分析形成运营决策指令给业务中台，更好地帮助业务部门找准市场需求、服务品牌培育、驱动产销协同，为产生新型的服务提供基础。

围绕相似、相通的业务，数字中台针对每个垂直业务域构建业务中心，由业务中心统筹管理域流程和域数据。举个简单的例子，B 车企在用户领域构建用户中心，负责管理全域用户，包括打通全域用户身份，全域用户信息的采集和分析。这些被处理好的客户统一数据，将在销售顾问的移动应用上展示为客户的全域信息，赋能销售顾问识别客户身份、意向等，更有针对性地服务客户。

"一切业务数据化，一切数据业务化"在 B 车企已经不再是一句口号，数字中台也将帮助 B 车企在未来的汽车行业商业升级中取得竞争先机——以用户为中心的数智化运营。数据智能将消费者的现实世界与数据的虚拟海洋连接在一起，打破时空的限制，引领汽车企业完成从传统零售向新零售，从 2B 到 2C，从销售整车转型为提供服务体验的商业转身。

耐消行业的营销数字化

　　耐消行业是指以家用电器、3C 数码、家居建材为代表的耐用消费品行业，典型的产品消费特性为低频、高客单价。随着改革开放的快速推进，人民生活水平日益提升，以及国家大力推动"产品下乡补贴"等相关政策的支持，中国家电、家居产业 30 年的发展就是中国制造业发展的缩影。耐消行业率先发展，并迅速形成行业规模、行业升级以及产业整合。

　　近年来，企业数字化转型浪潮愈演愈烈，受疫情影响，转型和创新更为迫切。2021 年，我国迈入"十四五"建设元年，"十四五"规划纲要将数字经济独立成篇，描绘未来 5 年数字中国建设的崭新蓝图，这也意味着数字经济已成为我国重要的战略部署和发展方向，将成为我国实现经济转型、高质量发展的创新驱动力。随着 Z 世代的崛起，对于以传统多层级分销模式为主要销售模式的耐消行业来说，多层级分销的效率低下、品牌无法直达消费者等问题日渐突出，已无法满足消费者的需求和企业持续增长的需求。同时国内各类电商平台日趋成熟，消费者购买产品的方式也逐渐碎片化。耐消行业未来必须进行营销数字化创新与变革，才能在数字时代保持增长趋势。

8.1　行业营销数字化分析洞察

营销数字化作为企业数字战略中重要的一环，不是简单的 IT 工具和平台的叠加应用，对于以 3C、家电、家居、建材等为代表的耐消行业而言，构建全链路数字化营销平台已迫在眉睫，其目标是不仅要提高渠道分销效率，继续扩大存量市场的占有率，更重要的是积极布局终端零售业务，赋能商家服务消费者，寻找增量市场的突破口。数字化应用更多是围绕商业场景和业务价值展开的，以平台、生态、零售的视角构建，最终用量化的运营指标评价整个业务价值链。

对于耐消行业的企业来说，营销数字化最难的是渠道业务的变革和零售业务布局。

8.1.1　行业营销数字化发展历程

20 世纪 90 年代，众多制造企业在打造品牌的同时，深耕市场和渠道经营业务。经过近三十年的高速发展，这些企业在品牌、渠道、市场、营销等方面都形成了固有的阵地和稳定的经营模式。

商业环境在电商业务、社交分享、平台直播等新技术的推动下不断变革，大多数企业在近十年内经历了从传统渠道与电商业务各自独立发展到多渠道业务经营，最终走向全面数字化运营的转变。

1. 传统渠道与电商业务独立发展阶段

企业涉足电商渠道，一般多是在电商平台开设店铺，面向消费者进行产品销售，线上电商与线下分销业务割裂，各自发展。此阶段的典型特性如下。

（1）渠道交易业务

- 建立线下经销渠道体系，发展经销商网点。
- 渠道分销业务在线，实时交易协同。
- 品牌发展线上电商业务，实现电商交易订单处理、仓配履约发货。
- 实体库存数据统一管理，线上多渠道库存分配，库存动态实时反馈。

（2）市场营销业务

- 利用广告传播引流，打造爆款产品。
- 投入市场推广预算给经销商，用于开展地推活动。

2. 多渠道业务经营阶段

对于品牌企业来说，多渠道独立发展的模式显然无法满足业务增长的诉求，于是纷纷寻求营销渠道业务的融合，如整合线下分销体系，覆盖渠道网点，搭建线上消费者运营体系，初步显现出以消费者为中心的多渠道融合发展趋势。

（1）渠道交易管理

- 规模化扩大线上分销体系，寻找业务增长点。
- 部署线下经销网络，深度覆盖渠道网点并采集数据。
- 渠道下沉并强化业务协同能力，提升多层级渠道交易触达。
- 支撑多渠道分销业务，实现线上线下多渠道交易统一管理。
- 多仓库共享库存，线上线下独立运营。

（2）消费者管理

- 站内 / 站外公域拉新引流，粉丝运营促进交易转化。
- 以消费者为中心，采集并管理线上线下多渠道用户数据。
- 建设消费者会员积分、权益体系。

（3）营销管理

- 利用三方标签化人群圈选，快速精准投放广告和活动。
- 开展文案内容营销及运营活动，拉新用户并注册会员。

3. 全面数字化运营阶段

全面数字化运营企业以实现数字化营销为目标和方向；以消费者为核心，打通线上和线下营销渠道的壁垒，实现营销业务的全链路在线化与业务闭环；整合营销渠道资源，不断丰富消费者的交易与服务场景；建立数据分析及 AI 模型，不断洞察消费者需求，提升营销效率和投入产出比。

（1）渠道交易数字化

- 线上和线下网格化经营，终端云店实现业务在线运营。
- 打通全链路业务数据，赋能经销商 / 终端门店数字化运营。
- 零售转型，打通门店与消费者全场景，实现数据互通协作。
- 实现一盘货运营，构建自主物流和仓配一体化服务。

（2）用户运营数字化

- 整合品牌自身、第三方生态数据，实现全域用户运营及数据洞察。
- 搭建私域用户运营体系，初步实现交易用户私域触达，建设消费者分层运营模型。
- 搭建用户画像与标签体系，洞察深度数据，实现消费者持续运营，深挖存量客户价值。

（3）全域营销数字化

- 拥抱直播、短视频等新兴数字触点，赋能终端门店，实现线上线下营销闭环。
- 全方位采集全链路营销数据，形成精准顾客群体、会员画像、商家画像。
- 全域 / 全链路营销事件与数据洞察，AI 自动化优化营销效果，监控活动全程数据。

8.1.2　行业营销数字化趋势分析

构建全链路营销数字化平台，连接品牌企业、经销商、终端商家和消费者，平台赋能交易、营销、会员、服务等数字化能力，提升消费者和商家线上线下的交互和交易体验，通过流量运营触点创新，提供营销裂变工具、分润结算、统一仓配服务等，为品牌企业的营销业务插上数字化翅膀。

第一，通过全域营销，构建企业线上引流、线下体验的一体化营销能力，赋能商户。首先布局直播、裂变传播、秒杀抢购、红包、卡券等线上营销方式，针对不同客群、不同区域形成常态化的数字营销玩法。其次，构建全渠道、多品牌的消费大会员体系，全面采集消费者数据并提供数据画像服务，全渠道推送精准营销信息，打通全链路营销节点，给商户和用户提供整体统一的服务。

第二，打造智慧供应链服务，为商家和用户提供更快捷、精准的服务，利用社会化网点能力实现"从品牌企业到渠道分销区域，再到终端门店"的消费者交付能力数字化应用。通过构建一盘货和库存共享机制，实现全渠道库存共享和 O2O，最终实现产品和服务高效送达市场和用户。

第三，通过业务中台、数据中台赋能渠道经销商、终端商户、消费者的智能数据服务，实现以消费者画像、商家画像为核心的精准活动触达推荐、商品选品、零售智能定价，并在线监控整个企业的费用、政策、营销、交易、结算全链路数据。

数字化的目的不只是交易在线或者提升营销 ROI，更重要的是业务增长，用数据指导运营，把数据变成可赚钱的资产。

8.1.3　行业营销数字化热点洞察

近年来，各行业企业的业务模式、竞争格局、用户需求，无时无刻不在发生变化。营销数字化转型已成为企业发展抢占先机或者弯道超车的最佳选择，对于企业而言，营销数字化转型不是一个选项，而是业务可持续发展的必经之路。那么企业到底该如何开展营销数字化创新呢？我们可以从如下几点一探究竟。

1. 洞察一：用户运营和营销链路数字化

利用 AI 识别、物联网、数据智能等数字技术，与企业商业创新、业务转型相结合，连接消费者更多的交互、交易、交付场景，沉淀公域和私域用户流量，提升用户服务体验和交易转化。

数字营销链路上导购、门店、员工的社交应用、分享分润、直播带货的需求正迎来新一轮爆发。长期来看，企业实现数字化还需要提升品牌自身的内容、社交能力，利用企业多年耕耘的渠道网点和供应链服务，提升用户的黏性、带货渗透和转化率。

2. 洞察二：终端零售数字化

传统的渠道、大卖场、专卖店在疫情前就遇到了销售瓶颈。传统微商城不支持消费者绑定导购和门店，商城订单也不支持门店配送发货及安装服务。为了进一步提升终端商家交易的积极性，企业开始打造平台化商城和云店模式，将门店搬到线上。利用社交互动、品牌私域流量运营、线上体验服务、线上交易下单、线下安装配送，以及会员积分与权益、各类线上线下活动的传播和消费刺激，实现订单的高效智能履约。

3. 洞察三：渠道交易数字化

渠道交易数字化是对传统分销的颠覆，是企业对客户、用户、经营进行升级整合的战略调整，主要体现在 3 个方向：全渠道订单履约、全局库存一盘货、全渠道政策资源共享服务，压缩渠道层级，提升渠道订单处理、物流配送的效率，降低区域仓的仓储成本，更快满足零售和消费者大件商品送配装的需求。

4. 洞察四：支付结算数字化

企业围绕以用户为核心的零售、渠道进行数字化转型升级，使得营销模式与业务场景化服务背后的交易支付、结算体系愈发复杂。为实现营销闭环，数字化支付与结算是不可缺少的重要组成部分，可支持代理商、终端门店、消费者、异业生态伙伴、社会化分销伙伴在不同营销场景下开展营销活动，如活动红包、商家促销、政策补贴、返利兑现等，为其提供安全快捷支付、结算清分的能力。

8.2　用户运营和营销链路数字化

根据品牌企业数字化实践总结分析，用户运营数字化大致可分为 3 个层级，如图 8-1 所示。

- 用户运营初始期：企业刚从传统分销模式向新零售转型，基本无用户数据积累。
- 用户运营探索期：向新零售模式转型已经有了一些探索，

虽然积累了一些数据，但不知如何运营。

- 用户运营成长期：转型企业已经全面拥抱新零售，积累了大量用户数据，等待发力。

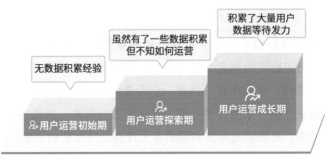

图 8-1　品牌企业用户运营的 3 个层级

不同层级的企业对用户运营的诉求是不同的。转型初期企业的核心诉求是了解如何收集用户数据，收集哪些数据，收集之后如何对用户进行有效运营。转型探索期企业收集的数据相对零散，核心诉求是如何有效拉通和使用这些数据。转型成长期企业的核心诉求是如何对数据进行成果转化，如何赋能经销商和线下门店。

8.2.1　数字化面临的挑战

大部分企业都尝试过用户运营模式，从结果上看，都差强人意，根本原因如下。

1. 数据的归口统一

随着消费者触点和消费场景的不断升级，企业不得不建设越来越多的用户触点。用户来源主要分为三类。

- 第三方电商平台：淘宝、京东等第三方电商平台和抖音、拼多多、云集等社交电商平台等。

- 企业自营平台：企业 App、自营电商、官方商城、售后和物流系统、智能家居控制 App、电视系统、CRM 系统、产品包装一物一码系统等。
- 广告和内容运营平台：包括淘系广告、微信及微博广告、电视广告、分众等多媒体广告以及其他第三方广告平台投放广告、小红书、知乎等。

从以上三类用户数据来源可以看出，现在企业收集用户数据，少则七八个系统，多则几十个系统，各个系统的数据相互独立，形成了一个个数据孤岛。每个系统的收集维度和字段各不相同，难以统一、拉通和使用。如何进行数据合并、数据清洗，形成统一有用的数据，是企业在用户运营过程中面临第一个难题。

2. 用户精细化运营

电商在中国的发展已有十几年历史。有些企业有数据收集的意识，从前几年开始慢慢积累用户周边数据，比如订单数据，家电安装、清洗数据，售后配送数据，特别是 2007—2009 年中国开展家电下乡活动，那时候传统家电企业积累了几十万、上百万家电下乡用户的购买数据，家电头部企业甚至积累了几千万的用户消费数据。在 10 年后的 2020 年，这些用户陆续有换新的需求，把这一批家电下乡的用户转化成以旧换新的用户，对这类用户的换购和套购成为用户部门最重要的运营目标。

数据接入以后，大部分企业希望开始做会员等级、积分和权益的运营。耐消品行业的产品属性决定了它不如快消品用户复购率高、黏性强，部分企业完全照搬快消品企业的用户运营逻辑，并没有深层次理解用户的二次消费逻辑。二者的差异在于：快消品是基于复购逻辑的用户运营，而耐消品更侧重场景化运营和服务运营，如以旧换新、认筹、套购、活动裂变、生态场景等，更加强调体验式场景消费能力。

3. 用户引流赋能终端

很多企业在做新零售转型时，除了设置少量线上和线下门店直营，还是将线下门店和线上第三方平台的店铺运营权交给经销商。销售转化用户大部分是通过终端零售和直营门店积累的。品牌企业主要做好产品研发、服务升级、物流配送等后端配套支持以快速响应服务。

那么对于企业来说，手上积累的大量用户如何经由经销商通路完成交易转化，同时辅助终端零售做好用户留存和转化的全链路营销活动，实现品牌搭平台、商家对消费者全链路的精细化运营，是未来必须要考虑的问题。

8.2.2 数字化体系搭建

企业实现用户数字化不是简单地收集用户数据，或者粗暴地投放营销广告。对于耐消品企业来说，必须建立完整的用户数字化运营体系，才能最大化地发挥用户数据价值，提高用户的满意度，同时给企业带来业务增量。

我们可以将用户运营体系拆分为用户运营 9 步法，如图 8-2 所示。企业围绕用户制定可持续经营战略，通过用户流量接入、用户运营体系建设、自动化营销等措施，实现企业和终端零售全渠道会员运营，实现用户数据资产化。

1. 用户运营数字化

用户运营数字化的核心是整合与分析消费者全生命周期的数据，通过建立用户数据标签模型，以数据标签反哺营销投放和用户留存运营，形成以消费者数字资产为核心的用户运营数字化体系。

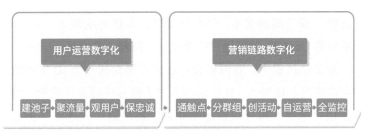

图 8-2　用户运营 9 步法

（1）建池子

建立私域流量池，将公域流量转化为私域流量。企业的用户数据主要有 3 个来源——第三方电商平台、自营平台（线上自营和线下门店）和广告 / 内容运营平台。我们需要搭建企业 CDP，帮助企业将第三方电商平台用户、广告浏览用户、自有 App/ 电商 / 门店等全部渠道用户接入统一用户池，同时对外提供中台化标准接口，可以授权任意渠道进行用户数据查询、浏览和编辑。

在全渠道数据接入过程中，如淘宝、京东有成熟的会员接入体系（会员通），有些第三方平台并未对外开放自己的数据，需要通过手工导入或者订单拉取的方式获取用户。建立企业私域流量池，主要实现以下两个功能。

- 公域流量向私域流量打通。
- 线上流量和线下流量互通。

（2）聚流量

有了企业私域流量池，我们开始往池子里注入流量。由于不同渠道的流量数据标准不同，各平台用户标识不同，因此在聚流量之前，需要对企业的用户数据进行数据清洗、合并，将企业的多平台多 ID，通过关联技术模型，形成 OneID。例如 A 平台用户有手机号和设备识别号，B 平台有邮箱和设备识别号，C 平台有邮箱和公众号的 OpenID，则可以通过设备识别号将 A、B 平台关联，通过邮箱将 B、C 平台关联，则最终实现 A、B、C 三个平台的 OneID，关联用户的手机号、邮箱、公众号。

在关联过程中，有时候会存在多个平台同一个 ID 导致数据冲突的情况，比如 A、B 平台都通过手机号进行客户识别，两个平台用户等级、积分权益却不相同。解决这个问题需要进行用户身份和权益的合并，包括等级合并、权益累加、积分换算累加等。对于有些无法通过系统自动识别的用户，还需要进行手工判断及合并。

流量汇聚的同时，要进行分层运营和管理，比如区分集团会员、品牌会员、经销商会员、门店会员，对用户进行分类分级管理。

（3）观用户

用户进入流量池以后，如果直接进行营销或服务，就是传统的粗放式运营，带来的直接后果是服务不精准。我们需要进行大量的持续跟踪，对用户行为进行深度洞察，构建会员全景视图，让企业了解自己的用户，以便采取对应的运营策略。对用户跟踪的时间越长、洞察越细致，形成的用户画像就越精准。需要提醒的是，对用户洞察，是为了了解用户的真实需求，以便更好地服务用户，俘获用户的芳心。这一切要以不窃取用户的隐私为前提。

（4）保忠诚

企业消费者运营的本质是忠诚度的运营。建立私域流量池，将公域流量转化为企业私域流量后，需要对品牌会员进行统一运营，企业会员忠诚度运营可以从两方面进行阐述——精细化运营和长短周期结合运营。

首先，需要对会员等级、积分、权益进行精细化运营。根据耐消品行业特性，将传统耐消品高客单价、低频、低复购的特点，通过生态化产品、做增值服务等方式，转化为低客单价、高频、高复购运营模式。例如海尔三翼鸟品牌通过冰箱连接食品生态，通过洗衣机连接衣服生态模式、在线网器控制、在线一体化报装报修等举措实现低频向高频转化。这种模式转化在会员运营的过程中，对应的会员等级、积分、权益都要加入生态化运营模式，比如购买生态商品获得更多积分，购买高端冰箱获得联保服务，购买高端电视获得 VIP 视频会员服务等权益。

其次，会员的忠诚度运营包括长周期运营和短周期运营相结合，长周期运营指会员忠诚度长周期计划，包括会员基本规则配置、等级、积分获取和消耗、权益的配置，其相对较稳定且基于全员进行。短周期运营会根据季节、节日、市场竞争等情况进行实时调整，比如完成任务、参与问卷、领取优惠券、定向邀请等。只有长短计划相结合，企业用户运营数字化才能达到最优的运营效果。

2. 营销链路数字化

营销链路数字化可以帮助企业更好地跟踪营销链路的投放效率，同时通过采集并分析营销活动过程中的全链路数据，企业可以不断优化与调整营销活动的设计，进行差异化营销，提升营销的投入产出比。

（1）通触点

为了触达更多消费者，消费者在哪，触点就应该布在哪。根据不同场景建立不同的触点，如企业宣传有公众号、服务有微信小程序、下单有自营商城、线下有短信、门店有云 POS，加上第三方电商平台的布局，建立更多触点。企业在运营过程中，只有打通场景和触点，实现场景串通、触点串通，才能实现真正的营销链路数字化。全链路营销要先做到打通营销链路，比如线上领券，线下使用；第三方平台购买 VIP 增值权益，可以在自营平台使用；在 A 经销商那里购买的商品，可以去 B 经销商门店维修服务。打通营销体系需要一整套中台体系架构的支持。

（2）分群组

企业建立统一的私域流量池后，汇聚流量，将用户基本信息、等级积分权益、储值卡或礼品卡信息、线上线下订单信息、退换货信息、评价信息、发送短信信息等静态和动态信息形成用户 360° 信息统一视图。

基于用户基本信息、购买行为等数据，产生对应的用户标签，将这些标签进行组合筛选。例如，将 40 ～ 60 岁的人组合成中年人人群包；将家电下乡用户组合成家电下乡用户人群包。

（3）创活动

有了用户标签和人群包，就可以针对不同的用户建立不同的营销运营策略。支撑营销运营策略的活动模型主要由触发条件、执行方式、促销形式、促销执行限制 4 个要素组成，如图 8-3 所示。触发条件包括基于商品、金额、时间、地区、渠道等，执行方式包括满增、满减、满返、满换等，促销形式包括现金的红包、券（消费券、礼品券、服务券）、积分、商品等。不同促销形式背后都有企业预算的支持。有些活动还会有促销限制，包括互斥规则、叠加规则、翻倍规则等。通过以上触达条件的配置，执行方式和形式的选择，加上限制条件，可以完整组合成一个多样化活动。

（4）自运营

配置一个完整的营销活动以后，等待触发条件生效，就可以自动执行营销活动了。主流营销活动执行方式有两种——主动营销和事件营销。

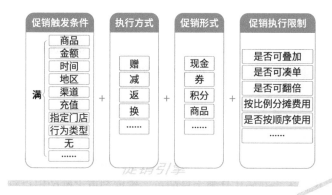

图 8-3 营销活动创建模型

主动营销是通过活动圈选一部分标签用户，对该部分用户主动进行营销活动，精准触达。比如向直播未成交用户主动发放一张优惠券。

事件营销则无须圈选人群，事件满足触发条件自动触发。比如向购买空调满 1 年的用户主动发短信询问是否需要空调清洗服务；自动向过生日的用户发送日祝福短信等。

（5）全监控

营销全链路监控是监控用户与品牌触达消费者的任意触点发生营销交互时的全过程数据，能够基于单个的用户行为，知晓用户什么时候通过哪个渠道进入品牌的哪个营销触点或广告，浏览了哪些产品信息，领了哪些券，发生了哪些操作行为，获得多少积分，最后有没有成交，购买了哪些产品。企业对用户全链路数据都能做到有效跟踪，基于群体行为，对于平台目前都有哪些渠道，做了哪些活动，拉新多少用户，留存多少用户，转化多少用户，流失多少用户都能够进行有效分析和跟踪。

通过 9 步法, 接入企业全渠道数据, 通过各种方式将公域流量转化成私域流量, 通过 OneID 形成客户 360°统一视图, 自动给客户打标签, 根据客户标签进行自动化营销活动, 最后对用户全生命周期行为进行有效跟踪分析, 优化企业营销, 进行二次营销, 帮助企业实现完整用户运营体系数字化。

8.2.3 数字化发展趋势

用户数字化, 不只是需要企业建立用户运营体系和工具平台, 还需要从产品品牌的视角看待品牌整体用户数字化及营销链路数字化, 逐步开始从品牌主导的单一维度到更多维的用户数字化运营发展。

趋势一: 从广域营销向精准营销和自动化营销发展。大部分耐消品企业的营销数字化还处于广域营销阶段, 如对全员发券等活动, 营销活动将发展为向精准营销和根据用户旅程设置事件实现自动化营销。

趋势二: 从 C 端运营开始向小 b 端运营, 实现小 b 的类 C 化运营。耐消品低频、高客单价的属性决定了熟人推荐、裂变营销、以老带新是常见运营场景, 对于处在供应链末端的服务最后三公里的小 b, 以传统的价格优惠、政策返利形式很难触达到这些夫妻店、KOC 形式的小 b。卖货送积分、满减、满赠等 C 端营销玩法对他们有很大的吸引力。传统企业对于小 b 已开始实行类 C 化的运营模式。

趋势三: 用户运营的成果向生产端延伸, 做产品优化建议。越来越多的企业通过分析用户数据进行用户洞察, 进而对新品上市提出优化改进建议。例如智能穿戴设备企业在新品上市前会对同类商品的各类不同的用户进行市场调研, 提出他们对新品的优化建议; 珠宝行业通过对用户点评数据的分析, 反向优化和改进商品设计。

　　趋势四：多场景、多角色串联，实现端到端的连接。随着前端触点和场景越来越丰富，耐消品行业因高客单价属性导致单一场景很难做到全链路闭环，比如用户线上浏览不一定马上下单，可能线下购买。这时需要企业实现端到端的连接，实现线上决策线下购买加导购服务的多场景多角色串联。

　　趋势五：消费者数字化更多是服务数字化。对于耐消品行业而言，消费者数字化更多是服务数字化，未来越来越多的场景通过服务带动营销，消费者数字化在一定程度上取决于服务数字化程度。

8.3　终端零售数字化

　　新零售风口之下，线下零售门店的数字化改造逐渐变成企业当务之急的大事。大量企业积极提升零售门店数字化水平，打通线上线下商品、客户、订单信息，借助数字化工具进行客户服务延伸等，均是为了更好地匹配顾客、商品、场地等零售要素，提升运营效率。

8.3.1　终端零售业务核心痛点

　　数字化时代的来临让营销方式发生了很大的变化。对于耐用消费品行业而言，从营销管理到业务洞察，品牌面临着消费者行为触点分散、用户忠诚度低、复购周期长等一系列问题。以空调大家电这类典型的耐消品为例，品牌以低成本维系与用户的关系及延长用户生命周期面临着以下两方面问题。

　　首先是传统分销模型向零售模式转型问题。耐消品作为典型的长链条交易，在以往传统分销模型下，品牌更关注如何将产品深度分销到经销商。从区域经理到业务代表，大都把压货当作完成指标的重要手段。销售团队通过促销利益，挤压经销商的库存和资金；而经销商则只顾着大量囤积促销的产品，忽略区域渗透、终端覆盖、新品铺市等执行动作。从而造成终端"不促不销"的局面，导致渠道终端网点对品牌的忠诚度低，品牌也无法直接触达和运营终端网点。

其次是用户信任问题。耐消品属于长复购周期产品，一般产品单价较高，消费者决策较为理性，无论售前还是售后，"货比三家"是必然的。如果说快消品企业建立一个良好的"品牌形象"即可打动用户，那耐消品企业的难点则是要建立真正的信任关系。在数字化时代，这已是仅依靠产品、公关、传统媒体无法解决的问题。作为与消费者直接产生联系的线下门店，迫切需要通过数字化的工具与营销能力，跟消费者建立更加主动的联系与互动。

8.3.2　终端零售数字化的解决之道

面对终端消费者占据主导地位的巨大变化及零售模式转型数字化变革战略，传统分销模型下，终端零售网点（小 b）的营销模式很难适应业务的发展，必须要通过数字化找到适应线上及社群所对应的新市场空间、创新模式快速发展的新环境。企业需要通过"流量赋能、转化赋能、运营赋能"三大法宝赋能终端，实现终端零售数字化，如图 8-4 所示。

1. 流量赋能：线上营销导流

耐消品企业的终端零售门店与常规的零售企业门店不同，大多为经销商门店，如经销商直营门店、经销专卖店、乡镇零售店等类型。企业并不直接与门店产生业务管理关系，大多为通过经销商进行门店业务触达与运营。

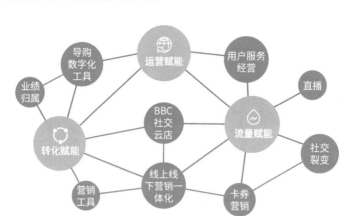

图 8-4　终端零售数字化赋能的 3 个维度

以往品牌对外进行品牌传播或产品广告传播，只能对消费者产生品牌心智营销。因为与终端门店的触达需要多层级分销关系，所以无法让消费者在广告触达时便通过线上商城下单购买，且营销流量也无法赋能分配给线下终端零售门店，营销触达效率与转化率相对较低。

解决营销触达与流量转化的核心是营销链路数据在线，即在消费者看到或点击营销链接产生购买欲望时，将线上流量与线下终端门店进行关联与分配。搭建 BC 营销一体化及数字化 BBC 社交云店商城，品牌所有用户宣传和互动触点都带社交云店商城链接。通过这些设计，使消费者在看到品牌广告的时候都有直接购买和了解更多产品的渠道，在消费者进入平台时就会自动按地理位置分配最近的销售门店，实现品牌流量为门店引流，做到真正的认知交易关系一体化。

2. 流量赋能：线上线下营销一体化

线上线下营销一体化架构如图 8-5 所示。

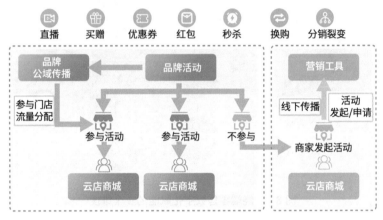

图 8-5　线上线下一体化营销

流量赋能必须站在门店的角度进行思考，为门店赋能，帮助终端门店进行引流和动销。通过 BBC 社交云店模式，品牌可以让终端门店也拥有营销活动能力，快速触达到门店终端和 C 端消费者。品牌商在后台可以查看门店营销数据，打通线上和线下数据，用线下的体验为线上引流，线上的数据分析为线下门店的体验提供数据。

终端门店也可以借助 BBC 社交云店，将拼团购、到店打卡、大转盘抽奖、裂变卡券、分销裂变、集赞助力、秒杀、直播卖货等营销工具应用于线下门店的营销传播中，触达门店本地的私域流量，让门店客源不断。同时终端门店通过 BBC 社交云店，可以更好地监控全店数据，实现精准触达客户、拓展新客户、留存老客户的良性循环，最终推动门店的销量增长。

3. 转化赋能：BBC 社交云店

BBC 社交云店是品牌传统深分渠道全链路营销数字化和全场景触达的 BC 一体化营销工具，业务模式如图 8-6 所示。

搭建云店商城可以为每一个传统线下零售网点对应一个线上虚拟云店铺，通过小程序或 App 端，实现千店千面、千店千策的营销闭环，帮助品牌实现传统线下渠道促销在线化、线上社群营销为线下门店引流、会员经营、分享有礼、社交裂变等功能。借助 BBC 社交云店，品牌可以为线下零售网点提供营销在线赋能、流量赋能、工具赋能，让品牌联合经销商和门店一起共建共享共赢。

云店拥有分销裂变、引流的作用。一方面，品牌通过组织活动，为不同区域的云店引流，消费者流量会被分配至专属的流量区。消费者只要在活动期间进行线上搜索、了解或购买，就会被直接推荐地理位置最近的店面或门店。另一方面，线下终端门店导购可以通过云店提供的直播工具带货，也就是为线下门店引流。

4. 运营赋能：数字化导购工具

线下渠道终端零售无法忽视"导购员"这一重要角色。优秀的导购人员可能是产品专家、品牌大使，甚至是品牌最优质的营销能手。通过导购员可以传播品牌口碑，可以实现引流带货，也可以作为"客服"，为顾客提供购物建议。导购的终极目标是创造销量，创造利润。这也进一步促使导购成为品牌实现"增长"的核心与关键。品牌可通过数字化导购工具，帮助终端零售网点充分挖掘导购服务、导购推客、导购销售等应用转化，并提供预约上门、线上领券到店核销、实时互动等多种营销服务，培养导购服务顾客，同时升级消费体验，获取顾客信任。

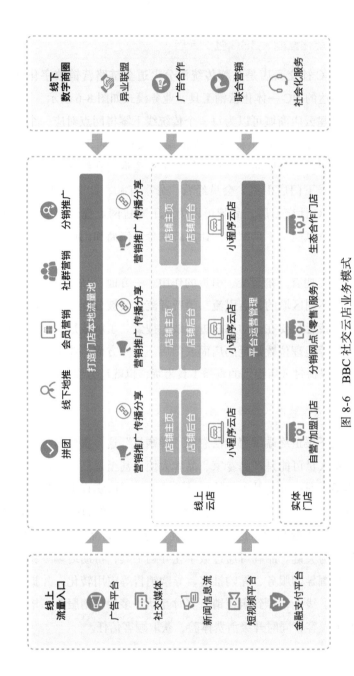

图 8-6 BBC 社交云店业务模式

传统销售模式下，导购的薪酬一般是固定的，想要发挥导购更大的主动性和价值，需要企业以奖金、佣金等机制激励导购自动为品牌服务。提高导购的积极性，才能为品牌带来更多的销量。企业可以建立"导购员账户体系"，通过这一账户体系，导购员可以实时汇报终端销售情况，有利于企业对不同区域的产品售卖情况以及导购员销售情况进行实时监控；有利于根据不同区域的动销状态实现"一地一策"的促销方针，并达成精准促销的目标；有利于避免促销费用遭遇渠道截留，保证费用切实地转化为导购员的奖励。

实现导购数字化工具的关键在于数字化平台实现全渠道数据打通。打通订单、库存、会员、商品、导购、门店、权益、促销等数据和业务后，在线下终端门店场景里，导购就能基于数字化导购工具实现如下功能。

- 快速识别各个渠道到店的会员，根据精细的画像为会员推荐商品，提升开单率。
- 伴随式服务，随时查看库存，智能推荐搭配提升连带率，移动开单支付提升服务体验。
- 个性化编辑会员标签，为会员分类属性，实现更精细的会员管理，利于后续精准触达营销。
- 高效引导到店新客注册会员，为品牌沉淀新的会员资产，实现快速拉新。
- 和会员建立强力连接，搭建一对一的专属关系，便于后续深度会员运营。

5. 运营赋能：用户服务经营数字化

耐消品行业经过多年的市场发展，产品技术已经具有相当的成熟度，企业间的竞争比拼也从原来关注的技术领先、规模领先延展至产品整个生命周期内消费价值的实现。企业需要适应这一趋势，构建从供应端到服务端的全链路消费体验。营销服务过程是品牌与用户之间的"亲密接触"，服务做得好，往往能够俘获用户"芳心"，增加品牌美誉度、忠诚度；反之，则会造成品牌与消费者间的"一锤子买卖"，更有甚者，不仅存量用户流失，还可能因存量用户的差评造成潜在购买者"望而却步"。如今，用户服务已成为品牌倾力打造的重点，目的是真正实现"以消费者为中心"的用户服务理念。

要做到以消费者为中心，那么与消费者更多、更畅通地交流互动则必不可少。品牌可搭建微信小程序等服务门户，响应消费者实时的服务请求及产品查询，客户可直接在线预约服务，一些简单操作如安装、使用、清洁保养、故障自测等，可帮助用户解决一些"当务之急"。以洗衣机产品为例，安装简便，不一定需要专业人员操作，用户可以打开微信小程序，自行接通上下水，检验洗衣机性能。另外，通过打通小程序和品牌微信公众号，消费者可随时了解企业产品信息、热点自选和常见问答，让"自助"便人便己。

数字化助力客户服务升级，不仅是服务前置化，更是品牌全面升级服务的形式，推动企业从售前到售后，从线上到线下的全方位服务晋级。这样才能贴近用户不断变化的需求，在客户服务的各环节实现流程创新，以与时俱进的活力全方位提升消费体验。

8.3.3 终端零售数字化价值

对于耐消品行业而言，终端零售数字化绝不是简单地照搬常见的零售企业的"新零售""智慧门店"模式，而是从分销模式转为从零售模式转型的角度出发，对终端门店进行数字化赋能，帮助门店更好地获客与客户经营，实现多方共赢。

对于品牌商来说，通过终端零售的数字化，可以更好地帮助品牌商实现从品牌商到分销代理商、终端门店和消费者的全链路业务在线。终端网点数据全域透明化，能够更全面地数据化了解全链路动销情况。营销活动的投放可以更好地实现线上线下营销闭环。对于品牌营销活动投放产生的流量可分配至门店进行业务闭环，依托于门店的本地流量运营，可以更好地放大社群势能，带动线下门店业务增长。在业务经营及营销流量在线的基础上，也可以更好地获取消费者数据，使得消费者画像数据更加全面。通过消费者画像数据，真正实现线上线下全渠道业务场景融合，为线上创造增量，为线下激活存量，通过用户运营不断深挖用户终生价值。

对于门店来说，由于线下流量不断匮乏，可以更好地借助终端零售数字化的能力，运营好本地线下私域流量，作为线下触点与消费者产生连接。借助品牌的营销及用户服务能力，拓展更多客户及服务资源，利用新的营销传播方式为门店带来客流和交易转化。

8.4　渠道交易数字化

当前市场销售环境已经在发生重大变化，正在走向多元化的市场格局。各种到店自提、到家服务、社群零售、团购形式，让销售通路的创新形式越来越多。对于品牌商来说，准确把握终端市场的多元化变化，准确、快速地切入各种销售通路形式是必须要做出的战略调整。传统的分销模式、分销手段已经不能适应当前终端市场多元化的变化。同时由于多元化的销售渠道发展，将各销售渠道进行有效整合，真正形成"合力"也是变得至关重要。

8.4.1 渠道交易业务的 3 个发展阶段

品牌企业渠道运营的 3 个发展阶段如图 8-7 所示。

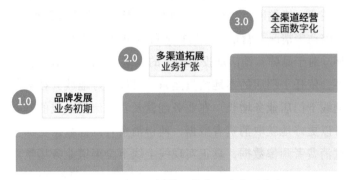

图 8-7 品牌企业渠道运营的 3 个发展阶段

- 品牌发展阶段，处于业务初期，销售渠道局限于线下分销，业务相对单一。
- 多渠道拓展阶段，业务快速扩张，线上、线下多种细分渠道，订单多且复杂。
- 全渠道经营阶段，实现全面数字化，打通交易、营销、运营场景，数据互通协作，为商家和用户带来一致的服务体验和购物感受。

对于处于品牌发展、业务初期的企业，建议先搭建线下经销渠道体系，发展经销商网点。将渠道分销业务在线化，经销商可以随时随地下达采购订单，实时查看订单接单情况、发货情况、运输轨迹、在线对账等，实现实时交易协同。分销交易业务在线化，除了可以让品牌和分销渠道高效协同业务，降低工作量，还可以通过互联网化体验分销模式，提升渠道满意度。

对于处于多渠道拓展、业务扩展的企业，建议规模化扩大线上线下经销网络，深度渠道网点覆盖及数据采集。深化经销商业务协同能力，提升多层级渠道交易触达，实现渠道供应链高效周转。让多层级渠道交易分销情况可实时洞察与分析，实现数据化指导渠道运营策略。

对于处于全渠道经营的企业，建议搭建能够满足全渠道业务发展的运营体系，使得各渠道的业务能够相互融合，对内实现数据信息共享互通，及时了解各渠道的销售表现，实现企业内部的高效协同。纵向打破层级网，横向打通部门墙，形成一体化的运作机制，实现产品与用户运营的无缝连接。让线上、线下业务能够充分融合发展，真正实现渠道业务全面数字化。

8.4.2　渠道数字化趋势：库存一盘货业务

传统企业仓库布局存在多层级多仓模式：制造端会有生产基地仓，往下又会分为中央配送仓、区域配送仓和电商仓；在分销渠道上又存在经销商仓、委托代销仓；在营销终端还会有门店仓、网点仓、前置仓这样的多层级多仓模式。这种模式下会带来3个问题。

- 库存数据无法统一可视。主要表现在各渠道库存割裂，品牌进行线上线下全渠道促销活动时，容易出现商品超卖，引发顾客投诉；系统数据无法实时反馈库存，可用数据不准确。
- 库存无法统一调配，多渠道库存难平衡，为防缺货大量备货反造成库存积压难清。多渠道库存数据散落在各自的系统中，库存分配不均，大促活动容易产生 A 渠道断货爆仓，B 渠道库存积压。线上线下渠道库存分散，动销慢、调拨难、耗时长，流失销售机会。
- 库存周转慢，多仓布局，仓库间配货、调货频繁，库存周转慢，物流费用高。

　　为解决上述问题，企业可以尝试库存一盘货的方法，首先建设云仓能力，实现库存共享，全渠道仓库库存可视，借助信息化工具，制定共享策略，实现全渠道库存共享，打造"云仓"模式。在此基础上，实现统仓统配能力，仓库和运输资源整合，结合全渠道订单履约，形成以终端需求驱动的商品备货和仓库布局，打造云仓"一盘货"模式，实现统仓统配，减少中间运输环节，缩短链路，提高库存流转。

　　统仓统配业务模式如图 8-8 所示。

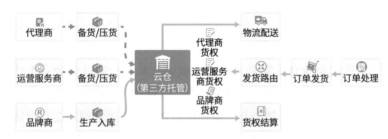

图 8-8　统仓统配业务模式

- 云仓入库：工厂生产成品库存、代理商（运营商）备货库存产品统一入库至云仓，由云仓进行一盘货统筹管理；逐步实现代理商无须备货，接单后统一由品牌商货权发货。
- 云仓货权管理：所有在库产品均依据入库记录货权归属；同仓不同权，统一调度一盘货。
- 云仓出库：订单平台统一接单审核后，推送云仓进行发货路由寻源，匹配订单归属方自有货权进行发货。如果自有归属货权无法满足订单，则可依据货权共享规则，借调其他货权方产品满足订单，确保订单及时履约配送。

8.4.3 渠道数字化趋势：政策资源共享服务

从传统企业的固有交易链路来看，品牌商把货卖给经销商，经销商把货卖给终端门店，终端门店把货卖给消费者，这种 F2B2b2C 的全链路业务交易在线化模式如图 8-9 所示。

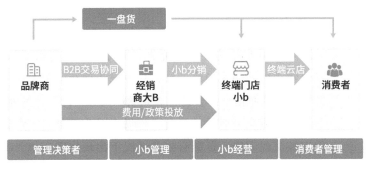

图 8-9　F2B2b2c 全链路业务交易在线化

品牌企业投入市场的资源，不管是投向渠道的政策资源，还是投向消费者的促销费用，都是针对全链路中的某个点进行的，统计的数据都是单个点的，没有办法从全链路的角度来看，资源的投放是否起到预期的效果，存在各种问题，主要表现在以下 4 个方面。

- 投放给客户的政策资源，只能触达到经销商，触达不到终端门店。终端门店的政策返利都是先兑现给经销商，再由经销商兑现给终端门店。在这种模式下，品牌企业很难监控资料是否真得落实，是兑现给了终端门店还是经销商截留了。同时这样的资源投放，是否真的达到了预期效果带来了销量提升，还是只是增大了渠道库存。
- 将政策资源投放给消费者的常规方式是营销活动，弊端是只能针对企业自营的少量用户使用。对于经销商和终端门店掌握的大量消费者，要么是无法触达，要么就是利用虚假销售套取资源。

- 不管是投放给客户的政策资源还是投放给用户的促销费用，都是各投各的，互不往来，缺乏统一规划，没有从全链路的角度来考虑。投放的资源所带有的收益，没有数据支持，无法量化评估是否值得投入。

- 针对多渠道业务的开展，企业一般都有多个营销团队。各个营销团队为了销售业绩，想方设法地获取企业提供的资源，从而把一部分精力放到获取内部资源上。另外，面对市场或竞争对手的变化，想做出对应策略时，资源的审核流程烦琐，资源有限的情况下出现内部竞争，决策周期更长，错失销售良机。

政策资源共享的解决之道可以从外部和内部两方面进行。

- 外部：资源统一规划，兼顾经销商、终端门店和消费者，实现利益一体化。比如制定一个活动政策，给消费者发优惠券，消费者到终端门店兑现优惠，经销商和终端门店的返利由消费者兑现的订单来倒算，实现全链路获利点可视化。资源的投入和产生就有可量化的数据支撑。不仅实现了政策资源投放让消费者看得见、用得上，还让经销商和终端门店看得懂、算得清，企业花得值、有回报。此外，把渠道间由博弈改为合力，一致对外。

- 内部：建立资源池，通过虚拟内部结算，让营销团队通过约定的规则，基于订单＋价格形成额外的资源池，实现资源池自给自足。营销团队可以自行安排资源，面向市场主动灵活地进行资源投放，提升销售业绩。

8.5　支付结算数字化

2020 年很多企业加快了数字化转型的步伐，基于各自战略目标纷纷开始传统渠道升级，诸如新零售转型、电商平台搭建、社区团购及依托于社交网络的分销体系建设。企业除了入驻天猫、京东等三方渠道触达用户，一般也会自建渠道。这条线上的角色一般主要由经销商（渠道分销），小的零售店（渠道零售）和终端消费者构成。基于三者之间的交易关系，企业搭建对应的交易入口，实现商家（包括企业自营）收款、付款和财务出入账交易。随着业务场景的不断扩展，企业迫切需要一套匹配业务的支付结算体系来支撑面向交易和财务的数字化共享。

8.5.1　数字化支付结算的 3 个应用类型

由于企业数字化营销系统的结构与数字化进程不同，并且一般没有支付牌照，因此，我们主要从交易支付业务的在线化、资金账户的实时管理、金融生态服务等方面来考虑企业数字化支付结算的应用场景。

1. 统一收银服务（支付业务在线化）

由于支付业务的参与方越来越多（包括从两方支付到三方支付、收单服务机构、收单行、发卡行等），因此交易时消费者的支付方式也越来越多。这就要求企业具备能够依托并整合银行和第三方支付机构的支付能力，为各类在线交易场景提供快捷、安全的资金收支工具，如 POS 支付、网银支付、扫码支付、人脸支付等。

同时，企业在渠道数字化业务中的交易对象还包含大的经销商（渠道分销）、小的零售店（渠道零售）以及服务商经销商等。

业务需要考虑在线化的企业支付能力。

企业需要搭建统一支付能力，如图 8-10 所示。支付业务在线化关心的是安全、便捷地收款、付款。

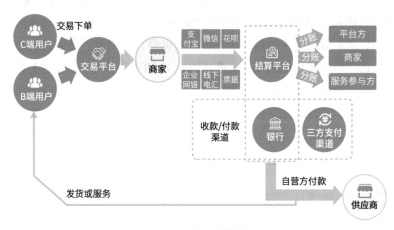

图 8-10　统一支付能力

2. 实时账户服务（结算业务数据化）

交易场景日渐丰富，如平台类模式（BBC 模式、O2O 模式等）、社会化分销模式（社区团购、社会化导购等）、在线的营促销工具应用（各类券、积分抵扣等）、传统渠道的营销政策在线化（返利、阶梯定价等）；并且各参与方的角色也越来越多，包括消费者、平台商、服务商、经销商等。企业对于如何确保按各类业务规则进行利润的分配、资金的划拨、财务的核算面临着巨大的挑战。同时，也需要考虑日益严格的合规性监管，如不允许无支付牌照的代收代付行为等。

面对上述的问题，需要企业在支付业务在线化的基础上，构建依靠银行实体账户体系的统一虚拟账户服务体系来应对。搭建企业实时账户服务与分账能力如图 8-11 所示。结算业务数据化，关心的是交易各方如何交易（结算/分润）。

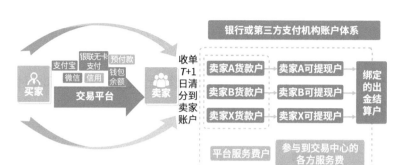

图 8-11　实时账户服务与分账能力

账户体系是资金业务数据化的载体，在此基础上通过对数据的充分挖掘，满足企业对数据安全、监管合规的要求，并提高财务管理和整体运营效率。

3. 自有金融生态服务

当前市场竞争激烈，企业营销业务中的商业伙伴，或多或少都面临着资金使用成本高等压力。很多企业和金融机构合作，建立以核心企业为交易闭环的消费者和供应链金融产品，典型的有订单贷、仓单融资、应收账款融资等，都要作为统一的支付方式融入在线支付，以促进整体的消费提升。自有金融生态服务，关心的是从企业的角度为商业伙伴提供资金支持。

8.5.2　数字化支付结算的 4 个核心能力

"支付无小事"，看似简单的线上支付行为，背后是一个安全、可靠的系统在支撑，从底层架构设计、后端金融机构的对接，到支付路由、运营维护、交易的清分与结算等，再到用户前端的产品设计，都是这个系统不可或缺的部分。随着线上支付应用范围日益扩展，线下和线上融合而产生的支付风险的监管和控制，更是所有构建数字化支付结算系统的公司都会面临的挑战。

企业级支付结算系统整体架构如图 8-12 所示，其中包括 4 个核心能力——支持能力、清分与结算能力、高可用能力和支付安全能力。

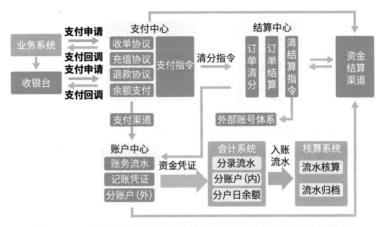

图 8-12　支付结算系统整体架构图（适用于多元化多营销交易模式的支付业务场景）

1. 支付能力

支付能力由支付结算系统中支付部分的核心组件协同完成，主要包括前端的支付产品（如常见的统一收银台）、支付网关、支付路由与支付渠道等。确保交易过程中支付指令顺利生成、确认与传输，并进行交易主体的合法性和身份确认、支付方式与通道的确认、支付能力验证、交易报文、交易结果与反馈、补偿机制处理及存储等。

由于企业营销业务中的交易对象普遍存在既有 C 端消费者，

也有 B 端的商业伙伴，因此在部署资金收支能力时，除了要具备面向 C 端业务的集合支付能力外，需要考虑法人主体之间的大额实时支付、小额批量支付能力。

2. 清分与结算能力

在交易业务支付指令完成时或完成后，支付结算系统按照交易相关方之间的约定规则，计算出待清偿资金分配结果（即债权、债务结果），也就是支付过程参与方分润及费用计算。这个过程是结算清分的数据准备阶段。

而结算是根据清分的结果，在交易各方的相关金融机构之间进行账簿登记，完成货币资金的转移，最终形成资金支付闭环。如果企业存在较多、较重的 B 端业务，如分销渠道的信用、应收与收款、返利政策等情况，还需要考虑部署面向 B 端业务的结算能力。部署时，一般将两种结算能力进行隔离，前者主要用于资金支付业务，重点关注快捷、便利与安全；后者还需要考虑配置各类业务规则。

清分与结算两项任务的关联性较强。这部分业务处理能力主要是由规则组件、对账组件、结算组件（2C/2B）、差错处理组件、清分组件、对账文件服务等核心组件或服务完成。

3. 高可用能力

随着支付业务场景持续扩充，参与的用户量也持续增长。企业部署的支付结算系统除了要做好前面的核心业务能力外，还需考虑接入大流量并发请求的场景，常见的有大促活动、秒杀活动等。为保证系统高可用，需要进行分流与队列处理。

4. 支付安全能力

支付过程中，需要通过支付网关对前后端的调用与服务进行验证与控制。除此之外，还需要面对接入安全性问题，做好准入控制，通过支付路由与账号安全体系，从支付成本、体验、风险、成功率等方面及灾备处理方面进行综合考虑，以保证实现交易处理最优。

8.6 C 电气：营销和供应链业务的数字化转型之路

C 电气是一家生产和销售厨电燃热电器的上市公司，作为典型的传统渠道企业，虽然从 2016 年开始尝试电商、社交电商等新的营销手段，但电商渠道对企业销售额的贡献仍仅为 10% 左右。截至 2021 年 7 月，传统分销渠道仍然是其主要的收入来源，对销售额的贡献超过 60%。

随着厨电燃热电器市场逐渐饱和，传统分销渠道链路长、无数字化记录、管理粗放等弊端日益凸显，严重阻碍了 C 电气市场规模的拓展，近些年业绩持续下滑。

C 电气意识到，想要实现效果好的全链路数字化营销，必须对销售额超 60% 的支柱渠道——传统分销渠道进行数字化转型，通过数字化、精细化的营销，找到新的业务增长点。此外，还须对供应链进行精细化改造，提高供应链效率，降低成本。

8.6.1 公司背景

C 电气是国内热水器、厨房电器、热水系统专业制造先进企业。截至 2020 年，C 电气已经连续 17 年燃热市场占有率第一，年销售额超百亿。尽管 C 电气是燃热市场的"常胜将军"，但近年来，随着 80 后、90 后逐渐成为消费主力及互联网的蓬勃发展，其主营业务所处大类市场——厨卫家电市场面临着新的机遇和挑战。

新的机遇是：年轻人逐渐成为消费主力军，与上一代消费群体对家电需求的特征存在显著区别，他们更注重个性化、高品质、高颜值及追求极致的方便，创造出了广阔的产品升级空间。

新的挑战是 C 电气的支柱产品厨卫燃热相关产品，市场逐渐饱和，销量增长困难。C 电气在过去几年内支柱产品的销售量呈明显下降趋势，这为 C 电气带来了难度不小的挑战。在过去 10 年甚至更久的时间范围内，传统家电市场的需求十分旺盛，家电企业在销售管理方面普遍采取较为粗放的管理模式，对销售渠道内经销商、分销商的交易数据都无法做到充分了解，遑论对消费者的深入理解。得益于市场的繁荣，仍然获得了可观的业绩增长。然而，经过这些年的野蛮增长，市场逐渐饱和，加之厨卫家电的耐用消费品属性，消费者短时间内不会轻易购买新的同品类产品，市场对这类家电的需求锐减。传统的家电企业需要通过深入挖掘消费者需求，寻找新的业务增长点。此外，传统销售模式中供应链管理粗放、低效，造成了大量的资源浪费。

在数字经济时代，为了应对这个挑战，传统家电企业一方面需要充分获取消费者的交易及行为数据，了解消费者，深入挖掘消费者深层需求，实现对消费者的数字化精准营销，拉动销量增长；另一方面，需要改变粗放式供应链管理模式，转向精准管理供应链上的关键环节，降低成本。

8.6.2　营销和供应链业务转型动机——痛点聚焦

为应对新时代的挑战，C 电气需要实现数字化精准营销和供应链精细管理，目前采用的传统销售模式和供应链管理模式基于非数字化方式，无法实时获得准确的销售、库存等关键数据，离精准的管理目标相距甚远。C 电气总裁 L 总说道："过时的数据，让企业很难对产品线和销售策略做出合理化的调整，甚至仓储物流也只能做一个大概的分配，很难动态响应市场需求。"

1. 营销业务痛点聚焦

C 电气 L 总在公开采访中坦言，从 2016 年起担任公司总裁的几年中，主要精力分配在了营销业务上。C 电气支柱产品——热水器、燃气灶及吸油烟机等的销售渠道主要有以下三类。

- 线下渠道分销：C 电气将产品售卖给经销商，由经销商售卖给终端门店，终端门店售卖给消费者。
- 工程渠道：C 电气通过与地产公司或者总工程商合作，参与集采项目，例如新楼盘的精装修等，批量销售商品。
- 电商渠道：C 电气通过自营商城、京东、天猫等平台出售商品。

自 L 总上任以来，C 电气开始积极拥抱第三类渠道，着力建设电商渠道。2016 年 C 电气与淘宝共同推动双方在电商渠道及生态的合作。此外，也开始尝试年轻人喜欢的社交电商、社群传播等营销方式，如在小红书上运营账号，在热门综艺如《火星情报局》《向往的生活》等投放产品等，积累了一些对消费者运营的经验。然而，电商渠道对总体销售额的贡献还是非常有限。对上述三类销售渠道贡献占比进行估计："若分 5 份，线下分销渠道能占 3 份，工程渠道约占 1.5，剩下的电商渠道规模会小一些。"

三类渠道中贡献最大的线下分销渠道基本停留在原始的线下交易状态。线下分销渠道分为三层——第一层是 C 电气集团，第二层是经销商，第三层是直接和消费者交易的终端门店，主要包括 KA 连锁店（如国美、苏宁等）、区域连锁店、经销商的直营专卖店及小 b 零售网点。公开数据显示，C 电气全国范围内经销商约 300 家，非小 b 零售网点约 8000 家，小 b 零售网点约 1.5 万个。C 电气将产品销售给经销商后，交易就闭环结束了。由于交易闭环截止于经销商层，因此营销相关优惠政策也只能直接给到经销商层。此外，经销商向零售网点进行商品销售全部采取线下签约方式，如图 8-13 所示，这种模式产生了如下两个弊端。

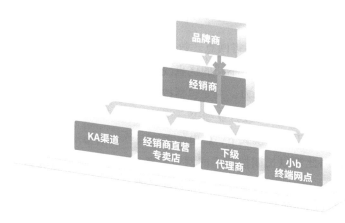

图 8-13　C 电气分销渠道转型前的渠道结构

1）无法获得终端零售网点准确、实时的销售数据。C 电气若想了解消费者的真实需求，至少先要了解零售终端的真实销售数据。然而，分销这种传统的、非数字化的销售模式让 C 电气无法获得与终端零售点的连接。

首先，分销模式下，C 电气集团的交易闭环截止到经销商层，只能获取经销商层的订单数据。大部分经销商均通过线下签合同的方式向下分销，销售过程没有数字化记录。

其次，即使部分经销商有自己的订单管理系统，积累的交易数据也不会分享给 C 电气使用，上报的数据通常是不真实的。

在传统分销模式下，C 电气和全国 2 万余家销售网点是没有直接连接的，遑论和消费者进行连接了。"C 电气接触不到消费者，甚至难以准确知道终端门店有多少，这些店分别是什么形态。"C电气总裁在公开访谈中也提及这种传统的营销模式在准确性和实效性上的致命缺陷："市场的反馈依靠第三方机构为企业提供市场调研数据（数据准确性不足），且反馈周期最短也要1个月，销售数据到达高管案头时，往往已经过去了1个月，甚至3个月之久"。

2）无法运营终端零售网点。数字营销的一个重要特征是精准，需要为不同需求制定不同的优惠政策，要求企业具有对零售网点及消费者的运营能力，主要包括按需发放优惠政策、通过数字化方式赋能门店导购提升业绩等。

首先，由于分销模式下，C电气无法与终端销售网点建立直接联系，因此难以长期按照不同网点消费者特性定制销售政策。现行模式下，营销政策如优惠、返利等只能到达经销商层，经销商是否将这些政策发给终端网点，C电气无法监控，无法按需发放优惠政策。

其次，目前C电气对于零售点的支持主要为店面提供统一装修的费用，没有提供赋能业绩提升的工具。

总之，C电气没有对终端零售点的运营能力，导致这些零售点尤其是小b零售点，对品牌的黏性不强，流动性大。这种对于终端管理的"失控"，直接影响了C电气集团支柱产品的市场地位，也就威胁了C电气集团的生存。原因是近些年C电气的部分竞争对手，通过渠道扁平化及对渠道进行数字化转型，极大增强了对渠道的管控力，营销效果取得了质的飞跃。若这些企业渗透到C电气支柱产品的市场上，其市场份额将很快被蚕食，生存将举步维艰。

2. 供应链业务痛点聚焦

分销模式下无法与零售终端及消费者建立准确的连接，也带来了供应链业务的低效，具体表现在以下 3 个方面。

- 备货不准确。分销模式下，由于 C 电气的交易链路只能触达经销商层，无法获得准确的市场需求信息，只能大致根据经销商往年的需求预估需要备货的数量，先生产，生产后采取"压货"的模式，即根据经销商历史订单直接给各经销商派发销售任务，基本采用"以产定销"的策略。这种备货方式显而易见是不准确的，经常造成库存的积压，增加了仓储成本，更重要的是不利于企业资金的周转。

- 无法实现库存的全局性良性调配。分销模式下，渠道链路过长，且过程基本缺乏数字化记录，信息不透明，C 电气无法准确统筹库存的调配。全国 300 多家经销商都有自己的仓库，仓库均由经销商自己管理，C 电气无法获得经销商的销售数据，自然也无法获得库存数据，而且不同经销商之间拿货价格存在差异，库存也不会相互共享。这就会出现各地库存不均的情况，长此以往造成销售网络不通畅。举个例子，a、b、c 三个经销商，可能 a 没货，b 和 c 还有货，但是 b 和 c 不给 a，a 只能再向 C 电气订货，C 电气只能额外生产。生产是有周期的，半个月、一个月……明明市场是有货的，但 a 就是没得卖，影响了消费者体验。

- 配送时效无法管控。分销模式下，配送均由终端门店负责，配送速度难以统一。配送作为供应链的最后一个环节，对供应链的效率产生了十分重要的影响。

由于在备货、出货和配送环节存在效率低的情况，导致公司动销速度慢。一年大概动销两次，即 1 月份生产的产品，6 月份才能够全部销完……资金、人力、原材料等周转效率可优化的空间还很大。同处于家电行业的其他集团，经过渠道交易模式改造，存货周转天数能够优化至平均 35 天，C 电气也看到了供应链优化的潜力。

8.6.3 营销和供应链业务转型后的业务架构

C 电气意识到，尽管在电商渠道拓展及小家电线上销售业务上积累了一些与新一代消费者直接接触的经验，并尝到了甜头，但不能回避的是，这些新型渠道并不能从根本上改变公司的销售模式和供应链模式，企业必须彻底改造超 60% 销售额的分销渠道。

虽然改造的最终目标是让 C 电气建立与消费者的直接连接和运营，但是 C 电气从现实出发，发现现阶段仍无法摒弃分销模式。一方面，由于耐用消费品的生产和销售与快消品不同，资金周转慢，因此需要经销商来帮助 C 电气承担资金压力；另一方面，现阶段大量建立自营门店成本过高，且运营 C 端消费者的经验有限，需要更多积累。基于这两点考虑，C 电气决定：第一，实现 1.5 万家小 b（即与经销商而非 C 电气直接交易的企业）终端销售网点的全面触达，实时获得这些网点准确的消费数据，并实现对这些网点的运营，以实现"离消费者近一大步"的目标；第二，在供应链方面，建立统一仓库，加强 C 电气对库存的管控，并引入第三方物流以实现统一配送。

C 电气首先制定并落地了营销和供应链业务架构转型，转型后的分销渠道结构如图 8-14 所示，接下来将详细介绍转型后的渠道架构如何能够让 C 电气实现这两方面业务的优化。

1. 营销业务转型——增强对渠道全链路交易的控制权

通过入股"平台公司"，获得连接小 b 公司交易数据的权利。

C 电气在现有的经销商中，选择规模较大的注资，并引入外部资本，三方共同成立"平台公司"，如图 8-14 所示。平台公司的主要职责仍是交易：从 C 电气进货，售卖给小 b 等终端零售网点，通过赚取差价获得利润。此外，C 电气取消了除平台公司外其他经销商的交易权，将其市场份额分给相应的平台公司，大幅精简了经销商数量，简化了对经销商的数据管理。与转型前的不同之处在于，由于 C 电气入股了这些平台公司，因此有权利获得这些平台公司的真实交易数据，增强了对渠道交易数据的控制权。

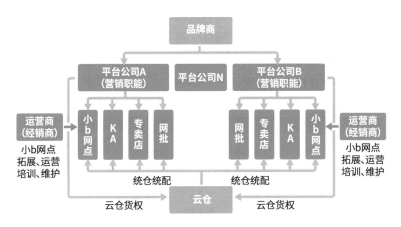

图 8-14　C 电气转型后的分销渠道架构

促使除平台外的经销商向"运营商"转型，作为公司对小 b 公司运营的抓手。除了被选中做平台公司的经销商，其他经销商均转变为"运营商"，不再承担交易职责，而是成为零售终端的运营者。C 电气从根本上改变了这类经销商的盈利模式：在转型前，这类经销商依靠赚取价差获得利润；在转型后，这些经销商则通过拓展和运营小 b 等终端市场（例如，发展新的小 b、为小 b 培训 C 电气规定的门店运营规范等）赚取佣金。

2. 供应链业务转型——实现对库存数据和配送的控制

构建"统仓统配"网络，优化备货、仓储和配送效率。顾名思义，统仓统配就是统一仓库统一配送。为实现这一目标，C 电气建立了统一的仓库"云仓"，用于存储所有非门店仓（即 KA、小 b 等销售终端）的产品。平台不再自建仓库，而是通过与 C 电气签订"代管协议"，将所定货物存储在 C 电气的仓库内，生成订单后，由 C 电气统一发货，如图 8-15 所示。通过这种方式，C 电气可以获取准确的库存数据，及时备货，以及对库存的统一调度，实现多货主及多个平台公司货物之间的共享，避免了转型前因不同经销商各自为政、"囤货"而导致各地库存不均的情况。此外，C 电气与菜鸟、京东和顺丰等外部物流公司建立了合作关系，从云仓直接发货配送。

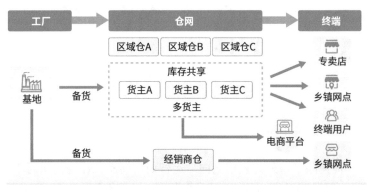

图 8-15　统仓统配示例

目前，C 电气业务架构的转型已拉开帷幕，并在稳步推进中。截至 2021 年 7 月，已成功成立了 11 家平台公司，运营商若干家，并与菜鸟物流公司合作建立了云仓，实现了除终端网点、工程客户等仓库外库存的统一存储。

8.6.4 营销和供应链业务转型的数字化实现

虽然 C 电气对渠道结构进行大刀阔斧的改革，但仍处于探索阶段。理想中的"精准营销"和"供应链精细化管理"还未能跑通，实现这两目标必须借助数字化手段。2020 年开始，C 电气开始寻找能够助力企业业务改革数字化的合作伙伴。云徙自成立以来就专注于泛零售行业的营销数字化，尤其是积累了与 C 电气一样注重渠道营销的家电行业龙头开展渠道营销业务数字化转型的实践经验。2021 年初，C 电气选择云徙作为合作伙伴，正式拉开了营销和供应链业务数字化转型的序幕。

1. 营销业务转型的数字化实现

实现小 b 交易完全数字化，构建实时获得经销商和小 b 销售的真实交易数据的能力。这种能力的获得主要依靠 F2B2b 商城应用的建设。F2B2b 中，F 指 C 电气，B 指平台公司，b 代表的是约 1.5 万的终端运营网点，主要功能是供 C 电气、平台公司和小 b 之间进行线上交易。图 8-16 刻画了该商城承载的两部分交易业务流的线上化：步骤 1 ～ 4，描述的是 C 电气与平台公司间交易流程的数字化；步骤 5 ～ 9，描述的是平台公司与小 b 终端网点间交易流程的数字化。交易流程的全部关键节点如下单、发货、结算、签收等，均在该线上商城发生，且该商城属于 C 电气，对数据使得全部渠道交易数据有了实时、准确的数字化记录，旨在解决 C 电气"无法获得终端零售网点准确、实时的销售数据"的弊端，增强对小 b 的控制。

构建对小 b 终端零售网点可进行数字化运营的能力。获得这种能力，首先需要依靠 F2B2b 商城中对"费用政策"相关功能的建设。在规划 F2B2b 商城时，就定下了"运用 C 端思维运营小 b 终端"的建设理念。

图 8-16　C 电气的 F2B2b 商城将全部交易流程数字化

对 C 端的运营，最重要的一个方式就是通过投放合适的营销政策，激发消费者需求，增强其对品牌的黏性。F2B2b 商城除了将全部交易流程线上化，还有一个重要的功能是赋能 C 电气直接为小 b 企业发放费用政策，包括返利、特价、折扣和买赠等，以克服之前营销政策无法触达小 b 的痛点。具体而言，C 电气可以分别制定面向经销商和小 b 网点的促销政策，分类别发放。其中针对小 b 的优惠政策，先由平台公司代垫兑付，后续由 C 电气进行统一的结算兑付，全部发放过程线上化，全流程可追踪。

其次，为了构建对线下网点的运营能力，实现 O2O 等新零售模式，云徙还为 C 电气的运营商及小 b 终端业务员设计了市场运营工具。在运营商端，设计了便于客户拓展的小程序。运营商可通过出示和转发专属链接及二维码，发展新终端，即通过快速在线注册商城账号，将业务关系自动绑定至该运营商，计算佣金，以保证其利益。此外，针对小 b 终端业务员，还设计了门店运营工具，可实现交易、网点拜访、业绩目标、销售查询等功能。这些运营扶持和赋能工具的设计是为了克服转型前小 b 不能运营的弱点。

2. 供应链管理业务数字化实现

建设"多货权一盘货",构建 C 电气对备货、调货和配送的一体化管理能力。在 8.6.3 节介绍了 C 电气在"统仓统配"方面取得的一些进展,包括建设了能够存放平台公司和 C 电气库存的统一仓库。多货权一盘货系统将统一仓库管理和 F2B2b 商城相连接,即将市场和库存相连接,根据市场的需求实时进行库存管理,才能够实现真正意义上的统仓统配。

多货权一盘货具体而言就是每一次线上商城的订单生成后,库存中心的相应算法会根据"就近、就全、指定优先等原则",对仓库库存进行"寻源适配",找出适合该订单的物理库存数据库(即云仓内实体货物仓库中的库存数据),并接通逻辑库存(即平台企业拥有的货权的数据)进行实时共享,指导库存管理人员进行出库操作,再由菜鸟等物流企业统一配送,至此完成"统仓统配"。

交易线上化后,配合多货权一盘货建设,可以克服 C 电气之前在供应链上"难以准确备货、无法实现全局统一调配及配送标准化"的痛点。首先,交易线上化后,C 电气可以实时获得平台公司准确的订货量和出货量,库存是透明的,C 电气可大幅提升备货的准确度。其次,"统仓"的建设和管理可杜绝不同渠道囤货不发的情况,可大幅优化全局库存出库效率。最后,"统配"能力的建设,使得货品配送时间和服务质量标准化,大幅提升配送环节的效率。

一盘货的建设复杂,涉及多方利益主体,推行下去需要不懈的努力。C 电气规划了 4 个阶段的一盘货运营策略——区域试点阶段、品类拓展阶段、全面推广阶段和模式拓展阶段,稳步深化改革。

3. C 电气全局性数据管理和应用数字化

小 b 商城及多货权一盘货的建设，能够支撑 C 电气渠道转型后的业务运转，也将成为 C 电气获得海量交易数据的渠道。由于海量数据只有经过有效分析才会产生商业价值，因此云徙为 C 电气设计了公司层面的"后管平台"系统，便于对所收集来的数据进行管理和应用，指导后续业务发展。

4. 数字中台支撑业务数字化转型的 IT 基础设施

以上所有的前端业务线存在大量可复用的部分，例如客户管理、商品管理、价格管理、订单管理等，云徙把这些共用服务沉淀到业务中台中，如图 8-17 所示。目前规划建设由 7 个可复用能力中心——客户中心、商品中心、库存中心、价格政策中心、订单中心、支付结算中心和基础服务中心构成业务中台。F2B2b 商城、多货权一盘货系统、运营商小程序等多个业务转型的数字化前端，均会大量调用中心提供的共享能力。

C 电气选择数字中台架构作为业务转型的 IT 基础设施，是出于现在和未来业务发展两方面的考虑。

从此次业务转型节点的角度看。第一，营销和供应链的转型都以增强对业务的控制为目标，需要统筹数量众多的业务线和企业内外部多方、大量的利益相关者，使数字中台的整合性优势得以发挥：一方面，多条业务线存在大量重复的功能，通过数字中台减少了重复开发的成本；另一方面，整合不断变化的企业外部的利益相关者，要求架构有足够的灵活性，此处便运用了数字中台足够的灵活性。第二，F2B2b 商城是按照"用 C 端方法运营小 b"的宗旨建设的，会对小 b 开展如秒杀等需要高并发场景的营销策略，微服务架构比单体式架构更能支持这种高并发场景。

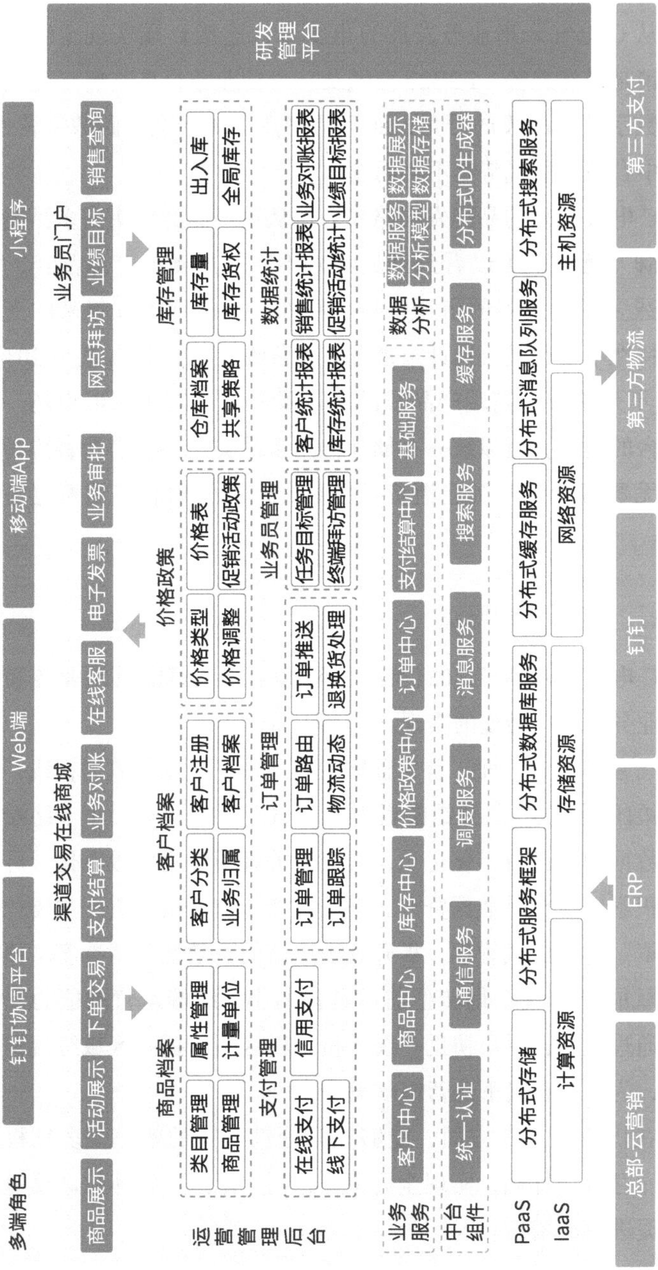

图 8-17　C 电气营销数字化平台应用架构

多端角色：钉钉协同平台　Web端　移动端App　小程序

渠道交易在线商城：商品展示　活动展示　下单交易　支付结算　业务对账　在线客服　电子发票　业务审批

业务员门户：网点拜访　业绩目标　销售查询

运营管理后台：

商品档案：类目管理　属性管理　商品管理　计量单位

客户档案：客户分类　客户注册　业务归属　客户档案

价格政策：价格类型　价格表　价格调整　促销活动政策

库存管理：仓库档案　库存量　出入库　共享策略　库存货权　全局库存

支付管理：在线支付　信用支付　线下支付

订单管理：订单管理　订单路由　订单推送　订单跟踪　物流动态　退换货处理

业务员管理：任务目标管理　终端拜访管理

数据统计：客户统计报表　销售统计报表　业务对账报表　库存统计报表　促销活动统计　业绩目标报表

研发管理平台

业务服务：客户中心　商品中心　库存中心　价格政策中心　订单中心　支付结算中心　基础服务

数据分析：数据服务　数据展示　分析模型　数据存储

中台组件：统一认证　通信服务　调度服务　消息服务　搜索服务　缓存服务　分布式ID生成器

PaaS：分布式存储　分布式服务框架　分布式数据库服务　分布式缓存服务　分布式消息队列服务　分布式搜索服务

IaaS：计算资源　存储资源　网络资源　主机资源

总部-云营销　ERP　钉钉　第三方物流　第三方支付

从 C 电气未来业务发展的角度看，连接 C 端实现全链路数字营销是必然趋势。F2B2b 商城及一盘货业务只是吹响 C 电气全链路数字营销战役的号角，而不是终点。对于全链路数字营销，数字中台架构的优势是不言而喻的。

C 电气未来的品牌发展路线为"从单一品类巨头向多品类领先品牌"延伸，可以看到其近年来不断拓展新的产品品类，试图打造多品类发展的市场格局。例如，抽油烟机近年来的支柱产品特性不断凸显，预计未来占整体营收比重的 10% 甚至 20%；2020 年开始布局高端产品线品牌以及开始进军小家电市场。数字中台的建设，可以统一存储和应用多品类产品的消费者购买数据，无疑为 C 电气沉淀消费者数据资产的管理和应用奠定坚实基础。

8.6.5 转型结果展望

C 电气的项目于 2021 年 7 月陆续上线，赋能营销业务和供应链业务数字化转型的实现。

在营销业务方面，首先预期能够实现"全业务数据在线，数据决策闭环形成"。分销渠道中 C 电气、平台公司、小 b 终端的关键数据均具备数字化记录，其交易关键节点全部数字化，可以开始积累渠道交易数据资产，彻底改变传统分销渠道"主要凭感觉决策"的粗放式管理，提升营销决策的科学性和精准度。预期可以赋能 C 电气获得转型前不具备的小 b 终端运营的能力。例如，通过数字化手段协助一线人员深耕区域，提高区域终端覆盖密度，为小 b 直接下达营销政策等。

在供应链业务方面，能够提升分销渠道的效率，多货权渠道的库存统一存储，实现全局调控，统一配送，整体拉动渠道动销，促进业务增长。

日化行业的营销数字化

　　日化是生产与人们日常生活相关的化工产品的行业大类。产品按照使用频率及范围、用途、形态等有多种维度的分类，最传统和常规的分类是化妆品、洗涤用品、口腔用品、香味剂、驱蚊灭害和其他六大类。

　　日化行业作为改革开放后最早对外开放、发展最迅速的行业之一，经历了充分的市场化竞争，发展日益成熟。从 20 世纪 70 年代本土企业独占市场，到 20 世纪 80 年代末改革开放后外资品牌强势进入并凭借品牌、产品、资金等优势占据主导地位，再到 21 世纪之初国内品牌在与国际品牌的市场竞争中凭借渠道下沉逐步发展起来，再到如今国货兴起，民族品牌在产品研发、质量等核心环节方面不断投入，已然同国际品牌分庭抗礼。

　　2020 年，中国日化行业销售规模达到 2509 亿元，同比增速 4.2%，仍然是增速最快的行业之一。随着市场经济的持续发展、城镇化的推进，消费者消费能力和卫生观念等提升，日化行业仍然有较大的市场潜力。不可忽视的是市场的竞争越来越激烈，线上线下各渠道的增长差异较大，不同品类的市场发展差异明显。纵观日化行业的头部企业到腰部企业，不管是家庭清洁还是个人护理美妆，在营销数字化层面均呈现出一些相同的发展趋势。

1. 从渠道为王转向消费者为中心

对于日化企业来说，尤其是偏家庭清洁类的日化企业，渠道都是它们非常重要的资源，甚至是企业的核心资产。渠道伙伴曾经在品牌下沉市场、三四线等消费者难以触达的市场开拓上立下了汗马功劳。

随着移动互联网的普及，抖音快手等直播平台的推广，农村的消费者都实现了在线消费，渠道下沉给一些新锐品牌快速爆红提供了基础。对于新锐品牌来说，围绕消费者的生活场景来定位，实现产品的快速创新快速迭代是占据市场的核心能力。对于成熟品牌来说，由品牌商服务经销商转向品牌商携手经销商共同服务消费者成为转型的重中之重。未来，日化行业对消费者数据的数字化运营一定会有新的突破，甚至形成新的商业模式。

2. 各渠道独立运营转为全渠道营销

多数日化企业线下渠道和线上渠道都是不同的业务部门在运营，运作模式差异很大。随着消费者的无界消费（90% 以上的消费者不会固定在某个渠道购买），一方面线上和线下会员如何打通，如何统一权益来满足消费者的无界消费，成为新的课题；另一方面，现在时不时会出现线上线下渠道争客源，损害品牌形象和利益的事件，这让企业也不得不考虑全渠道统一运营的问题。部分企业已经开始规划全渠道统一运营，以线上线下会员统一运营，营销政策统一规划，快速支撑新渠道新模式为目标进行重组。未来线上引流线下，线下反哺线上会更加成熟，真正形成立体化营销。

3. 导购逐渐被独立的 KOL/KOC 取代

对于日化行业，专营店、柜台、商超里面的导购都是不可或缺的角色，他们的工作是给消费者介绍产品功效、传达品牌理念、讲解促销政策等，以此影响消费者的消费决策。随着线上市场份额逐步加大，很多线上导购变成在线客服。随着抖音快手等直播平台的崛起，小红书、哔哩哔哩等内容（种草）平台的兴起，越来越多的 UP 主和 KOL 成为粉丝消费决策的重要渠道。

越来越多的品牌开始在各种直播平台布局，主动筛选或者孵化 KOL，已逐步形成 KOL 的监控、评估模型、孵化流程等。未来几年内，KOL 渠道会更加专业和成熟。

4. 渠道流通从线性链条式转为一盘货统筹

目前线性链条式的渠道供应模式已经越来越不能满足这个追求效率的数字化时代了。对于品牌，新品触达用户周期长、反馈迟缓、渠道效率慢；对于代理商，大量库存积压，管理不易、资金周转不易，很容易出现窜货、市场乱价等现象；对于门店，品牌库存多、上新慢且品类少；对于消费者，品牌推新速度慢，缺少吸引力，消费者自然会选择其他渠道。

这几年日化行业也在探索渠道效率提升的方法。渠道效率的提升实际上是一个系统性工程，不止是有仓储布局的优化、物流运输效率的提升，更是营销通路优化，交易 / 订购的流程改造，进而是品牌商经销商定位升级、组织变革甚至财务逻辑升级，这些在行内统称为一盘货。目前国货头部品牌如自然堂、珀莱雅等都在积极探索一盘货，彻底改变原来的线性链条式流通。

5. 供应链从分散到平台化协同

对于一些大型的日化企业来说，因为品牌多、覆盖品类多，各个品牌不光拥有独立的销售渠道，还有独立的供应商渠道、独立的仓储资源、物流资源等。如何把这些资源汇集起来并充分利用，形成平台化协同，是企业正在尝试的路径。当然平台要解决的问题很多，包括专业的资讯资源、统一的渠道资源、统一的仓储资源、统一的物流资源、统一的金融资源等。只有把这些资源逐步共享并利用起来，才能真正实现供应链的生态协同。

本章主要通过对日化行业营销特征进行分析，阐述行业数字营销方案，并通过行业内几个头部客户的实践案例进一步加深读者对方案的理解和认知。

9.1 日化行业营销数字化方案

所谓营销数字化，就是在业务在线的基础上对营销场景、营销模式进行重构，更加多元、个性、低成本地把企业的产品或服务提供给消费者，进而与消费者双向互动，实现业务增长。日化企业的产品品类覆盖面非常广，面向的用户群体非常广泛，营销模式、营销渠道也非常复杂，那么不同品类、不同模式、不同渠道该怎么实现数字营销？在改变原有传统营销过程中又该注意什么？

本节通过分析日化行业细分及特征、各营销通路痛点，提出日化行业的数字营销方案，并根据我们的实践经验总结数字营销转型的几个注意点。

9.1.1　日化行业分类特征

不同产品类型的消费者画像不同，成本结构不同，渠道特征也不同，就会产生不同的营销策略。日化行业细分及特征如图 9-1 所示。

1. 产品分类

总的来说，日化产品主要分为家庭护理和个人护理两大类。其中家庭护理包括洗衣洗手、清洗剂和其他护理（比如宠物护理等）；个人护理包括口腔护理、洗发沐浴、蚊虫叮咬、大众护肤、男士护肤、婴童护肤、彩妆、香水、药妆等。

2. 成本结构

日化产品的成本结构有较大差异。总体来说大概分为 3 类：大化类企业（大化指产品包装比较大的品类，主要是家庭护理及个人护理中的洗发沐浴等）生产运输成本占比达 30% ～ 40%，固定资产投入和产能需求比较高；小化类企业（小化是指包装较小的品类，如护肤品等）生产运输成本一般低于 15%；高端类企业生产运输成本低于 10%。

3. 渠道特征

家庭护理类的渗透率通常非常高，县乡村都有触达，一般这类企业的经销商非常多（通常有 1000 ～ 3000 个）；个人护理类及男士护肤在一二线城市的市场占有率比较高，通常有200 ～ 1000 个经销商，一般会渗透到三线及县城城市圈。随着产品的高端化，营销渠道也逐步转向专柜、母婴店、药店等更加专业的渠道来销售。

产品分类	家庭护理			口腔护理	个人护理									
	洗衣洗手	清洗剂	其他护理	口腔护理	洗发沐浴	其他护理	蚊虫叮咬	大众护肤	男士护肤	婴童	中高端护肤	彩妆	香水	药妆
成本结构	大化成本结构：生产与终端物流成本占比较高（约30%~40%），固定资产投入较高，产能需求较高				小化成本结构：生产 < 10%，运输 < 5%						高端成本结构：生产和运输成本 < 10%			
渠道特征	渗透率较高，通常有约1000~3000个经销商，铺货进城市和县乡村				高层级市场占比较大，通常有约200~1000个经销商，渗透到三线及县级城市商圈					个人护理+母婴店，约占20%~30%	主要在百货和商超等KA卖场、专营/专卖店/电商			OTC药店等特殊渠道
消费者类型	所有消费者								有护肤需求的男性	婴童	对产品要求较高的女性			特定需求人士
核心竞争力	品牌规模渠道				品牌差异化渠道						品牌差异化产品创新	品牌差异化产品创新		品牌差异化渠道

图 9-1 日化行业细分及特征

252

4. 消费者类型

家庭护理和个人护理适合所有的消费者，还有一些主要根据产品特性匹配相应的人群，比如男士护肤、婴童护肤、彩妆等分别适合于有需要的男士、婴童、女性等。

5. 核心竞争力

正是因为不同产品的营销渠道不同，所以在品牌打造、规模效应、渠道运营能力、产品差异化、产品创新能力等 5 个方面，不同类型的企业有不同的护城河排序。总的来说，产品的适用人群越广泛，运输成本越高，企业就越要关注品牌影响力、渠道管控并形成规模效应。而产品越垂直，人群越小众，企业就越要注重产品差异化（找到更细分的定位）和产品创新（要快速试错，不断调整以应对市场）。

9.1.2 日化行业营销通路分析

日化企业经过多年的演进，随着供需关系的变化、市场渠道的变化，形成了非常全面的营销通路，普遍具有强营销、重运营、长周期的特征。按照营销通路中各个模式的主要特性又可以分为线上第三方电商、线上自营、线下自营、线下 B2B 分销等，各种模式都有各自的使用场景，在各个途径触达并服务消费者。总的来说分为 3 个渠道和 3 种模式，如图 9-2 所示。

3 个渠道包括线上电商渠道、线下分销渠道和线下直供渠道。

- 线上电商渠道：包括第三方电商（淘宝 / 京东 / 天猫 / 唯品 / 小米 / 抖音……）以及自营电商，通过线上平台或者线上私域运营直达消费者。目前，家庭护理和个人洗护类产品的营销渠道，普遍以第三方电商平台为主，而个人高端护理类产品则以自营电商为主。

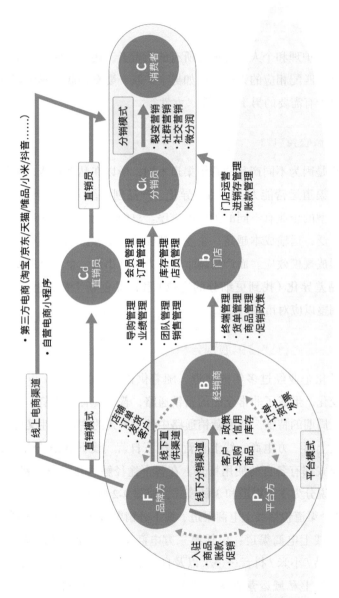

图 9-2　日化行业的渠道及模式

- 线下分销渠道：包括通过各个层级的代理商、经销商到终端门店的整个网络。这个渠道是每一家日化企业必不可少的渠道。这个渠道中角色有很多，包括代理商、经销商、终端店长等。运营模式也很多，包括分销、代销、寄售等。
- 线下直供渠道：主要是面向沃尔玛、家乐福等大型连锁商超，由品牌方直接供货给卖场。

3 种模式分别为直销模式、分销模式和平台模式。

- 直销模式：60% 左右的直销企业都包含日化产品（美妆护肤类居多）。它们通过直销员触达消费者，进而给直销员计算业绩进行计酬。
- 分销模式：现在越来越多的企业都在尝试通过终端的导购或者直接在消费者群体中寻找 KOC，在自购省钱、分享赚钱的理念下，利用他们分享裂变，获取流量。
- 平台模式：部分规模较大的企业依托自己主打品牌的影响力，把品牌携带的渠道资源通过平台化方式赋能小品牌，形成专业垂直平台。

这些渠道和模式的数字化之路各不相同，各自的痛点也不同。

1. 对于线上电商渠道

作为线上的交易渠道，业务本身已经数字化，主要存在的流量运营问题表现在以下 3 个方面。

（1）拉新成本越来越高

随着行业整体增速放缓，平台用户量趋于平稳，流量总量增加困难。同时平台入驻商户不断增加，竞争加剧，导致流量价格大幅上升，商家获客成本越来越高。各类新媒体平台的崛起加快了渠道碎片化的进程，加剧流量分散。消费者选品的多样化与个性化趋势越发明显，且受促销广告因素影响的敏感度降低，导致消费行为更难把控。

（2）会员数据可见不可用

尤其是日化产品，服务人群涵盖了全部用户，稍微老牌一点的品牌已经在淘宝等平台积累了数千万到上亿的会员。这些数据很好看，怎么把平台会员转化为私域会员呢？怎么运营这些会员，尤其是怎么增加会员的复购率呢？

（3）日新月异的渠道变化使得运营成本逐步攀升

这些年随着小红书、抖音、快手、拼多多及分销商城的崛起，各种异业联盟开展合作，传统的淘宝、天猫、京东、唯品会等线上渠道多达数十种，企业各个品牌独立运营，大大增加了各个渠道的消费者管理、会员管理、商品管理、订单管理、库存管理的复杂度。如何全渠道运营，实现全渠道订单管理、全渠道政策管理、全渠道库存管理成为新的难题。

2. 对于线下分销渠道

传统的日化行业线下分销渠道占比达到 70%，尤其是一些大化类企业，渠道成本占比更高。如何提高渠道流通效率，并提升客户体验是它们关注的重点。

（1）渠道效率低下

当消费者到终端门店购买新品时，如果门店没有新品，通常需要找到经销商要货，经销商联系代理商，代理商找到品牌商，品牌商发货到代理商，代理商发货到门店，这种逐层响应式的订货链路通常需要 2～5 周，而消费者此时可能直接转为线上购买了。线下分销渠道效率低下导致消费者体验下降，进而流失客户。

（2）渠道数据如何线上化

渠道的数字化营销离不开渠道数据，而大多数日化企业线下渠道的数据都没有线上化，还是靠业务员之间的电话、邮件沟通下单。部分实现线上化的企业也只是做到平台到代理商、经销商的线上化，没有形成统一的全链路交易数据，导致这些零散数据很难形成有效的分析和运营。甚至有些品牌商寄希望于通过数据平台抓取经销商的 ERP 订单来实现全链路的数据，这也面临很大的阻力。终端门店的数据更难获取，因为除了专卖店，大多数终端门店都不止经营这一个品牌，所以也很难积极使用品牌商的系统，甚至连开放数据都做不到。

（3）线下渠道越来越难维护与代理商和经销商的关系

品牌商希望直接接触消费者并通过消费者数据反哺品牌产品的设计，并已经通过各种方式触达消费者，而之前消费者大都作为渠道商的客户，一时间渠道商还不能适应并转型接受这种改变。品牌商希望渠道商做好消费者的开发和服务就好，而很多渠道商一直把消费者的经营作为自己的核心竞争力不肯放弃，品牌商和渠道商的合作急需达到新的平衡。

3. 对于线下直供渠道

同多数线下终端门店的销售一样，直供 KA 的模式一样获取不到消费者信息，甚至连完整的消费者订单数据也没有，消费者运营更是无从谈起。该铺什么货，铺多少货，铺在哪里，这些问题都只能通过经验来回答。各个卖场该做什么样的营销活动？怎么指导卖场去做活动？这些也只能通过业务员人工去推动。

以上是日化企业在营销数字化方面面临的主要问题。虽然营销数字化已经是行业共识，但是各家的情况不同。有不少企业投入了一部分资金购买软件系统，却很难真正用起来或者使用了但是效果甚微，也有企业不断更换系统，不断地推倒重来。到底是哪里出了问题？数字化的方向肯定是不容置疑的，那就是企业的数字化组织、数字化战略、数字化业务规划、数字化运营、数字化的技术平台出了问题？

根据我们和诸多头部企业的数字化共创，以及各类型企业的实践经验，我们认为这些痛点主要是由以下 4 个问题造成的。

- 缺乏高层次的数字化战略。领导层缺乏对于新兴商业模式的洞察力，没有意识到数字化转型的重要性和紧迫性，最高领导者没有授权中高层去推动数字化转型。
- 缺乏数字化经营的运营组织。有些企业虽然高层对数字化有足够的认知，也有数字化战略，但是缺乏相应的组织去执行数字化战略。数字化人才不应当只来自 IT 技术部门，也需要来自业务部门，比如市场部、营销部、销售部、供应链部门等。领导层需要积极赋予企业文化以新的数字化内涵、使命与愿景。
- 缺乏系统性的业务设计能力。过去几年，在为企业提供数字化转型服务当中，这个问题尤其明显。企业缺乏数字化顶层设计（包括经营模式设计、业务发展规划、系统演进路线设计等），并期待这项工作由服务商完成。服务商可能有类似企业的经验，但是没有本企业的经验。正确的做法应该是企业有这方面的人与服务商一起共创，一起设计数字化的业务。设计需要针对业务现状与业务诉求、数据现状与数据诉求等进行全面的调研，联合服务商与核心业务人员，进行研讨共创。
- 缺乏支持数字化运营的技术平台。大部分企业的技术平台是传统的技术架构，不是基于数字中台搭建的互联互通的平台，不够敏捷，不能满足业务快速发展的需求。

9.1.3　营销数字化解决方案

根据对现状的分析和未来趋势的判断，在营销数字化方面，企业需要自上而下制定战略目标，围绕目标制定演进路径，进而倒推业务场景的优化。当然还要利用数字化的技术搭建企业自身的基础能力来支撑上层的业务需求，如图 9-3 所示。

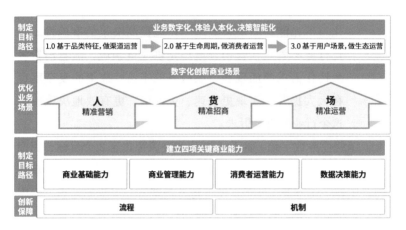

图 9-3　日化行业数字营销框架

日化的营销数字化希望达到的总体目标如下。

- 业务数字化。实现一切业务数字化，是营销数字化的基础。只有把全部业务数字化，才能够做出智能、有效的数字化决策。其实这与人类大脑是一样的，获取的信息越全面，决策才能越准确。日化行业当前仍然有很多消费者业务、渠道业务尚未真正实现数字化。
- 体验人本化。随着消费者主权时代的到来，所有营销通路都要围绕消费者体验进行改造。消费者购买的整个环节都要被服务到，从认知、浏览、兴趣、决策转化，到忠诚复购，再到分享传播等，每一个环节都需要有数字化支撑，进而提供更好的服务，让消费者有更好的体验。当下营销个性化、终端体验化等概念非常流行，事实上尤其是高端彩妆企业很早就在不断深耕了。

- 决策智能化。在业务数字化的基础之上，把原来人的经验决策进行量化、参数化，变成系统的自动决策，甚至超越人的不确定经验，做出最优的决策，就是决策智能化。不光能提高决策效率，还能提高决策的准确性。日化行业不管是在营销领域还是供应链领域，随着消费者个性化需求的涌现和产品服务的丰富，决策的复杂度也在大大提升。实现更快速、更准确、更有效地决策成为这个行业的重要诉求。

围绕业务数字化、体验人本化和决策智化这 3 个目标，我们分别在消费者运营、渠道运营和直销运营 3 个场景中来阐述具体的营销数字化方案（虽然直销也包含消费者和渠道的运营，但因为模式特殊，所以单独阐述）。

1. 围绕消费者的营销数字化场景

线上渠道主要是围绕消费者的精细化营销场景去拉新转化，进而做忠诚度运营。线上渠道通常有很多，比如天猫、京东、唯品会等，每一个渠道都是数据独立的，而如今消费者通常是无界消费，一个手机安装多个电商平台（包括小程序生态里的各类商城），对各个渠道的数据进行统一运营成为线上渠道的最大课题。另外，很多公司都是多品牌独立运营的，把不同品牌的会员打通、开发权经营权分离、成本分摊等也是线上渠道的重要课题。

日化行业的消费者运营方案如图 9-4 所示，以消费者流量运营为主线，包括媒介投放、潜客转化、忠诚度运营、复购营销和裂变增长五部分，分别对应着流量的获取、转化、活跃、留存和裂变 5 个环节。下面逐一介绍。

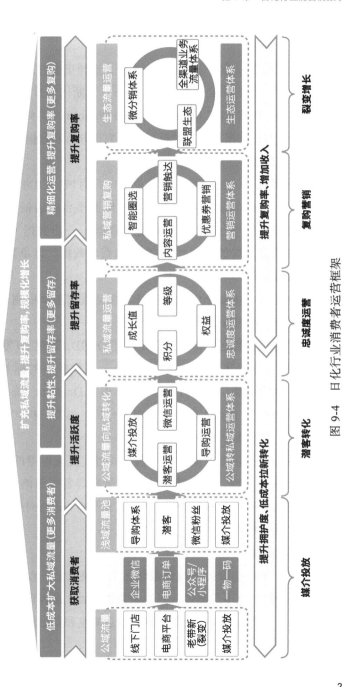

图 9-4 日化行业消费者运营框架

（1）媒介投放

媒介投放的目标是在合适的媒介平台，选择正确的人群，传达合适的内容，并能够全链路监控、分析，不断优化投放策略。这需要构建企业级的 CDP（Customer Data Platform，消费者数据平台）系统，通过数据接入、数据治理、数据分析和数据应用实现策略输出，如图 9-5 所示。

- 数据接入：一般包括一方数据（自有商城、CRM 系统、门店、扫码等数据）、二方数据（电商平台的店铺订单、百度等媒体平台上的用户点击等数据）、三方数据（从其他第三方获取的数据）。主要是消费者数据、订单数据、行为数据等。

- 数据治理：主要是做数据清洗，保证数据来源可溯、转化可查，同时保证数据的质量和安全。

- 数据分析：数据分析的基础是构建 OneID（通过 ID 映射和 ID 合并构建唯一 ID）、OneService（如统一的标签平台、画像引擎、推荐引擎和数据 API）、OneData（统一的数据资产），进行人群分析、媒介分析、内容分析和营销分析，形成统一的分析平台。

- 数据应用：根据数据分析平台，通过配置化模型的方式输出人群策略、媒体策略、内容策略等各类策略应用，并与对应的媒介（如 DSP、媒体直投平台）进行对接，实现个性化推荐。

（2）潜客转化

将从各个平台获取的公域流量转化为私域流量一直是个难题。如果不能转化就不是资产，只能是数据垃圾。潜客转化方案主要分为 3 个步骤，分别是潜客识别、信息规整和营销触达，如图 9-6 所示。

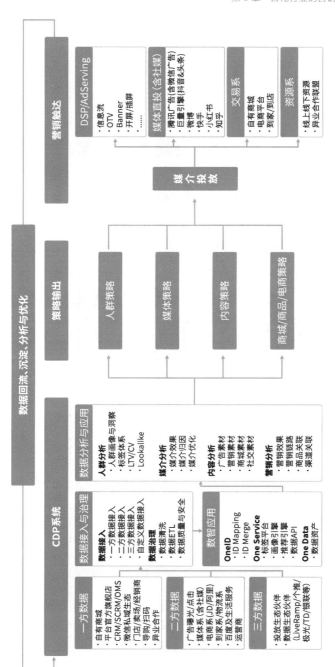

图 9-5 媒介投放方案

图 9-6 潜客转化方案

- 潜客识别：主要还是利用 OneID，对各个渠道的数据进行匹配，根据相似度（手机号、设备 ID、收货地址等不同权重的综合相似度）进行自动或者手动的合并，进而使得用户信息更全面和完整。
- 信息规整：可以把潜客与会员、会员与会员的信息进行规整合并，识别出同一个消费者，并且统一权益和等级等信息。
- 营销触达：根据更加完整的信息去分析潜客，获得更加全面的画像，进而通过相应的渠道推送相应的内容（如果包含手机号、微信号则可以通过这些渠道直接触达，如果不包含则通过原获取渠道）去触达转化。当然，潜客的信息通常不够完整，比较难触达，我们也可以根据潜客的整体情况做一些分析（比如头条上的兴趣分析）进而对投放做调整。

（3）忠诚度运营

时代在变，流量红利时代已经成为过去。新用户、新会员的获取成本越来越高，没有私域流量，必将过度依赖平台流量，企业将为第三方做嫁衣。建立自己的私域流量势在必行，是全渠道运营的核心基础。在企业拥有私域流量后，将割裂的会员数据进行统一，进行精细化的会员运营，有效管理会员的忠诚度，是企业不断攻坚的核心目标。企业需要通过统一等级体系、统一权益体系和统一积分体系来实现会员的忠诚度运营，如图 9-7 所示。

- 统一等级体系：企业要建立统一的等级体系，设计等级规则和成长值规则。需要考虑等级策略、升级模式、初始化数据、梯度条件和保级条件的规则。成长值可以作为等级的基础，会员的消费行为先转化为成长值，由成长值关联等级规则，进而计算等级，这样的设计更加灵活。如果企业有多个品牌，一定要考虑不同品牌是否独立运营以及成本分配等问题。

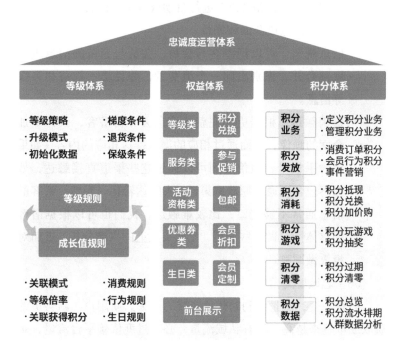

图 9-7　忠诚度运营方案

- 统一权益体系：权益一定要让会员实实在在地感受到奖励，而且一定要通过分层级设计来刺激会员不断升级解锁更多权益。权益一般分为等级类、服务类、活动资格类、优惠券类、生日类、会员定制等，需要根据品牌的服务特性来设计。

- 统一积分体系：积分体系的设计主要考虑积分获取、发放和消耗。不能消耗的积分是没有吸引力的。积分体系主要包括积分业务、积分发放、积分消耗（比如积分抵

现、积分兑换、积分加价购）、积分游戏、积分清零和积
分数据等。

（4）复购营销

复购营销主要解决消费者触达的问题，具体来说就是解决在
什么时候给什么人群用什么方式传达什么信息促成什么效果的问
题。对于日化行业来说，消费者往往具有以下特征。

- 忠诚度低：因为产品的选择替代性强，所以用户对品牌
  的忠诚度比较低，企业需要较强的营销能力才能促使
  交易。
- 决策周期短：通常产品价格不算很高，用户可以在一到
  两次的交互中完成决策，销售链条偏短。
- 需求频繁：相比很多行业来说，日化行业的消费者需求
  是周期性存在的，而且相对比较频繁。
- 渠道依赖低：消费者通常是线上和线下都有交易，不会
  局限在单一渠道，企业需要将用户在不同业态中来回
  导流。

基于以上特征，复购营销方案需要包括智能圈人、精细化运
营、数据自动化与运营优化等模块，如图 9-8 所示。

（5）裂变增长

分销裂变的核心理念是以人为渠道、销售为目的、佣金为动
力，组织更多的人、持续不断地销售更多的商品。当然最主要还
是要去培养 KOC，充分挖掘他们的潜力，发挥他们的传播力和
影响力，如图 9-9 所示。

通过以上 5 个方案，对全渠道消费者进行全链路运营，完成
从公域到私域，再从私域扩大到公域的循环。总体实现企业扩充
私域流量、提升复购率进而形成规模化增长。

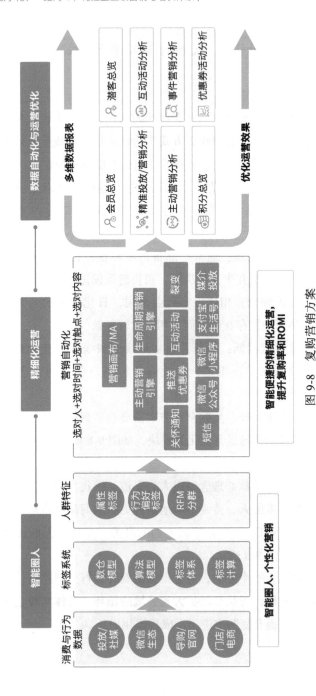

图 9-8　复购营销方案

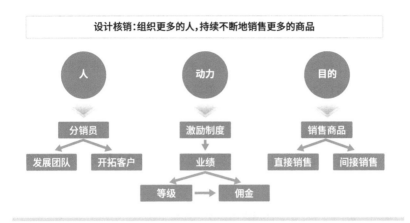

图 9-9　分销裂变方案

2. 围绕渠道的营销数字化场景

对于线下渠道来说，营销数字化方案的核心就是打通代理商、经销商的数据，提升渠道效率，进而提升消费者体验。对于打通经销商、终端连接消费者，有很多交易场景和模式，而且还涉及政策问题、返利问题、货物配送问题、结算问题等，需要统筹考虑。"一盘货"主要就是用来解决这些问题的。

基于多个项目的实践经验和自身的归纳思考，我们总结线下渠道的整体营销方案，通过业务在线、渠道下沉、统仓统配和数字化决策，形成线下渠道营销数字化的业务闭环。其中主要包括 3 个模块，分别是全渠道订单处理、全渠道政策管理和全渠道库存管理。

（1）全渠道订单处理

全渠道订单处理是渠道管控的基础。只有把各个渠道的订单进行统一管理，才能对各个渠道的需求进行统筹。

- 订单接入：不管是自建商城的订单还是各类第三方平台订单，都要实现全渠道接入，并生成唯一码，实现订单可识别、可追溯、可对应。

- 订单处理：包括账户检查、信用检查、政策匹配等校验，并对相应的款项、资格进行预占处理。
- 订单路由：对库存的检查进行自动路由，并根据拆分规则自动拆分不同的发货单进行履约发货。
- 订单配送：通过对接库存，获取配送信息，并同步给对应的交易平台。
- 订单完成：订单完成后自动对接到 ERP 系统，根据规则生成销售凭证。

（2）全渠道政策管理

全渠道政策管理主要是对各个渠道、各个对象主体的政策进行统一管理。以往很多政策都是通过线下进行管理的，一方面计算不实时，难以起到吸引经销商的作用；另一方面计算复杂，耗时耗力。部分企业虽然实现了线上计算，但还是很难快速响应业务部门的需求，每次都要重新定制开发，不能形成政策资产。

政策管理的效果主要是看覆盖政策场景的广度，以及政策制定过程的灵活可配置度。

四类政策场景如下。

- 品牌商向经销商设置政策，经销商通过采购单触发政策。
- 经销商向终端设置政策，终端通过要货单触发政策。
- 品牌商向终端设置政策，经销商同意后，终端通过要货单触发政策。
- 品牌商向 C 端制定政策，同步对接给 C 端触点应用系统。

制定政策引擎的步骤如下。

1）选择促销类型：满减、满赠、特价、折价等。

2）定范围：指定代理商、指定经销商、指定终端店、指定商品。

3）设置门槛：通过什么样的方式、在什么条件下参与活动。

4）活动限制：活动资格的数量限制、活动库存限制等。

5）活动互斥：与其他活动的叠加与互斥设置。

6）优惠类型：送商品小样、减金额、折扣、送优惠券、送积分等。

7）优惠执行：按单、按金额、按等级来执行优惠政策。

8）优惠范围：送的商品小样优惠券等额度或者比例设置。

9）优惠限制：优惠的总量限制，一般不能超过财务的费比指标。

10）优惠模式：任务与返利的关系设置，比如计任务也计返利或计任务不计返利等。

（3）全渠道库存管理

传统的库存管理账实一一对应，一方面很难处理多个货主的问题，另一方面很难处理各个渠道可售库存的配置与共享，使得难以应对渠道多变、货主多变、模式多变的时代。

全渠道库存管理方案的核心是建立全局库存统一视图，统一调配并提升仓储周转率。通过物理仓、逻辑仓、共享仓和渠道仓，分别处理实物层、账务层、共享层、营销层等不同层面的库存逻辑，构建各层之间的映射网络关系，做到账实分离、账销分离、统仓统配。上游与各个销售平台对接，下游与仓储管理系统对接，从而实现订单履约，如图 9-10 所示。

3. 直销模式下的营销数字化场景

直销模式的企业中有 62% 是包含日化产品的，直销的营销模式很特殊，本身就是一种系统化的裂变式营销模式。这两年随着数字化的发展，直销电商化、零售化、社交化的趋势使得我们把线下的经验通过数字化的手段用来解决线上问题，同时诞生出全新的工具和模式。以下分别围绕消费者、直销员、门店长、运营人员、客服人员这五类角色的痛点展示数字商城、展业工具、门店、SCRM、智能客服的解决方案。

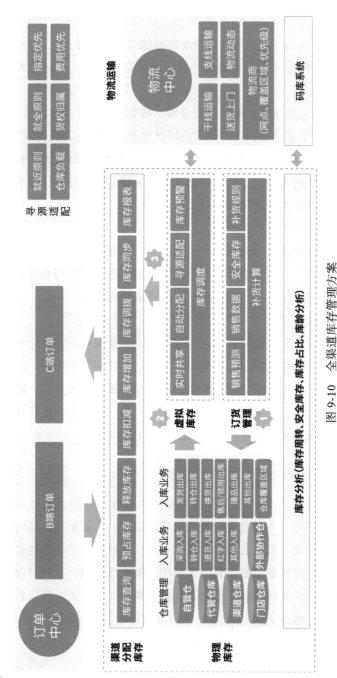

图 9-10　全渠道库存管理方案

（1）数字商城解决方案

直销商城主要包括消费者购买商品、直销员购买商品、直销员代客下单几种场景。突出特征是下单集中度高（极差制通常是每月月底，双轨制一般是每周五）、角色多，游客、潜客、会员（正副卡）、门店长、店员等都需要在商城下单。

结合当前的趋势，直销商城主要需要做如下几点改造，如图 9-11 所示。

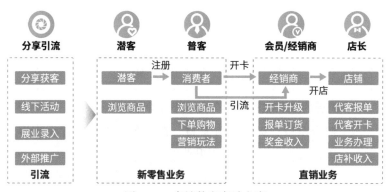

图 9-11　直销数字商城方案

- 引入真正的消费者到商城交易，改变以往以直销员为主的报单模式。
- 引入最新的电商玩法，同时结合直销的业绩等制度要求。
- 引入分销的模式，与直销融合，激励消费者成为直销员。

（2）展业工具解决方案

直销员是直销业务运营的核心。可是直销员水平参差不齐，不能完全靠线下口口相传和培训规范直销员并赋能。我们需要一个数字化的工具去赋能直销员，而且需要分层分级赋能，从业绩运营到团队运营，解锁式升级任务，让每一个等级的事业伙伴都能够快速掌握本阶段的技能并高效执行，同时不断地成长进步，如图 9-12 所示。

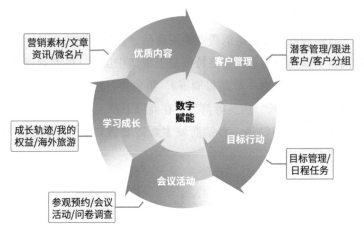

图 9-12 展业工具方案

直销员的成长旅程大致分为以下 3 个阶段。

- 初级阶段：提供官方素材、在线名片等各类优质内容，供直销员分享获客，提升业绩。

- 中级阶段：当直销员有销售团队时，需要提供一套用于潜客管理、客户跟进、客户分析的工具，帮助他们合理地管理自己的团队。另外直销员需要对团队的任务、目标进行管理，并及时传达给各位成员，每个人都可以查看自己的业绩情况，了解目标完成情况。

- 高级阶段：直销员进入高级阶段，需要组织或者参加各种会议，在线提供报名邀约、行程安排、签到、效果分析等。直销员能够在线查看自己的成长轨迹、礼遇权益等，感受自己的荣誉。

（3）门店解决方案

对于很多线下开店的直销企业，需要处理消费者订单、店内压货、库存账款，同时也需要处理各类售后、业务办理等事务。

我们把数字商城打通，丰富体验场景，实现了数字化运营店铺。

（4）SCRM 解决方案

对于直销模式下的 SCRM 解决方案，如图 9-13 所示，与传统 CRM 的不同之处在于：会员等级非常复杂，而且是已经设定好的，很难调整；会员档案内容非常丰富，也非常严格；因为会员不光是消费者还是卖家，所以会员的标签与传统的消费者标签不一样；线下活动非常重要，也是非常重要的数据来源；会员业务非常多，常见的如更名（本质是更点位），这些对直销员的业绩影响很大。

结合当下的趋势，围绕会员的不同成长阶段，企业主要从以下 3 个方面实现会员的全生命周期运营。

- 潜客转化：全渠道数据采集，不断发现潜客，推动转化为顾客，分析顾客习性特点，进行会员拓新。
- 生命周期管理：结合会员全量信息，准确掌握会员动态，实现可持续化会员运营。
- 精准营销：建立全方位标签画像，快速定位目标客户群，并基于客户群体推荐合理产品或服务。

（5）智能客服解决方案

随着互联网经济的高速发展、业务受理渠道的多端化、产业竞争的加剧，传统客服系统在人力成本、服务覆盖度、工作效率、智能分析等方面已不能满足企业发展的需求，迫使企业提升客服的自动化、人性化、智能化水平，以降低人力成本、减轻客服人员工作强度、提高客户服务体验以及实现精准营销。

面向营销通路的全链路客服方案如图 9-14 所示，由统一的工单中心、知识库对客户的问题进行处理，并且由统一的服务大脑进行各项统计分析，以此提升个性化服务体验，增强服务监管，降低客服成本。

图 9-13　直销 SCRM 方案

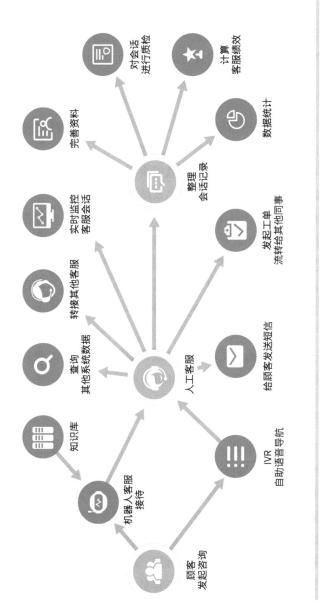

图 9-14　全链路客服方案

9.1.4　行业数字化转型的 4 个注意点

多家头部企业在数字化变革尝试过程中遇到了许多问题，其中有 4 个有共性的问题需要妥善处理。

1. 处理好内部组织变革

企业在进行营销数字化变革之后，从营销通路到业务模式都发生了变化，建设了很多新的工具和系统，比如赋能渠道的工具、面向消费者营销的工具、大数据决策分析系统等，这些工具和系统谁来运营？同时，也有很多系统被取代被优化，比如线下分销渠道运营、传统的 ERP 系统、客服坐席系统等，这些系统维护的组织该怎么变革？这些问题都引发了组织上的调整。

组织上的变革一定不能因人设岗，不能为了原来的岗位职责去影响未来的系统规划和设计，也不能被动地去变革，这样会使得系统影响组织。正确的做法是在做数字化转型之前先主动地对组织进行升级，形成数字化的运营组织，坚持顶层设计，坚持长远规划分步实施，抛开之前的业务组织栅锁，打通部门壁垒，真正形成新的数字化组织，然后由组织去规划并实施。

2. 处理好代理商、经销商的关系

对于日化行业来说，线下的代理商通常都是伴随企业一路成长的生意伙伴，他们对于企业前期的发展，包括开拓渠道和市场立下了汗马功劳。品牌要想发展得更好，触达更多消费者，围绕消费者做营销，必然要对现有的线下渠道模式进行优化升级。当前线下渠道存在的主要问题是品牌方无法直接触达终端，也就无法了解真实的需求，反而导致代理商、经销商囤货、窜货等行为屡禁不止。数字化营销的时代，不管是品牌商还是代理商、经销

商，都要意识到这个问题，主动求变，重新定位自身角色。

未来品牌和渠道的关系应该是建立合作共赢的理念，建立共同的目标体系。把渠道信息、消费者信息看作各自的私域流量，看成各自企业竞争力的护城河已经不可取了。品牌需要基于消费者数据才能把品牌打造得更好，产品设计得更符合市场的需求。而渠道也需要回归服务本质，做好客户服务，品牌和渠道方共享消费者数据的分析结果。

3. 处理好内外部系统的规划与定位

对于一些老品牌来说，经过这几年的发展，尤其是在信息化建设过程中，不可避免地使用了外部软件系统或者自己开发的系统。随着数字化营销时代的到来，原有系统（尤其是单体应用）是被重建、覆盖还是逐步分解取代都要做好规划。数字化是一个过程，不是一蹴而就的。一定要有计划、有步骤地实施，并做好长期的规划，避免后期因为考虑不周而推倒重来或者投入太大导致成本过高。

根据我们的经验，建议先从营销侧切入，因为这一侧是最"善变"的，消费者的喜好很难捉摸，各类渠道的模式也随各种"风口"在变。这种"易变"是传统的成熟软件很难适应的。然后从营销到交易再到财务最后到供应链逐步升级改造。各企业应根据自身数字化的现状进行合理规划。

4. 处理好隐藏的数字资产

从信息化到数字化，最大的改变就是信息化主要是实现业务在线并且信息互联，数字化是在此基础上对数据进行充分的挖掘与运营，把这些数据资产化，作为一种新的生产要素参与到企业的经营决策中。

当下很多企业认为数字资产化不过是把一些会员信息、订单信息等做成报表分析、做成数据大屏而已，事实上不是这么简单。不应该将新的数据按照原来的报表表头分析，而是应该搭建自己的运营指标体系，底层要搭建企业运营决策的模型。尤其是随着渠道的增多，企业品牌矩阵丰富，用户的开发和经营变得愈加混乱。企业不仅要统一数据，还要考虑这些数据的开发权、经营权，比如分销裂变的会员由谁开发、谁经营、谁使用；多品牌独立运作模式下会员的会籍管理问题等。这些都是数字化营销时代需要企业考虑的数据资产问题。

9.2 日化行业案例分析

数字化深刻影响着企业营销的方方面面，下面通过日化行业的 3 个案例展示数字化是如何重塑消费者体验、如何变革线下渠道、如何改变直销模式升级的。

9.2.1 D 公司：数字化赋能品牌升级

D 公司创立于 1946 年，是全球领先的优质护肤品、化妆品、香水和护发产品制造商和销售商。D 公司的销售市场涵盖了约 150 个国家和地区。2021 财年第三季度财报显示，D 公司亚太市场营收同比增长 35% 至 12.52 亿美元，远高于美洲市场和欧洲、中东和非洲市场。中国市场表现强劲，得益于电商购物节的线上销售，一方面奢侈美妆品牌在实体店和线上同时实现了两位数的增长，另一方面也体现了中国市场的长期潜力。D 公司曾在 2021 年的全年展望中表示将继续展开长期战略计划，包括优化线下门店、扩大线上业务能力，同时严格采用成本控制措施等。

同时，财报数据显示，相比香水和护肤类产品，彩妆类产品的销售连续低沉，虽然受到疫情环境下的消费影响，但是提升彩妆销售也是集团必须考虑的长期计划之一。相比同行业的品牌，D公司在数字化建设中最明显的举措是对天猫平台的布局，从"双十一"的榜单销售也可以证明电商业务的重要性。随着电商平台竞争的加剧，D公司也需要采用新的营销方式在新的时代竞争中突围。

1. D公司在数字营销方面的思考

在化妆品行业中，用户体验对产品销售具有重要的影响。比如一款口红，不同的色号在不同唇色上的显色效果有差异。专柜提供的用户体验也会影响消费者对品牌认知和好感度。D公司旗下的品牌都设有品牌门店。门店运营不仅是对上千种商品的销售，也是身兼彩妆师的店员的重要工作。这些店员随着各种营销工具的赋能，成为品牌营销中直面消费者的重要节点。如何加强门店的用户体验和商品的用户体验，也是D公司集团在数字化业务建设中要考量的要素。

在目前已有的线上业务中，D公司围绕各子品牌分别建立了对应的品牌小程序、商城小程序或是针对门店的小程序。每个品牌的线上营销活动不尽相同，分别依赖不同的管理系统。营销活动和开发能力分布在各处，并没有做统一的集中管理。

面对新的消费机遇和能力挑战，D公司将进行新一轮的数字化建设。

2. D公司数字营销方面的成果

为整合集团的品牌运营能力、优化用户体验，云徙以D公司旗下的某品牌为切入点，开发新的小程序和后台管理系统，同时在后台建立了供不同品牌复用的开发能力。整体项目将围绕着该品牌开始，后期延展到为多个品牌赋能。

- 商店项目：为该品牌的官方商店小程序搭建新的内容板块。搭建种草社区，优化消费者消费的决策路径，搭建营销平台，赋能运营工具。
- 云店项目：以单独一家门店为切入点，开发全新的门店小程序，优化门店运营能力和线上渠道能力。用户可以在小程序上浏览商品、定制产品、AR 试妆，并且可选择门店自提或者快递到家的服务。
- 促销项目：搭建适用于主流电商平台的营销活动功能，管理商品、订单、营销活动、用户等关键要素，完善活动审核流程，确保成本把控和库存把控能力。

不同品牌使用的 IT 系统千差万别，企业的体量越大，开展的全球业务越多，涉及的合作商越多。作为企业服务商将面临适应不同系统对接，以及对应品牌技术规范和要求的开发能力。云徙和 D 公司在合作的过程中，经过不断的深入调研和确认，逐层厘清各项技术关键环节，确保系统的安全性、完整性和规范性。

3. D 公司的数字化营销之路

在日化行业的业务场景中，需要利用互联网的开发和运营能力，优化人、货、场的关系和形态，将线上线下运营有机地结合起来，构建以消费者为中心的运营体系。在数字化营销之路上，云徙为 D 公司规划的实现路径是完善以内容为主的消费者链接能力、建立以消费者为中心的营销体系、新零售门店的运营能力，主要采用敏捷开发的模式，同时采用并行开发和交叉建设的方法。

（1）以内容为主的消费者链接能力

在日化行业中，种草成为移动互联网时代重要的营销手法。种草营销直接面向产品，加强消费者对产品的认知和感知，同时配合 KOL/KOC 的信任背书，消费者能快速实现从种草到拔草的消费转化。整个决策链条大幅缩短、转化效率更高。品牌需要和更多的自媒体、MCN 合作，寻找合适的 KOL/KOC 进行营销合作，触达多种圈层的消费者，扩大品牌潜客。由于目前市场竞争激励，一个 KOL 可能会同时接触多个品牌合作，因此如何拥有高忠诚度的 KOL/KOC 成为必须要考虑的问题。

D 公司旗下有一个专业彩妆品牌，拥有专业的彩妆商品、丰富的产品线，以口红为例，有上百种色号供选择。该品牌也拥有专业的彩妆师，分布于全国的门店中，和经过多轮培训的专业导购一起，为门店消费者提供专业的彩妆服务。

在此背景下，D 公司利用自己的商城小程序，搭建种草社区，实现消费者从感兴趣到购买的消费转化。在种草社区中，品牌基于彩妆的专业性，发布潮流、实用、时令的内容，引领和构建彩妆氛围。同时专业的彩妆师可以自己发布笔记，这些笔记包含妆容效果图，方便消费者进一步了解。该品牌的会员也可以发布笔记，用视频、图片和文字的形式分享自己的产品使用心得。品牌、彩妆师、会员，这些不同的身份增加了内容社区的种草氛围，附带的购买链接也方便消费者快速购买。彩妆师和会员成为该品牌独家拥有的 KOL/KOC，具有高强度的品牌忠诚度。

（2）以消费者为中心的营销体系

随着社区团购的强势兴起，消费者已经熟悉社交营销方式，以裂变为主的社交营销方式成为当代品牌必备的运营能力。单一的营销玩法容易让消费者疲惫，在营销节奏中，需要穿插不同的模式，快速迭代优化。公域流量的营销成本日益加重，而私域流量的营销方式也愈发多样。如何将公域流量转为私域流量，进一步运营好这些私域流量成为越来越多品牌的课题。

随着移动设备工具性能的快速优化和新时代下消费者习惯的变化，直播已成为品牌面对消费者的又一直接手段。直播平台越来越多，主播也随着能力层级从低到高呈现明显的数量差异，头部主播的佣金费用水涨船高。在公众平台上直播营销的成本也会加重品牌营销的难度，品牌随之将直播能力纳入营销能力建设之中。

云徙围绕着上述营销要求为 D 公司搭建了全新的营销中心，支持多样化的营销玩法，同时支持电商平台下对商品和活动的管控，并在新的小程序中引入企业微信、腾讯小程序直播等，为品牌构建私域流量池。

（3）新零售门店的运营能力

该品牌选定一个门店，定位为全国首家新零售潮店。不同于传统的美妆店铺，该门店拥有多种黑科技互动、专业的彩妆服务和不定期的艺术主题活动等，是全国百家门店的样品门店，不仅是直接销售的门店，也承担了塑造和宣传品牌形象的价值功能。

面对门店顾客，店员不仅是专业的彩妆师，直接为消费者提供产品服务和销售引导，同时也参与到品牌的营销建设中。店员需要引导顾客关注品牌公众号，参与在线订单的拣货和物流，在日常运营中承担了多重角色。

方便门店店员开展运营任务，也是本次数字化建设的出发点。在门店，商品遵循一物一码的原则，用户只须扫码即可完成该商品的加购功能，减轻门店收银的压力。同时，云徙在为门店建设的小程序中，支持线上购物，用户可以选择门店自提或者快递到家；支持在线 AR 试妆和产品定制等个性化服务；支持数据相通，保证品牌在会员和订单等数据层面的清晰与流通；支持品牌已有系统的联调，简化后台运营管理。

9.2.2 伽蓝集团：一盘货驱动渠道变革

2020 年注定是不平凡的一年，伽蓝集团（以下简称"伽蓝"）

线下零售业务遇到了前所未有的挑战。危机之中往往孕育着新的生机。疫情影响下，整个营商环境发生了翻天覆地的变化。借此契机，伽蓝于 2020 年 7 月以"一盘货"计划为抓手，全力推动集团的数字化转型，力求实现业务在线化、数字运营化和营销智能化。2021 年 6 月 11 日，在伽蓝"一盘货平台启用及营运变革"会议上，集团董事长郑春颖与员工们一同回顾了公司所取得的一系列傲人成绩。全集团 1 ～ 5 月市场销售额同比 2020 年增长 23.3%，对比 2019 年已恢复到 94.4%。除此之外，伽蓝在数字化、一盘货、基础建设、科技创新、社会声誉等诸多方面都取得了巨大成就。特别是与云徙合作后所搭建的业务中台，将进一步帮助伽蓝实现线下渠道的"实物共享、在线订单、在线记账"三大核心功能，向着为零售终端数据赋能的目标踏上新一级台阶。

1. 公司背景

20 世纪 90 年代的中国消费者对于护肤美容的需求处于发展的初期阶段，美妆市场蕴藏着巨大的商机。毕业于东北财经大学工商管理系的郑春颖瞄准国内这一蓝海市场，毅然决然辞去公务员的工作，凭借着自身过人的商业头脑进军美妆行业。当时一线城市的化妆品市场被外资品牌牢牢占据，初出茅庐的郑春颖并没有选择硬碰硬，而是创新性地进行渠道下沉，将目光锁定在三四线城市，白手起家，精耕细作，仅用 5 年的时间就拥有了 3 家化妆品生产厂和 5 家美容化妆品公司。2001 年，郑春颖怀揣着梦想来到上海，通过坚持不懈的努力与拼搏最终成立了伽蓝集团。

伽蓝，取义"花果蔚茂，芳草蔓合"之地，寓意开满鲜花、布满芳草、盛产果实和蜂蜜的地方。这一名称的含义便是公司从创立之初就立下的发展目标，即致力于将东方生活艺术和价值观的精髓传遍世界，打造中国人自己的世界级品牌。伽蓝先后创立了美素、自然堂、植物智慧、春夏、COMO、莎辛那、珀肤研七大品牌，业务规模不断发展壮大。至今，伽蓝集团已在 31 个省、自治区、直辖市建立了各类零售网络 4 万多个，覆盖全国各级城市和县城，是中国市场份额、消费者口碑与社会影响力俱佳的行业领跑者。

伽蓝对于产品的坚持得到了市场的广泛认可，在国内的美妆品牌中位居前列。在美妆市场竞争尤为激烈的 2019 年，本土大多数品牌的业绩下滑明显，而伽蓝却能连续 18 年保持增长。2021 年 3 月，在第二届 BEAUTYINC AWARDS 国际美妆产业大赏颁奖典礼上，伽蓝集团荣获"年度企业社会责任奖"，旗下美素太空酵母安瓶斩获"中国创新力奖"。

在"科技伽蓝，奋斗时代"2020 年伽蓝集团年会上，董事长郑春颖提出："伽蓝要向数字化驱动的高科技美妆企业发展，树立世界顶尖科技与东方美学艺术完美结合的企业形象，在研发、制造、零售、客服、运营、形象各方面全面科技化"。伽蓝的科技化战略主要围绕着两大主线展开，一是产品科技，二是数字科技。2020 年 10 月，伽蓝集团搭建了数据中台，实现可规模化的精准营销。在供应链方面，伽蓝集团度身定制了一款产品数字化应用系统以实现更快速、更精准、更精细的管理运营。在数字化转型的带动下，2019 年伽蓝集团的销售额同比增长 18.7%，其中，线上同比增长 23%，线下同比增长 7%。从渠道结构上看，线上、线下份额占比为 3∶7，美妆店、商超、电商基本三分天下。

2. 痛点聚焦

伽蓝的营收虽然持续多年增长，但市场在快速的变化中已然暗藏危机。尤其是近年来互联网的快速兴起催生了一个连接亿万人的"数字外场",不仅海量的数据信息提升了商业环境的变化速度,消费者的行为、偏好也发生了剧变,不确定、个性化、碎片化成为常态,市场亦显现出"随心所欲的人、触手可及的货、无所不在的场"三大特征。过去伽蓝庞大的线下渠道及单纯依赖传统的"坐商"模式已然不可行,急需寻求新的商业模式以便更好地了解顾客、触达顾客与服务顾客。

近几年,在互联网的加持下,供应链端越来越完善,线上线下渠道也日益多样化。作为我国日化行业一线品牌的孵化地,传统门店依然是伽蓝等日化企业不可忽视的渠道。日化行业线下渠道的门店与代理商的经营模式依然停留在五年甚至十年前的水平,互联网化的程度低。疫情更是一针催化剂,将线下渠道营销问题无限放大,一名伽蓝的代理商在 2020 年 9 月反映:"日化版块下滑很严重,已经逐渐失去了对线下渠道的信心。"

首先,线下销售业绩疲软,行业窜货乱价现象丛生。从疫情爆发到缓慢恢复的几个月里,伽蓝的线下销售恢复比较慢。以国庆节为例,国庆节自然堂天猫旗舰店同比增长了 65%,而线下却下降了 25%。线下销售渠道受阻导致许多代理商和经销商的销售量急剧下滑,进而导致库存积压。为了快速回笼资金,他们不得不低价窜货。低价窜货不仅破坏了伽蓝集团原有的价格体系,而且还严重影响了企业信誉和市场秩序。在线下市场乱价窜货现象严重的现状下,伽蓝集团清晰地认识到,想要真正满足快速发展的各类新兴销售渠道需求,需要先实现控货,再实现控价。

其次,伽蓝不同渠道间各自为政,导致库存囤积现象愈发严重,高缺货和高库存现象并存。2020 年以来,伽蓝集团旗下七大品牌总共开展了超过 7 万场直播,电商在集团整体销售规模中的占比也由原先的 36% 增长至 50%。尽管直播带货这类新型营销模式在帮助线下门店招新引流上已初见成效，却也在无形之中增加了不同渠道中的库存压力。具体而言，相比于传统线上电商平台的销售模式，直播带货在销量预测上具有更大的不确定性。为了应对可能出现的短期需求爆发式增长，代理商往往需要提前锁库存以保证预期的产品供应。一方面挤占了其他渠道的货物供应，另一方面也给企业带来了极大的库存风险。一旦实际需求没有达到预期的销售水平，极易造成货物囤积、货物周转速度下降等经营风险，给企业的现金流带来影响。

最后，缺乏对零售终端有效的赋能也是长期以来困扰伽蓝集团的问题之一。具体而言，当伽蓝的经营管理范围只能触达代理商时，对代理商下属的经销商就缺乏实时的监督与管理，难以为经销商提供更加精准契合的营销政策与措施。进一步导致全国各地区的经销商在服务水平、经营理念等方面的差距，使得消费者难以获得始终如一的消费体验，从而不利于线下门店的客户回流。郑春颖认为："数字化变革已经成为企业面向未来的必选项，消费者已实现'数字化'，线下企业进行数字化转型迫在眉睫。如果不转型，结果不是消费者离你而去，而是你离消费者而去。"

除了渠道赋能，数据应用也是关键。伽蓝通过以往投放线上广告以及搭建线上商城，已经积累了千万级线上流量。将这些线上流量合理地运用起来产生价值成为伽蓝当下突破的重点。

面对数字经济时代美妆行业的一系列痛点，伽蓝集团管理团队达成共识，任何救急性的政策、临时的做法都已经失效，小改动同样解决不了问题，唯有做大动作的变革，对商业模式、业务模式、营销模式进行变革，才能够实现困境中的又一次破局。2020 年 7 月，伽蓝集团从顶层设计出发，结合自身营销过程中的具体问题，提出要对美妆店、商场专柜、货架等线下渠道保有信心，绝对不能将线下阵地拱手让人，而是要进一步促进线上线下渠道融合。要主动扛起美妆行业变革的大旗，与顺丰、云徙等联合，创新性地施行一盘货模式，在一盘货的基础上进一步推进伽蓝集团全面的数字化转型。

3. 数字化转型抓手：一盘货

在伽蓝供应链副总裁李敏的眼里，董事长郑春颖是一个亲力亲为的实干家。他一直都在思考集团的未来，亲自推动并深度参与到集团的数字化转型当中。李敏说道："郑董相信长期主义，例如过去自然堂品牌每年翻倍增长的时候，他就意识到不能盲目发展，要建设稳固的系统根基。一盘货也是如此，这个的设想最先就是由他提出的。"

与以往传统分销模式有所不同，一盘货的核心思维逻辑在于对销售渠道重新整合，将线上线下所有商品库存放在一盘棋里布局，打通所有销售渠道以实现对全渠道货物的产品进行统一管理、统一分配，从而在一定程度上解决产品库存积压及窜货乱价的问题。然而，一盘货不仅是仓储物流方式的改变，它一定会带来更多营销模式和管理模式的转型。在一盘货的基础上，伽蓝要转型为数字化用户运营企业、员工要转型为数字化员工、代理商要转型为数字化运营服务商、零售商要转型为数智化零售商，将重点聚焦于顾客价值创新，进行数字化的转型升级，为消费者和顾客创造更大价值，最终实现销售增长和盈利能力的提升。

（1）一盘货 1.0 阶段：设立分仓

一盘货的第一阶段是将货从代理商的手里收回，由伽蓝统一管理。起初部分代理商心中还存在一丝顾虑，接受不了这种新的模式。伽蓝大数据中心高级产品经理尤缘说道："起初我们调研了代理商，有 50% 都不想改变。"然而，两件事情彻底打消了代理商的顾虑。一方面，伽蓝和代理商是一路相互扶持、一同成长起来的。伽蓝的价值观是"利他共赢、相信数据、主动求变"，这让代理商认识到一盘货项目的提出不是替代而是为了赋能。另一方面，疫情的爆发也让代理商意识到统一库存管理能够极大缓解他们的库存压力，尤经理补充道："疫情促成了一盘货的建设，代理商真正了解了一盘货的价值。就拿自然堂品牌举例，所有的代理商都同意把货交给伽蓝。"

"搞定了"代理商的伽蓝选择与顺丰一道合作，在全国逐步设立了 14 个分仓，这一举措的实施使得代理商的货不再进到自己的仓库，而是全部进到分仓里。每一笔代理商向伽蓝的订货交易都可以实现"货账分离"，即在逻辑上该批货物的所有权已分配给代理商，而货物实体放置在分仓中，由公司委托第三方物流公司顺丰代为管理、配送给相应的门店或消费者。每一件产品的流向、数据都是清晰的。发到哪里，发给了谁，顺丰订单处理系统中都可以一一呈现。

从启动第 1 个仓到第 14 个仓落成，伽蓝前后仅花了 69 天的时间，如图 9-15 所示。随着最后一个仓在济南正式启动，伽蓝一盘货模式的第一阶段圆满收官。在这 14 个仓中有 5 个仓是既做 2B 业务也做 2C 业务的，也就是既要服务于线下配送，也要服务于电商消费者端的配送。通过此次合作，伽蓝在全国设置的 14 个分仓将分散在全国各地仓库的货物统一起来，实现了各渠道库存共享、统一调配和可视化经营。

一盘货的第一阶段实现了货品的统一管理。不过在这一阶段，由于完全依赖于第三方订单管理系统，集团依然无法直接触达门店、消费者，效率的提升有限。在此基础上，能够全面支持集团数字化转型升级，改变原有的业务模式和营销方式，实现顾客价值创新的一盘货 2.0 计划应运而生。

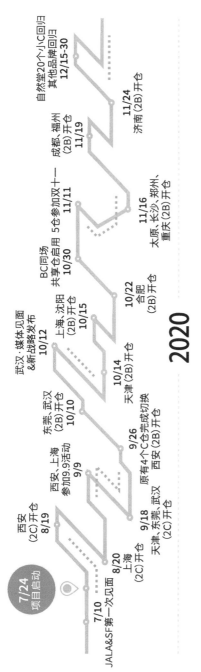

2020

7/10 JALA&SF第一次见面

7/24 项目启动

上海 (2C)开仓 **8/20**

天津、东莞、武汉 (2C)开仓 **9/18**

西安 (2C)开仓 **8/19**

西安、上海 参加9.9活动 **9/9**

原有4个C仓完成切换 西安 (2B)开仓 **9/26**

东莞、武汉 (2B)开仓 **10/10**

天津 (2B)开仓 **10/14**

武汉·媒体见面 &新战略发布 **10/12**

上海、沈阳 (2B)开仓 **10/15**

合肥 (2B)开仓 **10/22**

BC同场 共享仓启用 **10/30**

5仓参加双十一 **11/11**

太原、长沙、郑州、 重庆 (2B)开仓 **11/16**

成都、福州 (2B)开仓 **11/19**

济南 (2B)开仓 **11/24**

自然堂20个JNC回归 其他品牌回归 **12/15-30**

100%
完成进度

图 9-15 伽蓝开仓情况

计划开仓 14 个、实际开仓 14 个、完成进度 100%

（2）一盘货 2.0 阶段：搭建业务中台

2020 年初，伽蓝发现仅靠自身的 IT 力量，短时间内搭建完善的"一盘货"系统几乎是不可能的。于是开始寻求外部合作伙伴的帮助。云徙正是在这个时候进入伽蓝的备选名单。李敏介绍道："当初我们一共考察了 7 个有能力提供支撑'一盘货'项目系统的头部供应商，最初我们并没有决定用哪一类系统。"通过云徙团队和伽蓝董事长、大数据中心负责人、供应链、采购以及 IT 部门负责人等多次接触和洽谈，伽蓝了解到中台架构的灵活敏捷性、服务能力延展性、通用性、复用性等能够高度匹配伽蓝的需求，是一款可以快速应对市场营销创新变化的具有高复用能力的信息系统。尤经理说道："我们对供应商的考察，价格并不是主要因素，重要的是经验、能力及与伽蓝需求的契合度"。终于在 2020 年 12 月，郑董事长拍板决定与云徙合作，搭建一盘货的销售中台系统，完成业务流程再造、系统开发和组织变革三大任务，如图 9-16 所示。这一系统架构主要由 3+N+1 架构组成，其中 3 个应用系统分别是营销政策管理系统、订单管理系统及库存管理系统，N 个中台能力中心包括商品、订单、政策、库存、渠道、结算、用户等，以及 1 套云平台。通过这个体系构建了一盘货整体 IT 架构。

在谈及此次与伽蓝的合作项目时，云徙的项目经理万力坦言："伽蓝项目对于我们而言是一个五星项目。如果画一个难度系数雷达图，这个雷达图的各个维度都是被拉满的。"伽蓝大数据中心副总监焦光认为，首先是"事难办"，项目本身是一个创新项目，所包含的技术难度系数较高，并且模式前所未有。伽蓝这次想要建立的是账实分离的云仓系统，在此之前，整个美妆行业并没有企业实践过，没有相关经验能够借鉴参考，也没有所谓的最佳实践，项目进展过程中只能依靠双方在不断摸索和试错中积累经验。

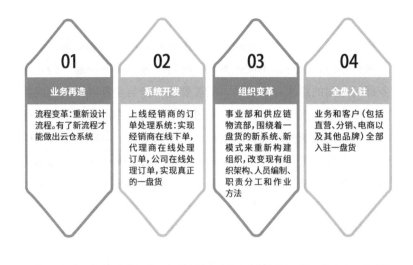

图 9-16　一盘货第二阶段目标

其次，这个项目还是一个非常有挑战性的项目。与数据中台等其他信息系统不同的是，该项目的本质是"将供应链、营销等业务串联起来的业务中台"，牵涉的组织与部门较多，具有较强的跨职能性与变革性。涉及的主体不仅有伽蓝和云徙，还有顺丰、SAP 等，所牵涉的组织、部门和人员都较为复杂。围绕该系统和新模式，伽蓝内部的事业部和供应链部门都需要进行新一轮的业务流程和组织架构的调整。

最后，这还是一个时间紧任务重的项目。伽蓝项目在时间上要求很紧——4 个月的时间内需要完成系统上线，要在这么短的时间内完成与各大渠道系统以及顺丰的数据整合和调整，双方均投入大量的人员进行开发。

面对如此大的挑战，云徙和伽蓝通力合作，协同开发，克服重重难关。例如，在需求调研阶段，由于不同业务部门之间的业务可能存在边界不明晰、交叉等情况，白天伽蓝各大业务部门开会汇总需求，晚上云徙团队加班加点对这些不同业务部门的需求进行整理，最终将不同业务部门的需求进行横向拉通。倘若业务部门之间的需求存在矛盾，就需要进一步与业务部门交流或将问题传达给高层进一步协调，通过层层递进最终形成订单、库存和营销三大系统的产品需求文档，将不同渠道、不同业务部门的需求汇聚成一个个能力中心，例如订单中心、库存中心、营销中心等，在这一基础上进行软件的开发测试等后续流程。在整个过程中，云徙团队体现了较高的专业性和项目经验丰富性。事实证明，所有的努力都是值得的。2021 年 7 月 1 日上午 9 时 10 分，伽蓝集团一盘货数字化系统的正式启用。

伽蓝"一盘货"2.0 阶段的业务中台主要分为订单处理系统和云仓系统，如图 9-17 所示。通过订单处理系统可以将商场、美妆店、货架、猫超、电商等渠道的交易打通，代理商与经销商、代理商与客户的交易订单和订单政策都将由该系统统一处理。有助于企业实现主数据、营销政策、订单交易以及结算政策等数据实时在线，进而帮助伽蓝实现渠道下沉。伽蓝不仅能够掌握代理商的营销数据，还能掌握终端零售商的销售数据，通过全链路数字化帮助企业实现更灵活、更精准的营销决策，如"一店一策"。同时，该订单处理系统还与云店、商超、电商等伽蓝其他的线上交易系统连通，实现全渠道营销数据通路。灵活的全渠道订单处理系统自动连接云仓系统，为每一笔订单分配仓库，完成上下游系统对接，提升伽蓝整体的订单处理效率。在搭建全国分仓的基础上，通过业务中台能够进一步实现根据各渠道动销数据分配库存，将货物分配给需要的渠道，实现库存共享。

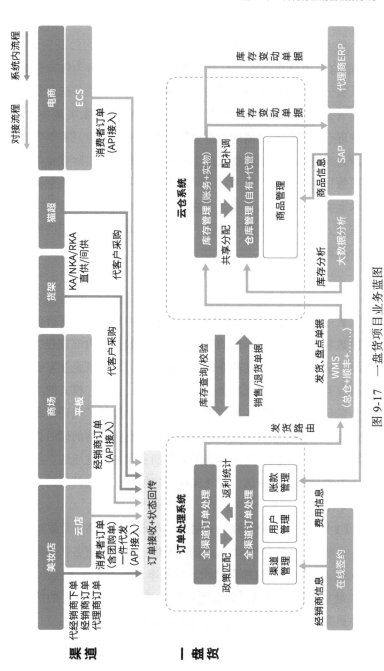

图 9-17　一盘货项目业务蓝图

谈及伽蓝"一盘货"的最大特点，业务架构师桑榆认为："伽蓝这一项目在业务逻辑上会更加复杂一些。因为伽蓝想要实现账实分离，会涉及更多层的仓库逻辑，这和以往传统的供应链仓库管理逻辑有很大区别。"传统的供应链管理账实是一致的，即物理仓和逻辑仓之间的数据始终是吻合的，企业只需要管理好物理仓或逻辑仓。然而伽蓝这个项目中仓库货物实际数量与云仓中的数据是分离的，即两者之间并不存在一一对应的关系。要在技术上实现这一目标有很大的难度。通过账实分离设计，伽蓝能够在更大程度上实现库存的灵活调配，在减少仓储面积的同时提高生产运营效率。

4. 价值体现

数字化是互联网络时代最强有力的生产力，将驱动企业建立同数字化生产力相匹配的生产关系，比如企业内部流程、组织升级，从而实现企业在商业模式上的突破。对传统企业来讲，这是企业基因的改变。此次伽蓝集团通过"一盘货"模式的战略革新，满足了线上线下各种销售场景的需要，降低了代理商和经销商的运营负担和经营风险，在实现优化柔性供应链的同时提高了市场反应能力，能够持续而稳定地为消费者提供优质的产品和服务，为消费者创造价值，最终实现销售增长。紧随其后的，便是伽蓝集团内部一系列业务模式、管理模式的变革。

（1）通过账实分离降低仓储与生产成本，提高运营效率

美妆行业面临的一大痛点是传统供应链模式下各代理商仓储相互独立，进而导致库存囤积、周转率低。为了解决这一痛点，在一盘货的第一阶段，伽蓝通过集中建仓实现了库存的统一管控，提高了产品周转率。然而随之而来的高昂仓库租赁费用成为新的难题。因而在一盘货的第二阶段，通过业务中台系统建立云

仓系统，通过逻辑层与物理层的设计实现账实分离，进一步减少了不必要的存储空间，为伽蓝节省了近 30% 的仓储成本。伽蓝在账实分离的基础上实现了生产水平更大的灵活性与自主性，进一步减少不必要的生产费用与货物囤积，加快了货物周转速度，进仓时间由 1 个月缩减为 1 周左右，进一步提升了运营效率。

（2）重塑分销渠道，赋能终端零售营销

伽蓝通过一盘货对渠道中人、场、物进行重新整合，从原先重代理商的分销模式转变为对全渠道的有效管理，在改善市场窜货乱价的同时，更有效地沉淀了终端门店的销售数据。原本伽蓝作为品牌方，所能触达的仅仅是代理商，销售数据颗粒度大，难以针对具体的销售终端提出有针对性的建议。而通过业务中台的支撑，经销商也能通过在线系统提交订单，使线下业务动作线上化、移动化，帮助伽蓝实现订单、交付、营销主要业务的全面在线化。在沉淀更多交易数据的同时，还可针对不同区域的销售商制定符合其销售实力与销售水平的营销政策，实现一店一策，提高终端销售门店的服务销售水平，提升消费者消费体验。

传统模式下，代理商在行业分工中主要负责提供物流、资金流和终端零售的管理。随着一盘货的实施，代理商从原先负责仓储物流的角色中解放出来，从"重资产"转向"轻资产"运营，把更多的精力和关注点从渠道博弈转移到以消费者为中心的终端零售管理工作上，逐渐转化为服务经销商，用数字化的方式全力赋能终端零售。"一盘货"是伽蓝集团实施数字化转型的基础。新模式启动后，集团也开始着力于一系列的数字化建设，帮助线下实现互联网化，为线下客户提供"工具、方法、思维、知识"四方面的赋能。

（3）重整业务流程与组织架构

原先伽蓝集团内部各部门之间的业务职能可能存在重叠、职能边界模糊等问题，而相关的商品、库存、订单等主数据也散落在不同的业务部门，难以整合全渠道数据。在一盘货项目实施之后，通过中台数据系统，能够将原本散落在企业各业务部门、各渠道的营销数据沉淀在同一数据池内，帮助企业实现更高效的数据整合和分析，快速搭建新的业务平台与应用，最终赋能消费终端。成立相关的项目运营部门，可以将以往不同业务部门的交叉职能统一由项目运营部门管理，从而明晰业务部门的职能，提高工作效率。而运营部门也能够在一盘货的基础上针对不同业务部门的需求对系统功能做进一步的修改，使系统能够与企业运作更为匹配。此外，供应链物流部以及其他事业部也将围绕着一盘货的新系统、新模型来改变现有的人员编制和职责分工，改善企业组织管理架构。

5. 尾声

一盘货是伽蓝集团在面临挑战的情况下做出的一次创新性变革，郑春颖在一次访谈中坦言："伽蓝做一盘货并没有现成的可参考样本，同时要面对大量资金投入、短期内营收减少、利润大幅下降等问题。一切从零开始对我们而言，是要承担巨大风险的。"然而面对困难，伽蓝依旧选择迎难而上。与云徙合作搭建业务中台更是进一步释放了一盘货项目的优势，效果也在不断的实践中显现出来，为伽蓝集团实施数字化转型打下了坚实的基础。不过，郑春颖并不满足于现有的成就，他思索着未来商业模式的变化，如何更好地通过数字技术连接客户营销客户；能否将一盘货系统做成一个平台；如何充分发挥中台架构的价值，二期、三期的蓝图在他的脑中铺展开来。

9.2.3 E 公司：双中台全面提升营销数字化

E 公司是一家以纳米技术研发、生产、销售、服务、教育于一体的民族直销企业，开发的产品围绕健康居家的理念，主要包括功能纺织、营养保健、养颜护肤、家居生活、电子科技。

1. E 公司在数字营销方面的主要痛点

从技术层面分析，目前 E 公司大部分系统是采用传统的技术理念建设的，主要以企业服务总线为纽带，将各应用系统进行组合。各系统拥有独立的业务体系、独立的数据体系，缺少整体规划的视角，从而导致各系统功能相对封闭，彼此的数据难以融合，形成了典型的数据孤岛。在此基础上扩展或构建新的系统，成本消耗非常大，而且达不到预期效果。比如想要在原有商城系统新增一些促销玩法，不光开发束缚多、难度大、周期长，促销的结果还做不到数字化分析，很难支撑市场需求的快速变化及业务模式的灵活创新。

从业务层面分析，各部门都有金点子，只是缺少互联化的落地工具，只能借助现有的系统功能落地。由于许多业务链路长且复杂，满足对应环节的功能散落在各个系统，因此操作人员需登录多个系统，有些内容甚至还需要线下操作，执行效率低，见效慢。比如营销活动名单规则需要线下通过 Excel 的形式手工分析；分析活动效果，需登录各个系统导出数据，线下对数据进行整合分析；目前交易场景主要是通过店铺报单的形式实现交易，缺少对 C 端的在线化支持。目前 E 公司拥有 120 万个注册会员，他们的行为难以数字化，影响公司对客户群的精准分析。业务部门难以对全业务链路进行统一的监控分析，不能有效地优化某些业务流程规则及功能使用场景。面对经销商缺少互联网化的赋能工具，企业内部优质资源能力难以输送给经销商。

从数字化组织层面分析，E 公司缺少体系化的数字化营销团队，不能有效拉通顶层规划、功能设计、方案落地、持续运营等各环节。目前通过某几个技术人员负责所有环节的实现，存在局限性。不通盘考虑公司数字化能力与业务的融合与规划，导致系统不支持快速扩展、持续优化、持续运营的需求。

根据各个部门的服务能力和经销商反馈两个方面再结合现有系统的功能，归纳出 E 公司目前的痛点如下。

- 系统老旧，缺失诸多当前流行的功能，无法方便地开展业务。
- 线上化程度低，许多业务仍然通过线下实现，难追溯、难统计、难分析、效率低、体验差。
- 部分功能虽已实现，但体验不好，系统改造困难。
- 数据无法实时监控和分析，导致不能实时监测各类营销活动的运营情况，后续也无法导出数据进行分析。
- 系统难以支撑高并发，遇到促销活动容易崩溃，经销商投诉较多。

2. E 公司的数字化营销方向

面对未来的数字化营销，E 公司提出了五化战略，分别是科技化、数字化、年轻化、体验化和敏捷化。其中数字化是要通过搭建数字化平台，调整业务模式、优化业务流程，搭建数字化团队，以便快速响应市场变化、全面赋能经销商、为公司沉淀数据资产，开启 E 公司全面数字化转型的征程。

搭建数字化平台包括以下内容。

- 硬件资源云化，打造 E 公司的 IaaS 服务，便于后续运维及资源的伸缩（根据业务需求动态减少、增加硬件资源）。
- 构建业务中台：通盘考虑全业务场景，以直销业务为核心，以合理的粒度将业务划分为多个业务域（中心），构建业务中台，做到每个中心的业务逻辑高内聚、低耦合，便于后续迭代优化、能力共享以及数据沉淀。比如将与会员相关的、通用的信息归类到会员中心，那些不相关的信息或低频率的内容不纳入会员中心。未来任何会员相关功能的迭代调整，只需在该中心操作，而且公司新旧会员资料都会在该中心统一管理，同时该中心能力可以让公司内部所有系统使用，避免了会员信息散落各个系统，导致各系统数据不一致的乱象。

在业务模式调整及流程优化方面，直销商城由原来纯粹的经销商报单平台调整为消费者与经销商一体化交易平台，实现直销产品体系的所有用户在线化；同时做好潜客引流处理，既有助于经销商事业发展，又有助于用户的拉新促活留存；丰富营销模式，为市场带来增长，比如限量购、资格购、秒杀、拼团等。对现有业务流程进行优化，将原来线下处理的方式线上化，缩短某些业务流程的环节，比如培训会议管理线上化、多类钱包都可以进行优化；将企业数字化资源及能力进行规整，全面赋能经销商，让他们感受到企业数字化的力量及市场信心。

企业数字化转型是一个持续的过程，不仅需要高瞻远瞩的领导掌舵，也需要拥有不同角色的数字化团队精准施策。比如需求统一规划、功能开发有序迭代，营销方案不断优化，系统持续运营等方面都需要专业的团队来跟进。

3. E 公司数字化营销的建设内容

根据各个部门的期望及当前业务的分析，重点优化的方向如下。

- 以客户为中心，尽可能把核心业务环节线上化，全面提升各项业务的用户体验。
- 以赋能为核心，充分发挥经销商的价值，为他们提供互联网化的事业工具。

- 以增长为目的，丰富营销活动，精细化记录客户的各项信息和核心业务数据，实现精细化运营。
- 以未来为导向，使用最新的技术做全面规划，高内聚、低耦合、高拓展，支撑未来业务发展及业绩的增长。

围绕面向线上交易、经销商、公司营销人员分别搭建商城系统、展业工具和 SCRM 系统。

- 商城系统：面向消费者、经销商、门店，重构传统的人货场模式，实现线下业务线上化和智能营销，全方位提升 B/C 端体验及服务能力。
- 展业工具：面向经销商，基于企业数字化能力赋能经销商，为渠道商（事业伙伴）提供互联网化的事业发展工具。
- SCRM 系统：面向企业会员、经销商，实现潜客、会员全生命周期的精准营销和线下活动线上化，基于社交化数据为市场提供灵活解决方案。

4. E 公司营销数字化的实施成果

通过搭建三大系统，为 E 公司的营销通路开启了新的篇章。

- 模式创新：从经销商运营到消费者运营，融合直销、分销、零售多模式，由事业型向"产品 + 事业"混合型发展。
- 全面线上化：经销商展业线上化、会员运营、营销线上化、会议活动线上化、合同签约线上化、开票线上化等一切涉及经销商和消费者的业务都实现线上化处理。
- 精细化运营：会员标签化分组、各类主动营销、事件营销、不同人群不同促销活动。
- 全新体验：多端操作方便快捷，全新的 UI 交互体验顺畅，全新的商品展示简洁大气。

| 第 10 章 | CHAPTER

医药行业的营销数字化

对于医药行业而言，无论是外部的政策合规压力，还是提高效率的内部动力，数字化都是医药营销的必选项。医药营销数字化不仅是使用数字化营销工具，其根本目的是满足企业运行过程中提升效率和降低成本的需求，核心是企业商业模式、运营模式的转变。只有搭建专属的数字化平台，基于中台架构实现企业内外部线上线下数据互通互联，实现用户、业务、员工、管理在线，在平台上沉淀用户、内容、行为数据，实现全渠道全链路数字化营销闭环，帮助企业实时洞察客户需求，及时调整营销方案，才能实现高效营销，进而推进企业营销数字化转型。

10.1 数字化驱动下的中国医药企业

对于处在抗"疫"一线的医药行业而言，2020 年的疫情是危机，也是一次大考。在抗疫救人的同时，医药企业也开始了各种方式的生产自救，化身 O2O 药房，大规模开展线上培训。似乎一夜间，医药行业就跨入了数字化转型与创新的时代。

医药数字化转型与创新不是局限于某个环节、某项技术，而是站在产业链全局视角，全流程、多项技术融合创新，涉及新药研发、临床研究、药品生产、营销推广、医生服务、患者服务、药品零售等各个环节。药企开展数字化转型与创新的目的是重塑医药行业发展模式和价值链，为医生和患者提供更好的服务。

10.1.1　医药行业的数字化转型已是大势所趋

医药是我国医疗健康生态的支柱产业，在 2011 年以前是医药行业发展的黄金时期，一直以来保持着高速增长的态势。中国医药市场的销售额从 2012 年的 9555 亿元增长到 2020 年的 21 500 亿元，年均复合增长率达到 10.7%，中国医药市场保持着高速稳定的增长。

中国医药市场虽然保持高速增长的态势，但是整体数字化程度落后于其他支柱型产业，传统营销模式仍然是目前行业的主要形态。不可否认的是，在政策以及产业的推动下，医药数字化程度将得到显著提升，传统医药会快速向数字化靠拢，同时数字化又将拉动医药行业加速发展，两者相辅相成。

展开来说，倒逼中国医药企业数字化转型与创新的既有政策因素，也有用户因素。中国医药产业经过多年的发展及探索，已形成较为完整的产业链，主要包含医药制造及医药流通两大领域。尽管医药行业产业链条已逐步完善，但是各个环节中需要解决的问题也越来越明显，尤其是两票制、带量采购的实行，医保改革等一系列政策措施，打破了以药养医、医药代表等传统模式，传统营销模式效率低、成本高、医疗市场下沉、新冠疫情等市场及突发因素倒逼处于医药产业中各个关键环节的企业进行数字化转型如图 10-1 所示，通过创新实现破茧重生。

在用户因素方面，随着生活水平的提高，人们对健康的诉求越来越高，不仅要治病，更要治未病，保持健康体态。针对健康诉求，药企以往都是站在医生和终端背后，如今去中间化，开放市场，令药企突然间要直面消费者。以往只需要按部就班，现在要"有的放矢、自谋出路"。药企要通过自身转型变革，扩大产品线，延伸业务线，从药品到保健品、日用品；从卖药到提供健康服务；从渠道到终端；从医生到患者、消费者，业务场景贯穿整个链路，各环节数据实时赋能业务发展。

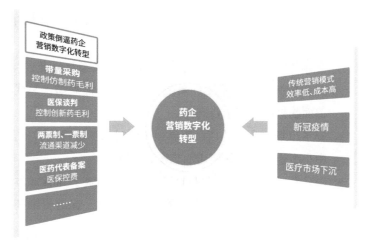

图 10-1　药企营销数字化转型的推动因素

目前大部分国内医药企业都已实现信息化，如 ERP、CRM、MES、WMS、TMS 等系统解决了企业内部运营及计划等问题。要对外提高医患用户满意度，提升用户体验，需要将企业自身的能力数字化，利用数字化平台建立与外界的连接通道，构建业务应用场景，数据反哺业务智能应用，这些都是数字化转型的关键路径。

医药企业数字化的意义在于变革和创新，不是为了数字化而数字化，是通过数字化构建企业自身可持续发展的核心场景，增强核心竞争力。

10.1.2　传统医药营销面临的挑战与机遇

传统的药企营销将焦点放在推广产品与客情服务上，也就是以企业或产品为中心，掌控所有的环节，把希望寄托在寻找"一招鲜吃遍天"的模式上，简单粗暴，以挂钩销量为核心。

传统医药行业面临的困境如下。

- 药品零售行业增速放缓，市场经济及医保红利带来的药店高速发展接近尾声。
- 实体药店客流下滑，全渠道、跨行业药品经营分流。
- 药企传统营销体系受到挑战，处方型、品牌型、总代型都面临推广效率下行态势。
- 资本市场、头部药店、跨界强企同时入场进行药店整合，中小型连锁及单体药店面临发展困境。
- 医药行业强监管、高要求，经营风险较高，运营成本不断上升，竞争加剧、带量采购、零差率、保健贵细药材占比下降，导致药店毛利空间被挤压。

挑战和机遇往往是并存的。

- 消费升级，市场扩容，民众健康意识升级。
- 5G、移动互联、视频化、数据化、智能化、基因工程、在线问诊、健康云档案、无人售药、智慧药店等技术驱动医药行业改变经营模式，效率大大提升。
- 更大的处方药份额流向零售市场。

- 医保线上支付逐步放开、处方药线上销售解禁、在线医疗服务松绑，顾客正在形成药品线上消费习惯。

在"互联网思维正在重构一切传统行业"的时代背景下，互联网与传统医药产业深度融合。更多药企加快了数字化转型的步伐，寻找撬动新增长的创新之路，在此过程中，出现了数字化营销效果低于药企预期的局面，这主要体现在以下方面。

- 资源投入不足：药企虽然投资建立了 CRM、ERP 等内部系统，也花钱在外部投放网络营销活动，但在数字化营销方面的资金投入仍然不足，数字化转型力度小。
- 组织和利益体系没有适应数字化营销新方式：部分药企的组织和利益体系调整没有适应数字化营销新方式，且企业通常缺乏既懂医药营销又懂互联网营销的人。国内药企的数字化营销工作都是由市场部门负责，而数字化营销也是 CEO 的任务，不只是市场部门、医药代表的任务。
- 信息缺乏吸引力，数据利用不充分：很多企业传递的信息形式重复、内容单调，导致医生或消费者根本不会阅读这些信息，甚至一推文就会有医生或消费者取消关注或是卸载 App。数字化营销中产生的海量数据目前仍处于荒废状态，缺乏提高数据质量、保障数据真实性和数据利用率的能力。现阶段还处于数据积累的过程，远没到大数据阶段，不能很好地指导企业业务。

目前我国医药领域的数字化营销服务主要应用于医药企业对处方药的需求中。而在未来的发展中，数字化营销也将渗透到医疗器械、耗材行业的营销工作中，同时占药企营销支出的比重也将进一步提升。此外，营销对象也会从目前针对医生进行营销，逐步发展至包含医生、零售终端，甚至患者的全方位解决方案，如图 10-2 所示。

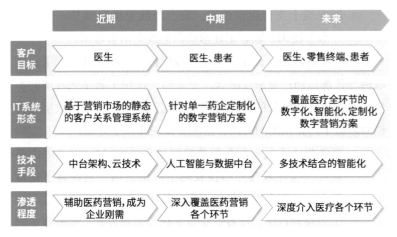

图 10-2　中国医药数字化营销发展趋势

10.1.3　医药营销数字化的途径

随着经营成本的增长、政策法规日趋严格、医疗机构自身改革及整体医药医疗市场复杂程度的加深，传统医药营销模式已经受到严峻挑战，医药营销数字化转型迫在眉睫。

数字化推动了传统零售人、货、场分离，而对应到医药产业的终端零售场景，除了患者、药品、医疗 / 医药机构之外，还涉及医师 / 药师、医保卡，以及处方，简称人、货、场、医、卡、方六大消费要素。不同于传统零售领域的多角色一体，医药零售场景中，患者本人通常是消费方，决策方则是问诊环节的医师 / 药师，支付方是以医保卡为主的多层次支付体系，三方互异，共同影响终端消费行为。

与快消类行业不同，医药营销与其他行业有很大的不同。汽车企业一定会找新客户，去年买了车的老客户今年一般不会再买一辆。而药企营销不一样，去年一种药 10 亿的营销额是由全国一万个医生开具处方产生的。药企长期关注患者，短期必须关注开处方的医生。每年药企营销投入的 80% 需要服务于固定的老客户，对老客户的价值挖掘与其他行业有非常大的区别。

不管是快消品等泛领域行业还是会员管理，所有的营销过程都在讲精准营销。而医药行业绝对是对营销精准要求最高的行业。

药企数字化营销中非常重要的一项是存量营销。药企需要技术赋能，渴望精准营销，第一步是要服务已有的客户。只有服务好已有的客户，才能考虑如何精准地推送、扩充潜在目标客户。当存量营销和未来增量营销做到一定程度的时候会发现，药企平台里目标客户和目标客户所触达的消费者关系圈，会成为药企的流量池，这是药企非常关键的数据来源。

医药企业营销数字化要先做存量营销，建立全渠道全链路平台，然后做增量营销、精准营销，形成完整的营销闭环。

10.1.4 医药营销数字化的 5 个要点

在医药营销数字化转型的过程中，需要注意以下 5 个要点。

1. 营销本质不变，用户行为改变

医药企业的营销本质仍然是以终端需求为导向、打造高效精准的供应链、精细化标准业务流程，在过去的十几年里，三者变化不大，还是为了满足终端需求，终端需要什么就供应什么，优化供应链还是主流，精细化管理是很多企业管理的主旋律。

如今最终消费者的行为发生了巨变，主要体现在 3 个方面，一是行为数字化，消费者的行为已经从原来的未知转变为数字认知，我们可以得知用户的喜好、动作、感受；二是时间碎片化，消费者不再局限于某个特定的时间去消费，而是随时随地都可以发生消费行为；三是需求个性化，消费者不仅有治病的需求，还

有健康养生需求，除了听医生药师的医嘱和推荐，还会自主从网络获取信息产生自己的需求。

2. 4R 营销理论中越来越强调和重视的"关系"同样适用于医药营销

4R 营销理论是由唐·舒尔茨在 4C 营销理论的基础上提出的新营销理论。4R 分别指代 Relevance（关联）、Reaction（反应）、Relationship（关系）和 Reward（回报），其核心表达了 4 个关键理念：①企业和顾客是命运共同体，建立并发展与客户的长期关系是企业经营的核心目标；②在企业与客户的关系发生了本质变化的市场环境中，抢占市场的关键已转变为与客户建立长期而稳固的关系；③站在客户的角度及时倾听，并促使商业模式转移成为高度回应需求的商业模式；④一定的合理回报既是正确处理营销活动中各种矛盾的出发点，也是营销的落脚点。

3. 私域流量的用户是药企的核心资产之一

站在 4R 营销理论的角度来理解私域流量，可以总结出"关系""用户""服务"3 个标签。企业在制定员工 KPI 时，除了业绩目标之外还需要增加用户运营（私域流量）这个指标，特别是对于医药零售连锁企业，接触用户的一线人员是门店店员，其行为（服务）在很大程度上决定了企业用户资产量。同时也说明企业自身有了代表品类品牌，甚至是超越品类的机会。

4. 医药企业营销数字化的衡量标准

衡量标准也可以理解为怎样的营销才是数字化。可以通过 5 个能力来衡量——品牌能力、导流能力、运营能力、敏捷能力、数字化建设能力。品牌能力不难理解，如今的品牌传播已经不仅包含传统媒体渠道，还要有新媒体渠道，尤其是短视频，传播结果也是可以量化的。导流不仅是线上，还有线下，不仅针对医生，也涵盖消费者。有用户就有运营，要考虑拉新留存，更需要促活转化。市场是瞬息万变的，企业营销活动如何敏捷反应，所有的营销动作都离不开营销工具的支撑，企业自身能力的数字化是数字化营销的基础，从信息化升级到数字化，是医药企业营销数字化的必经之路。

5. 中台战略思维是营销数字化的思维方式

中台化不仅是 IT 技术上的变革，也是医药企业营销数字化的组织变革，公司把目标落实到业绩、市场、产品、用户层面上，就是依靠基层作战团队，后台都要前置，为一线人员提供各个层面的支持与服务。业务中台和数据中台的双中台布局，是目前大多数医药企业数字化营销的战略部署。其中，把业务行为搬到线上是第一步，这也是数字化营销的前提条件，有了这一步才能做接下来的用户画像、数据标签和算法模型。这也是企业在做数字化转型时，通常要做业务模式调整（渠道数字化变革必定会带来价值链条上利益的重新分配）、组织变革以及流程再造的原因。

10.2　基于中台实现医药营销数字化

在医药企业进行营销数字化的过程中，会面临各种问题和挑战，如用户的触达、内外部数据的打通、业务及数据平台的搭建、患者管理、有效的客户互动、线上线下的融合等。在企业的营销数字化实践中，做好顶层设计尤为关键。

变革与创新是一种常态，也是唯一不变的规律。营销数字化不只是触达用户的工具和手段，应该站在企业战略、组织管理的层面进行模式的创新和转变。医学本身具备严谨性、精准性、长期性、重复性等特质，很多头部医药企业已经引入中台的概念，搭建企业数字中台能够持续、源源不断地针对目标客户进行观念的影响、信息传递与互动。每一场直播，每一份调研问卷，每一次病例征集，每一次药品销售……数字中台能够帮助医药企业敏捷应对市场的瞬息万变，将企业开展的大量优秀的数字化资产沉淀在统一的平台上，对于企业未来的数据储备、运营分析乃至战略决策调整意义非凡。数字中台成为越来越多医药企业共同的选择。

10.2.1　医药营销数字化的中台战略

数字化营销是传统企业数字化转型中效果最明显因而最先启动的板块，能快速响应数字营销的中台提供新一代互联网技术架构保障，有着不可比拟的优势。

在互联网时代，医药的营销数字化是立体连接的，BC 一体化、双线深分。前台负责立体连接，也就是全渠道全链路线下深分；中台负责线上深分，支撑在线运营以及数据化支持；前台、中台结合协作，实现 BC 一体。数字化中台就像精准营销，是任何一个药企都绕不开的话题。

那么，站在药企的视角，应该怎么看前台、后台、中台？

传统的药企营销只有两个维度，一个是前台，这里指的是营销一线；另一个是后台，也就是二线业务支撑部门，没有中台的概念。前台就是一线业务员，即销售部，后台是研发部门、市场与品牌传播部门、管理部门。传统药企营销的前台、后台，更多是位置上的前后，也只有线下才分前后，没有线上的说法。

以传统营销的思路，线上平台、电商是没有前台，只有后台的。除了线上平台早期地推人员外（当然，药企自营的商城也没有地推），平台电商的所有工作人员，从位置上来说，没有所谓的一线二线，都是后端部门，做的都是支持线上运营的事务。

现在换成互联网角度，触达 C 端的就是前台，为 2C 提供支援的就是中台，售后服务的就是后台。比如客服这个岗位，在传统企业就是后台，在电商部门就是前台，这是因为客服直接与 C 端打交道。这么看来，传统企业是以人员所处的地理位置划分前后台，互联网则以流程划分前中后台。这是两个完全不同的视角和划分标准。一个是空间的前后，另一个是流程的前后。前台是流量入口，提供交易和服务，中台提供支持前台业务的服务能力，后台提供业务管理。换成传统企业的角度，上述岗位都属于后方。

营销数字化的中台，一定不是单纯的电商前中后台逻辑。传统医药营销没有线上业务只有线下人为的业务活动。营销数字化既有线上，又有线下，立体连接，双线深分，线上线下密不可分。

营销数字化中台必须支持双线深分，并提供数字化运营，注定无法简单地用平台或电商的中台逻辑去套用。营销数字化的站位不是平台，不是电商，不是零售商，而是传统品牌药企从传统营销模式向赋能 b 端、触达 C 端延伸，以及因线上业务而形成的数字化持续营销与运营方案。这是非常重要的基础论点。营销数字化既有线下业务，也有线上业务，也即所谓的全渠道全链路。

医药营销的前中后台划分本身也是一个演进的过程，我们尝试用一张图来说明，如图 10-3 所示。

前台必须直接面对用户。转型后的销售部都是前台，这个没有争议。过去，前台的职能更多是线下维护客情，现在除了线下，还有线上线下 BC 一体化。BC 一体化是客户群的延伸，即打通终端、连接 C，建立社群和网络（云店）。建立 F2B2b2C 业

务模式的目的是为了 2C，数字化体现在 2C 业务持续深化，2B
业务持续进化。

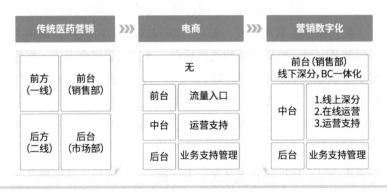

图 10-3　营销数字化前中后台演进

中台是业务能力的支撑，通过前台接触 B 端和 C 端用户。
营销数字化中台应该符合 3 条标准：①位置上在后方，不在一
线；②线上线下直接面对 B 端和 C 端；③线上线下联动，与前
台密切结合。营销数字化的中台可以理解为虽然人在后方，但在
线上以数字力量与前台并肩作战。按照这个划分，BC 一体化的
中台，包括电商的前台、中台。

传统企业的后台、电商企业的后台，以及电商企业的部分中
台职能，在营销数字化中成为后台。

没有前台，就无法从 B 端延伸到 C 端，中台就是无源之水。
只有前台，没有中台的实时在线，就无法充分发挥 C 端在线的价
值。传统企业的市场部与销售部，在逻辑上有关联，在运营中，
除了销售政策外，关联度不大。营销数字化，销售部（前台）从
面向 B 端到 BC 一体化，属于职能扩张。同时，因为数字化管理
和 C 端倒逼，面向 B 端的工作会得到简化，原来一个线下业务
员服务 150～200 个终端，在未来效率会更高，负责更多的终

端。此外，原来业务员在线下单兵作战，未来与中台结合，线上线下，双线深分。

营销数字化彻底改变了传统营销认知（传播）与交易（渠道）分离的状况，真正实现了认知、交易和关系三位一体。

鉴于前台只是完成了 2B 的关系建立，以及 BC 一体化的连接职能，面向 2C 的认知和交易都交给了中台。前台人员的数据化分析也交给了中台。中台不再只是支援性和事务性部门，而是整个数字化转型的神经中枢。营销数字化的中台有如下职能。

- 2B 和 2C 的在线化运营，类似在线客服。
- 2B 和 2C 的用户画像。
- 即时响应 2C 的用户，根据用户画像和用户政策建模，在线即时响应，自动分发。
- 分析 2B 数据，发现 2B 问题，供前台人员作为行为指南。
- 根据营销策略和销售政策，与前台人员共同作用。
- 运营内容平台。

10.2.2　赋能渠道终端"直通"消费者

传统的医药营销模式有 3 种——多级批发流通渠道模式、以医药生产企业为主导的批发零售渠道模式、以流通企业为主导的流通渠道模式，这 3 种模式对产品营销情况的调节能力、渠道冲突的控制能力、利润情况方面有着不同的特点，也存在明显的不足，如市场集中度低；渠道利润率低；以产品为中心，与消费者连接断层，缺乏信息反馈通道；没有充分利用渠道的信息资源来指导产品的研发和营销活动。

未来，药企的营销模式将从以产品为中心转变为以消费者为中心，会更加注重消费者的真实需求，尤其是在健康管理、疾病康复、养生养老等领域，根据消费者需求提供相应的产品和服务

（保健品、家用器械、营养补充剂、医疗信息、健康指导、疾病康复解决方案，养生指导等），而这些产品和服务都是围绕消费者需求构建而成的产品群。

最靠近消费者的零售终端是未来医药营销的主战场，工业制药企业与商业批发企业通过多种方式，如自建平台、第三方平台、医疗机构平台等为零售终端和消费者提供产品和服务，并与消费者保持互动。药企不会仅关注医生，会更关注消费者，通过与零售终端合作，针对某一类或某几类疾病筛选出消费者目标群体，为之提供专业、系统的产品和服务，拥有规模较大的忠于药企品牌的消费者群体。

充分利用数字化、智慧化的科技手段帮助药企实现赋能渠道终端，"直通"消费者的创新营销新场景、新模式。构建医药互联网 F2B2b2C 的闭环，赋能医药企业，实现链接产生价值，产品共享，物流共享，平台共享，如图 10-4 所示。

10.2.3　消费者会员的营销与运营

中国药企迎来了私域流量时代，依靠医药代表拉动销量的时代已经过去，医药营销从线下转变为全渠道营销，从泛用户转变为精准营销，企业借助对目标用户群体的精细化运营沉淀私域流量，积累企业的数字资产，分析洞察需求与痛点，进而赋能业务增长已成为共识。

会员营销与运营解决方案帮助医药企业构建完善的会员中台体系，如图 10-5 所示。

- 会员数据管理平台：建立会员数据平台，对数据进行清洗、整合、分析和洞察。
- 会员标签体系：建立体系化的标签体系，提供完善的会员标签解决方案和顾问服务。

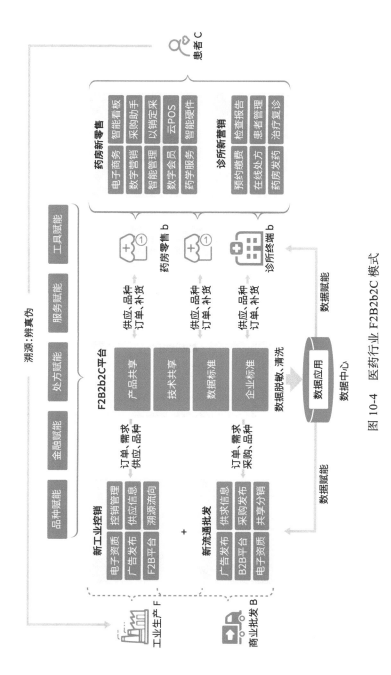

图 10-4　医药行业 F2B2b2C 模式

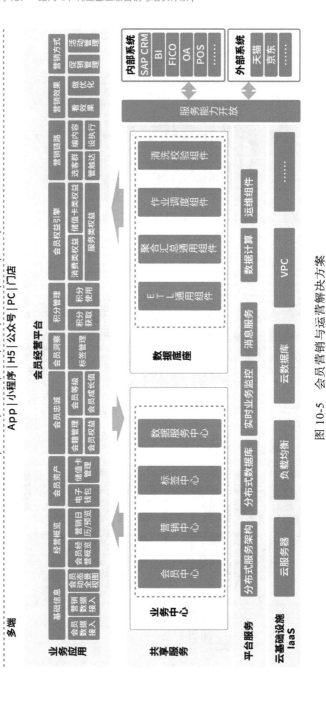

图 10-5　会员营销与运营解决方案

- 会员圈群分层：智能化会员分层分组，支持跨平台和跨渠道的会员圈群运营。
- 精准会员画像：通过标签、来源、事件、活跃度等指标形成精准 360° 会员画像。
- 会员旅程设计：基于会员的标签和分层，分别设置不同的会员生命周期旅程策略。
- 会员自动化营销：Always-on 自动化营销管理，实现超大规模的个性化会员营销。

医药行业的会员营销意味着药品的精准销售，而处方药占据整个医药销售市场一半以上份额，伴随国家医改政策的不断强化，处方流转、处方药零售成为医药企业对消费者、会员进行营销的重要组成部分。处方药销售与非处方药零售有明显的区别，如图 10-6 所示。

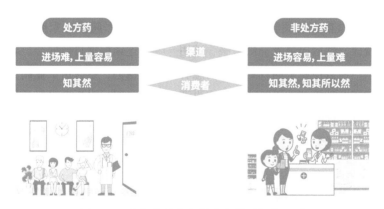

图 10-6　处方药销售和非处方药零售的区别

从渠道角度看，医院进场比上量要难得多，全国 Top20 的医院开发耗费了医药人的大半青春，一个入场期动辄 3 年、5 年，拿到入场券之后就又是一番天地，不然还得继续耗下去。非处方药零售渠道恰恰相反，入场比较容易，入场后上量才是最大的难题，大量促销活动、外场炒店都可以说是没有办法的办法。

从消费者角度看，很多消费者到医院看病都是排队 2 小时看病 5 分钟，然后缴费拿药。在医院渠道销售上量的工作核心是医生，获得了医生的认可就不需要在消费者层面做更多的教育。非处方药渠道则完全不同，通常消费者到药店购药，会询问店员或药师的推荐，如果有丝丝不好的感觉，或没有清楚认同，很难接受推荐。在零售渠道上量不仅需要让店员或药师认同，还要让消费者认同他们的推荐，最终才能转化买单。

本着共同的经营目标，工业制药、商业批发、零售连锁各环节，药企协作经营消费者和会员是未来的趋势，协作模式大致有以下两种。

1. 精准客户服务模式

做精准的顾客服务，主要就是依托三甲医院的专家给患者授课，然后向患者提供试服、试用。零售连锁根据自己的会员名单，在数据库里面找到相应的患者，召集他们，然后由工业制药或商业批发请三甲医院的专家讲课，给予试服，对患者进行长期跟进，同时观察患者的回购率。

2. 资源共建、共同参与模式

三甲医院的医生专家在线上为患者定期开设在线问诊服务，吸引患者流量。医生专家团队通过线上或线下培训店员，让店员为患者提供基本的专业用药服务。通过药企与零售连锁资源共享，定期或不定期举办活动，一起实现药品零售的目标。

针对消费者会员的药品销售常常与慢性病服务紧密关联，下面阐述两个驱动因素。

（1）产品的卖点适应症很多，聚焦单项更容易记忆

- 对产品本身适应症进行分析，找到每一类疾病人群的特征；患者的第一消费现场（医院、药店、诊所），即确定产品的赛道。
- 这几类疾病涉及的症状中哪些是消费者最关心但未得到充分解决的，即确定产品的有价信息。
- 分析容易患这类疾病的人群性别、年龄；通常他们有可能采取的措施有哪些，即确定信息传递渠道。
- 这类人群使用该产品的频率如何，即确定时间价值。
- 综合看目前市场同类产品的营销诉求和思维路径，哪些是被忽视的；哪些是可以超越优化的，即确定产品 2C 占位逻辑。

（2）产品价值的挖掘及转述

产品价值的深度挖掘—简易化传播—沉淀心智，形成复购或自购；通过店员等一线人员重复传播，让消费者认知、接受、认可并引发再次传播。

任何商品都一样，消费者如果没有认同产品的价值，很难形成自购。

10.3　大型医药集团 F：业务数据双中台助力实现 F2B2b2C 业务模式

2020 年新冠疫情给全民生活带来了冲击和改变，同时也对我国医药产业产生了重大影响。疫情期间，"切断物理联系"使得药企传统的线下营销活动基本停滞，医药企业数字化需求在新冠疫情中凸显。突发的疫情让原本就在布局数字化转型的大型医药集团 F 加快了前进的脚步。2020 年 7 月，F 集团将医药商业

B2B 优化升级项目暨集团大数据平台项目正式交给云徙。截至 2021 年 7 月，该项目的多个内部模块陆续上线，基本实现业务流程升级再造。

10.3.1　行业背景

医药行业的信息化和数字化具有区别于一般消费品行业的特殊性，该行业从生产、制造到流通、零售各个环节都受到法律法规的限制。近年来，曾经严格受限的医药营销活动开始得到国家政策的支持，初步放开网售药、处方外流以及慢性病管理等都为医药行业的数字化转型带来了新的机遇。同时，巨大的行业体量使得医药行业有实力成为数字化转型的下一个风口。

医药数字化创新受到内部因素与外部因素的共同驱动。在内部，政策大力推动数字化医疗建设，控费降价政策迫使企业缩减成本，患者希望获得更便宜的药品；在外部，医药行业增长速度放缓，影响企业利润，新药研发风险高，须提高研发成功率，人力成本过高，加重了成本负担。

具体到销售环节，数字化时代的药品销售业务面对激烈的市场竞争，对内需要构建企业高效供应链，研发、物料、生产、物流、仓储、分销、终端销售等环节都面临高效能、快速响应市场的挑战。受国内政策与数据开发程度影响，药企缺少接触药品终端销售的渠道，建立末端销售与市场的信息纽带尤为重要，优化终端开发策略成为业务关键节点。

10.3.2　企业背景

大型医药集团 F 是以大健康产业为主线，以全面国际化为引领，以大生物医药产业为核心，以健康保健产业和医疗康复、健康养生、健康管理服务业为两翼，形成产业与资本双轮驱动的高科技企业。

F 集团成立于 20 世纪 90 年代，从现代中药高科技成果的产业化开始，走上创新与发展之路，目前在全球拥有 20 余家科研能力中心，11 个生产基地遍布全国。该医药集团以现代中药奠基立业，率先倡导"现代中药"新理念，以高新技术创新改造传统中药产业，推动传统中药产业进入新型工业化、智能制造新时代。该集团在做专做精、做强做大现代中药的基础上，向特色化学药、高端生物药行业扩展。化学药以"仿创结合"特色创新为主，形成具有差异化竞争优势的大产品、大品种。

在疫情期间，该集团的线下营销活动举步维艰，而线上优势凸显。疫情过后，该集团加快数字化转型升级，对原有的医药商业 B2B 系统进行优化，同时筹备建设集团大数据平台，下定决心解决系统"烟囱"和数据"孤岛"的问题，为集团快速响应市场的需求和变化扫清障碍。

10.3.3　痛点聚焦

F 医药集团进行数字化和平台化转型，主要面临业务和数据两方面痛点——业务流程效率偏低、成本偏高、用户在前端体验不佳，数据质量和利用率较低。

1. 业务流程效率低、成本高、用户体验差

业务流程存在的效率低、成本高问题突出体现在线下合同的签署上。医药行业是法规的重要监管地带，该集团由于体量庞大，商品种类和经销商数量众多，需要处理的合同数量巨大。该集团以往的合同业务都是线下进行的，没有实现在线签，总公司无法及时监管几十万份经销商合同。监管的缺位为"阴阳合同"提供了可乘之机。以往的线下合同信息填写不规范，因为需要多

次邮寄，合同签署时间长，审核时间长，线下盖章耗费人力和时间，无法实时掌控每个合同的进度；合同签署完毕，需要人工整理合同中的相关数据，统计分析效率低，整合合同签署情况、品种分布情况、占比等数据费时费力。

用户在前端体验不佳。具体来说，在交易业务的管理方面，客户下单后，在原有系统中没有预付款和信用校验，只能使用客户原始的信用和返利数据，无法对现有的低信用高风险客户的订单进行冻结操作，缺乏临时信用的管理。重要数据多系统存储也对其稳定性产生了威胁。在原来的系统中，由于下单时无法实现跨系统实时库存对接，因此超卖现象时有发生。在原有的 B2B业务中，系统内的订单信息不同步，客户下单的商品、数量、价格等信息与公司获取的订单信息常出现不一致的情况。另外，订单信息无法跨系统传输，导致无货订单无法返回，相应的库存、返利、授信等信息也无法返回。此时，无货订单只能先结算，再进行订单退货处理，无法返回造成后续的业务流程能力出现浪费。无论是客户还是集团管理人员，在系统内的用户体验都有较大的提升空间。

2. 数据质量和利用率较低

业务系统"烟囱"导致业务流程割裂，形成"数据孤岛"，数据质量、价值偏低。因数据指标标准不统一，数据质量没有保证，不能形成有效的数据资产。由于客户、商品、会员、订单、库存等关键共享数据在多个系统中维护、传输和储存，数据容易出现延迟和丢失，此时业务判定需要人为介入，导致管控成本过高。不同业务系统之间的数据没有打通，数据链路没有形成闭环，不同业务、不同系统数据需要多接口调用对接，系统稳定性、灵活性不足。具体说来，医生营销、终端运营、物流仓储等订单交易信息和终端信息分布于各个系统，数据标准不统一和数据质量不高，无法满足业务自动化和分析决策的需求，从而缺乏通过数据分析及数据应用提供数据的标准化支持，无法为企业信息化建设及数据创新应用提供数据保障。

现有的数据应用难以支撑各类业务运营需求，数据赋能业务的目标难以实现。原有系统的耦合度高，难以实现新需求的快速开发，不同店个性化需求难以满足，响应速度慢。由于原有系统没有数据标签等功能去完善数据维度，导致营销业务应用以及对经销商、客户等更精细化的管理服务难以展开。当前因为缺乏基于数据标准之上的、针对管理高层的数据分析功能，不能提供数据的实时监控、追溯分析等服务，无法为领导层的决策提供有效、有力的依据。同时，也不能为各职能管理层对企业运营各部门提供更好的数据分析，提升运营能力。

10.3.4　中台实施

面对该集团在业务上降本增效、改善用户体验、提高数据质量和利用率等诉求，云徙提出了业务加数据的双中台解决方案，能够实现"业务数据化，数据业务化"，用数据赋能业务场景，在战略层面上解决了业务"系统烟囱"和"数据孤岛"的痛点。2020 年 7 月，该集团在多方面综合考量后，最终决定将数字化中台项目交给云徙来完成。项目经理曾某回忆起该项目时说："我们的售前团队经常前一天下午做需求调研，当天晚上修改并形成方案，第二天就在现场向客户汇报方案。"该集团也被云徙高效、负责任的工作态度所打动。

云徙在与该集团业务部门经过详细的需求调研后，决定将业务模块相对独立的电子合同作为项目的起点，同时开始布局业务中台和数据中台。从组织运行流程到业务运行流程，开展全面优化和改造，是中台的核心工程。

1. 电子合同

云徙首先与该集团的数字创新部门进行调研和讨论，梳理出电子合同的初版功能清单及迭代计划，随后云徙分别与商务、商销以及场外交易市场等关键用户基于原型讨论电子合同内容，之后完成了法务风险评估以及合同类型及审批流程确认。截至2020年9月，历经多次调研和设计讨论，电子合同的业务诉求和产品设计已逐渐成形。

在完成了最终的需求确认后，云徙团队的开发和测试团队开始快马加鞭地筹备电子合同落地。2020年10月，云徙最先交付了具有开户管理、合同模板、发起、经办、复核、用印、盖章管理等基础功能的第一版电子合同。随后在多次优化细节、使用流程后，电子合同最终版本在2020年12月完成交付并上线，同时创下了交付"0 bug"的记录，这一历史记录的实现离不开细致的前期需求调研和经验丰富、执行力强的交付团队。至此，该集团合同管理电子化实现了电子合同在线创建、在线签章、在线管理、可查可追溯，为企业的未来发展扫除了一块"心病"。

2. 业务中台

云徙本着"以市场为导向，以客户为中心，以数据为依托"的理念，采用"中台战略"的建设思路助力数字化创新，将目前重复建设的烟囱式系统改造为随需而变的中台系统，通过业务中台，实现能力共享，加快响应及交付速度，整合集团主数据管理。

在业务中台的具体建设过程中，主要是通过 B2B 平台和统一运营平台的搭建，构建医药互联网 F2B2b2c 的闭环模式，如图 10-7 所示。

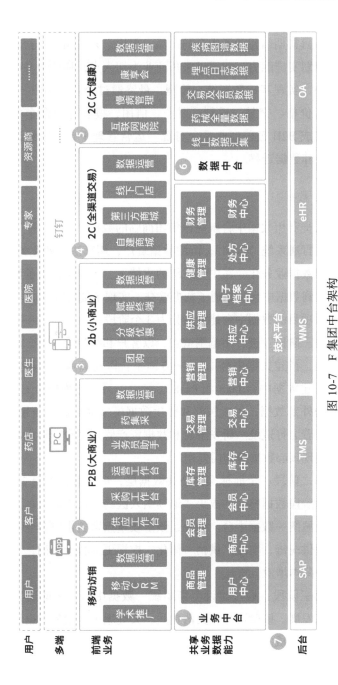

图 10-7　F 集团中台架构

项目初期组建业务中台的产品、架构、开发团队，初步形成中台规划实施能力。随后以医药商业为切入点，构建业务中台能力中心，实现基础数据统一管理。最终通过企业、用户、商品、流程、价格、交易、返利、财务、信用、报表等十余个中心建设，完成 B2B 医药商业平台与统一运营管理平台的上线以及系统切换和数据迁移。

3. 数据中台

云徙利用数据中台解决该集团面临的数据"通""管""用"难题，打通系统"烟囱"，沉淀数据资产，用算法驱动业务创新，让一切数据业务化。在中台系统的支持下，各业务模块的数据能够汇总到数据中台，打通了数据壁垒，实现了能力共享。

该项目的数据中台建设共分为 3 个阶段。

第一阶段：进行小范围试点，以客户和终端为抓手，切入营销主题，搭建数据中台 1.0。一方面整合医药商业、医药营销数据，搭建数据中台 IaaS 和 PaaS 层能力；另一方面整合 CRM 全渠道的外部数据，形成医院和医生数据模型助力医药营销增长。该阶段着力打造统一研发平台和数据资产管理平台，形成数据体系，实现核心数据跨部门复用。

第二阶段：全面标准化公共数据层，形成数据中台 2.0。基于上一阶段数据整合的成果，继续纳入医药非营销域数据，建设医药全域统一数据中台。另外，该阶段重点覆盖供应链业务，支撑智慧供应链，实现厂供销一体化，挖掘更多智能应用，全力赋能业务降本增效。

第三阶段：通过建设全集团统一数据中台，全面助力该集团生态发展。该阶段将相关消费品、大健康等全业务数据纳入其中，真正形成集团数据中台生态。同时整合集团级消费者画像、标签体系等，实现富弹性、可叠加、多场景的数智化运营。

10.3.5 面临的挑战

项目在实施落地的过程中，产生了人和经验方面的问题。

1. 分工共建

项目遇到的第一个挑战是人的困难，F 集团作为中医药领域的头部公司，体量庞大，集团总公司以及十余家分公司的相关人员都参与其中，项目内部相关人员关系相对复杂，需要花费较大精力理顺。

云徙主要与该集团的数字创新部门对接，为该项目匹配一对一的产品团队、前端与后端开发团队以及测试团队。最初云徙团队与客户团队一起开发，因为分工不明导致合作出现了责任不清的问题。出现问题后，双方及时沟通协调，基于各自的强项，摸索出一套"共建"的互补模式。先由云徙团队基于中台设计出一个整体的框架，在填充内容时将颗粒度放粗，然后由 F 集团的产品团队向集团内部确认业务需求，在已有的整体框架内填充、落实细节。因为 F 集团的数创部门能够对细节的设计做更精准的把控以及对内的沟通更顺畅，而云徙虽然有丰富的中台建设经验，框架搭建能力较强，但难以在短时间内厘清集团内部庞杂的关系，所以这种"共建"模式能够扬长避短，有利于项目的推进落地。

2. 多方需求的确认

由于该项目牵扯业务部门众多，涉及与多个业务部门的调研沟通与确认需求，过程中也遇到了需求变化、反复的问题。

主要负责 B2B 平台建设的某业务架构师曾提到需求扩充的

问题："在与财务部门进行需求调研时，得知财务人员在做账款核销的时候，希望把所有的回款核销的动作全部纳入系统。而与商销部门沟通时，发现没有包含小 b 端（即小规模经销商）的业务核销动作。我们最初的设计是可以容纳小 b 端的，而在具体处理业务时并不包含这块业务，随后因为两个业务部门之间的这个问题，我们跟用户进行二次确认。经过沟通，我们增加了小 b 端的需求，将这部分功能纳入进来。"

在与不同业务部门进行需求确认时，云徙及时确定需求清单，当遇到不同业务部门对同一需求出现矛盾时，团队在 F 集团高层的支持下，与涉及的部门代表集体开会讨论，直至达成统一意见。

3. 行业经验的累积

云徙的项目经理说道："这个项目是一把'开门的钥匙'。虽然我有 4 年的医药行业经验，但我们项目的部分同事并没有接触过医药领域。"为了迅速提升云徙团队对医药行业的熟悉度，帮助团队明确客户的专业性业务诉求，拥有十余年医药系统架构设计经验的云徙医药事业部首席业务架构师在团队内开展了详细的内训，借助医药行业 ERP 软件把医药行业的关键点以及业务链条里面的医药行业特性向同事做了全面的介绍。除了内训，在团队新成员的招募上，云徙都要求具备相关的医药行业经验。首席业务架构师说道："熟悉医药行业的小伙伴加入这个团队，起到了'鲶鱼效应'，由他们带动原有的团队成员，触发成员更主动地学习、了解这个行业，最终打造成我们现在的团队。"

项目经理总结说："经过这个项目，我们加深了对医药行业的理解，认识到法律法规对它的影响，比如业务环节中的 GSP 标准、GMP 标准，都对系统对接的审核提出了要求，这一点是项目教给我们的。"项目经理还举例说："之前我们提过'缺少主数据'是该集团的一个核心业务痛点，医药行业的核心主数据有自己的特殊之处。比如创建商品主数据时，某个药品的剂型、规格等信息要录入系统需要经过多少层审核，哪些数据不能导出等问题都是其他行业所没有的。"

无论是对 F 集团还是对云徙来讲，该项目都是一个"双赢"的战略级项目。对于中医药行业的头部企业 F 集团来讲，医药商业 B2B 优化升级项目暨集团大数据平台项目是其数字化转型的开创性一步。对于云徙来讲，医药行业是其未来重要的发展方向，该项目是云徙在医药行业立足的重要起点，云徙也能够通过该项目沉淀核心产品、产品经理及研发人才，未来为医药行业的数字化转型提供更深层的支持。

10.3.6　结语

F 集团的数创部门拥有坚实的后端能力，云徙基于数舰引擎为该集团搭建中台，帮助其理顺前端业务模块与流程，为未来该集团业务模式的转型与创新提供数字化基础。在医药数字化领域，F 集团作为云徙的原型客户与云徙共同打造研发平台，云徙将数智化的数据建设理念以及数据业务标准流程和开发规范赋能给该集团 IT 团队，帮助该团队形成数据意识和平台维护的能力。在未来，云徙能够将积累的医药领域的营销数字化经验沉淀成产品，帮助企业深入探索数据在营销方面的价值，实现数据与业务场景的结合，助力整个医药行业的营销数字化转型。

谈及医药行业数字化，云徙医药事业部首席业务架构师分享了以下 3 个观点。

- 医药行业会更加强调数字化和平台化这两个方向。平台化不只是 B2b2C 和 O2O，更深一层的意义是把原有的各个相对独立的系统或者体系全部打通，形成一个全新的平台，而这种打通方式需要用更强的数字化方式作为链条进行连接。

- 服务场景的多样化。如今的服务场景不再是单一的场景了，不是将药品卖给消费者就结束了，现在需要去关心消费者拿到药品的后续使用情况，根据使用反馈，反过来对药品的营销模式和方法进行修正。企业通过与消费者之间进行互动来为其提供更好的服务和产品，把原来以企业为中心的方式慢慢转变成以消费者为中心，实现去中心化。

- 适应监管政策的变化。对于医疗医药行业来说，国家有非常强的管控目标和方向，相应的政策一方面从严监管，另一方面是面向消费者的政策更透明更开放，政策监管也在服务的层次上进行深入、开放性的拓展。企业需要满足政策的要求，将新政策的思路和方法具体落实到自身的体系中。

第11章 | CHAPTER

新式茶饮行业的营销数字化

　　茶饮市场一切都在重塑。2015 ～ 2019 年，我国餐饮行业总收入从最初的 3.2 万亿元上升至 4.7 万亿元，增长近 50%。而外卖餐饮的总收入则从 2015 年的 491 亿元，上升至 6536 亿元，市场增长量超 12 倍。外卖市场占比的飞速攀升，本质是餐饮行业信息在线化、交易在线化、行为在线化等趋势的带动。餐饮业中的重要类别"茶饮"也在这些趋势下得以快速成长，并被冠以"新式茶饮"的名称以区别传统奶茶业。

　　随着被称为互联网原住民的"Ｚ世代"逐渐成长为新消费主力，新式茶饮无论在产品多样性还是消费场景方面，都更加复杂多变。这样多元化和复杂性，导致了传统营销方式逐渐无法有效地匹配新式茶饮线上线下一体化的营销需求。

　　新式茶饮具有消费更高频、客单价更低、消费者决策周期短、产品壁垒低、影响决策因素复杂等特点，使得此类品牌的数字化痛点更集中在数据和营销两个板块。新式茶饮品牌需要通过数字化实现业务自主可控和数据赋能增长，连通多应用构建业务中台，提升可复用性，沉淀数据资产，最终反哺业务。

可以看到，随着新式茶饮品牌门店数量成倍扩张，从收银、小程序、会员系统、供应链系统等各个维度都在发生变化。为了更好地匹配业务需求，满足规模效应下的高效率运营，越来越多的企业开始意识到数字资产的重要性，并在数据中台和业务中台双向赋能下，逐步实现从"应用支持业务"阶段到"中台拉动提效"阶段再到"数智驱动增长"阶段的转型，实现真正的高价值增长。

11.1 行业营销数字化分析洞察

新式茶饮行业已经逐步进入产品＋运营＋数据三位一体的新营销理念阶段。在当前数字化转型阶段中，数据资产为核心驱动力，而数据来源主要包括小程序等私域流量、外卖平台、电商平台、直播带货平台等二方数据以及从其他平台采购的三方数据。

在渠道数字化和新营销理念的基础上，不断落地运营、营销、供应链数字化解决方案，提升企业数字化水平和部门间的协同能力，是当前企业重点关注的问题。其中供应链在新式消费企业中属于核心痛点，数字化转型较早，而运营数字化和营销数字化近年来随着经营理念从关注产品转变为关注用户，越来越受到企业重视。未来，数字化转型更应聚焦在企业的数据连接环节，打通部门间的数据墙，实现统一管理和运营，提升企业整体经营效率。

11.1.1　什么是新式茶饮

"新式茶饮"脱胎于现制饮品，是从现场制作、销售、交付，到产品、品牌和顾客体验进行全方位的新升级，主要可从以下三方面进行界定。

- 产品形式更新颖，即应用新的加工技术创造出有创新力的产品，包括新颖的口味和新鲜的食材。新式茶饮通常以优质茶叶为基底，加入鲜奶、鲜果等优质食材，通过多样化的茶底与配料组合而成，取代了过往"色素＋植脂末粉剂"冲泡形式的饮品，更关注茶饮产品的口味、多样性和风味的保留，成为更加百搭的中国式饮品。
- 品牌文化更具新意，衍生出众多周边产品，并积极与国潮品牌跨界联名。
- 顾客体验更新潮，门店装修具有设计感，通常设置休闲、社交空间；通过 App、小程序等多元化点单模式，创造新的购物体验。

从产品角度来讲，新式茶饮从 20 世纪 90 年代中期的奶茶店开始发展，行业成型于 2015 年前后，目前形成了以喜茶、奈雪的茶、茶颜悦色为主的头部品牌。新式茶饮连锁品牌的基本情况如图 11-1 所示。

从业务形态来讲，相比传统茶饮，新式茶饮最重要的一个变量就是"数字化技术"的应用，而新式茶饮的本质就是数字化茶饮。

11.1.2　新式茶饮行业是否需要数字化转型

要回答这个问题，需要先明确数字化转型的目标是什么？新式茶饮数字化转型的目标是为了消费端的用户体验和需求满足，以及供给端的降本增效，是否需要进行数字化转型，就要从这两方面判断回报是否足够。

品牌	成立时间	商业模式	融资情况	门店数量	城市线级	杯单价	初创城市
奈雪的茶	2015	直营	2021年6月,IPO,50.94亿,公开发行	556	一线	19~33元	深圳
喜茶	2012	直营	2020年3月,D轮,未披露,高瓴资本和Coatue	845	一线	22~32元	江门
沪上阿姨	2013	直营+加盟	2021年6月,A+轮,近亿元人民币,嘉御基金	3000+	二三线	13~25元	上海
乐乐茶	2016	直营	2020年7月,战略轮,金额未知,深圳市商源盛达创业投资合伙企业	67	一线	24~33元	上海
茶颜悦色	2015	直营+加盟	2019年8月,A轮,未披露,源码资本和元生资本	295	二线	11~22元	长沙
挞柠	2017	直营+加盟	2019年11月,天使轮,2000万,新加坡利华国际	350+	一二线	16~20元	广州

图 11-1　新式茶饮连锁品牌的基本情况（来源：艾瑞咨询研究院）

在消费端，相比昔日以"解渴"需求为导向的现制茶饮和以商务精英为标签的咖啡消费，当下"新式茶饮"以其优质食材与开放社交空间使得公众对其愈发认可，逐步从单一的功能型消费向社交场景型消费发展。

如今，一些新式茶饮店面已从"吧台式"发展为"餐厅式"，提供就餐、等位、拍照甚至娱乐的空间。同时，通过线上小程序点单、小游戏、电子优惠券等形式呈现线上线下融合转变。大多新式茶饮品牌均通过构建多元化消费场景的方式来多方位满足消费者心理，如"网红拍照打卡""精致消费"等，并通过周边商品实现品牌文化的输出，从而将强功能型消费转变为满足情感消费，提升更多消费空间。2021 年新式茶饮消费者消费场景占比情况如图 11-2 所示。

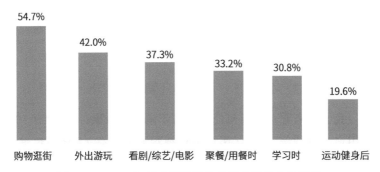

图 11-2　2021 年新式茶饮消费者消费场景占比情况

来源：艾瑞咨询基于用户访谈整理

在供给端，以新式茶饮头部品牌喜茶为例，通过数字化转型，在提升消费者体验的同时也提高了门店的工作效率。具体而言，喜茶通过预估算法节约消费者线上排队的时间，为消费者提供预计取茶时间以及外卖的履约过程和配送地图动态展示，减少用户焦虑。融合多种系统叫号场景，将堂食、美团外卖、顺丰配送、预约配送等多种场景的操作合并到一台机器上，自研在线系统，配合智能终端，提高门店的操作效率。2020 年，喜茶 GO 小程序上线，高达约 81% 的消费者选择在小程序下单，逐渐消灭排队点单的现象。

可见，数字化升级势必将成为未来数字化时代下新式茶饮品牌的着力点，数字化赋能有助于进一步提升消费体验、获取精准消费者洞察，并实现降本增效的经营目标，在提高品牌忠诚度的同时培育有效活跃流量，从而最终实现营销复购闭环生态。

我们认为，数字化的终极价值在于"用户数字化"，"用户数字化"能够让消费者获得更好的消费体验，是因为我们能更好地理解和预测用户需求。同时，用户数字化能够让用户真正变成企业的资产，而这正是"第四张报表"——用户资产报表背后的逻辑所在。

企业在创新实践过程中，如何应对瞬息万变的市场环境？一条万变不离其宗的法则就是满足用户需求。

11.1.3　新式茶饮行业为什么要开展营销数字化

我们先来看一组年初公布的关于微信的数据："每天有 10.9 亿用户打开微信，3.3 亿用户进行视频通话；有 7.8 亿用户进入朋友圈，1.2 亿用户发表朋友圈，其中照片 6.7 亿张，短视频 1 亿条；有 3.6 亿用户读公众号文章，4 亿用户使用小程序。"

我们换个角度复盘一下这组数据：微信用户行为排序依次为看朋友圈（71.6%）、用小程序（36.7%）、看公众号（33%）、进行视频通话（30.2%）、发朋友圈（11%）。

这 5 个行为里面，只有两个和"看"有关，其他 3 个都是"做"。从排序来看，门槛相对较低的看公众号却排第三名，说明公众号已经不再是用户获取信息和服务的首选。

微信生态及其数据变迁，只是 DT 时代的一个缩影。可以看出，未来，品牌和消费者的连接将会愈发复杂多样，愈发依赖移动互联网，即线上。而传统营销模式根本无法满足需求。

营销圈广泛流传着一句话："我知道广告费一半是浪费的，但我不知道浪费的是哪一半。"品牌所处的外部环境瞬息万变，面对的消费者也呈现出小众化、个性化趋势，很难按照传统的管理学和营销学来制订计划，计划一定是赶不上变化的。不同于传统的品牌营销模式，当前，如何利用有限的弹药，精准狙击目标人群，最大化 ROI，成为企业市场战略的核心，而营销数字化，就是这把狙击枪。

11.1.4　如何实现营销数字化

营销数字化可以通过 3 个步骤实现，一是收集客户信息；二是识别客户；三是实现精准营销。

成功的关键要素有 4 个方面：在数据收集方面，建立线上和线下的客户数据收集体系，针对实体店铺部署 Wi-Fi 探针、人脸识别等设施；在客户识别方面，建立用户标签体系，并通过静态标签和动态标签，给客户描绘全方位画像；在精准投放方面，自定义投放人群、时间、渠道、内容、频次，实施精准投放；在效果评估方面，获取广告投放数据。对广告曝光、点击、最终购买等数据进行汇总，对广告效果进行评估。

线上线下用户数据资产的沉淀与运用，已经得到新式茶饮头部品牌的重视。例如奈雪的茶、蜜雪冰城、沪上阿姨、书亦烧仙草等主流品牌都构建了内部的数据智能分析体系。

纵观当前，会员、小程序、App、天猫、微商城、社群、官方媒体矩阵等流量入口共同构建了品牌流量池，如图 11-3 所示。

图 11-3　新式茶饮流量入口

通过分析各渠道、各环节的转化率，采取对应的营销数字化手段，实现精细化运营，体现了新式茶饮行业的互联网化。未来优秀的新式茶饮公司，绝对不仅仅是一家饮品公司，还将是一家数据公司。

11.2　新式茶饮行业解决方案

新式茶饮行业已经逐渐进入产品、运营、数据三位一体的新营销阶段，其中，运营管理是必不可少的一环。打通全域营销渠道的消费者数据，将消费者数据及意见汇聚到运营管理平台，进行积分体系、等级体系、储值体系、付费会员等运营场景的管理。通过运营管理平台加深企业与消费者之间的连接，细化消费者数据颗粒度，优化消费者购物体验，更好地将消费者行为进行标签化处理，一站式完成多个维度信息的管理，才能为后续提升营销转化打好基础。

在运营数字化的基础上，逐步完善底层用户和会员标签，通过精准的营销数字化体系触达目标客户，可以大幅提升转化率。首先，针对不同用户触达渠道，搭建包含小程序、App、企业微信、电商平台、外卖平台的品牌流量池，进而通过打造高效的营销工具抓取活跃用户，并利用一系列营销活动进行用户转化，最后沉淀为私域流量，为后续裂变提供用户基础。而在营销数字化中，新客户营销和老客户复购双向打通，根据消费者数据实行灵活的市场策略，根据门店数据和库存数据及时进行营销管理，在精细化运营、营销、管理的同时，不断沉淀忠实客户，实现流量变现。

11.2.1　新式茶饮行业现状分析

据《2020 新式茶饮白皮书》显示，2020 年中国茶饮市场的总规模为 4420 亿元。其中，新式茶饮市场规模将超过 1000 亿元，预计 2021 年会突破 1100 亿元。在这么大的体量下，54% 的消费者选择线上渠道购买新式茶饮。与 2019 年相比，新式茶饮线上订单占比提升近 20%，如图 11-4 所示。

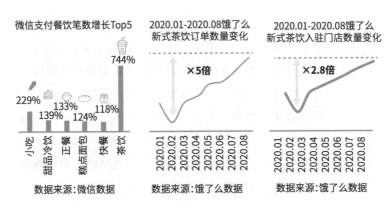

图 11-4　新式茶饮线上订单占比

虽然突如其来的疫情起了很大的催化作用，但高效的服务与便利的选择，才是消费者选择线上下单的最重要原因。从线下走向线上，乃至依赖线上的趋势，在给传统品牌带来挑战的同时，也给新式茶饮品牌创造了弯道超车的机遇。

研究新式茶饮业态不难发现，作为新零售业态的典型代表，新式茶饮天然具备了营销数字化基因。

- 看产品本身：新式茶饮属于典型的高频次、低客价、易沉淀私域、重营销互动的行业。这种消费者每个月都至少消费一次的产品，本质上要去做偏会员的 C 端消费者连接。

- 看目标客群：新式茶饮当前的主力消费群体是年轻人，90 后、00 后占比高达 70%，这个群体获取信息的核心渠道是社交媒体，爱种草、沉浸社交互动的属性非常明显。

- 看品牌建设：年轻一代消费群体越来越注重品牌消费和品牌调性，受消费者认可的品牌展现出极高的顾客黏性。品牌效应的影响也变得越来越重要，街边加盟小店逐渐失去市场竞争力，头部企业则展现出强者恒强的态势。

- 看消费链路：在消费端，随着新式茶饮行业消费场景的不断变迁和多元化，推动了新式茶饮企业更加注重打造一站式立体化的线上线下全消费场景和差异化消费体验。比如，将线下门店、线上小程序 / 公众号及第三方外卖平台等消费场景贯通；打造个性化、主题化线下门店，带来差异化消费场景与品牌文化输出。在供给端，随着消费者对产品品质要求的不断提高，以及供应链降本增效，推动了数字化供应链的快速发展。

11.2.2　新式茶饮行业痛点洞察

新式茶饮行业想要实现营销数字化，面临的核心痛点表现在以下方面。

- 全渠道业务割裂，包括门店 POS、线上点单小程序、微信支付宝等支付渠道、美团、饿了么等第三方平台。
- 缺乏消费者运营，没有会员等级成长体系、复购激励体系，缺乏忠诚度锁定体系。
- 数据应用难，消费者、交易数据分散，数据细节丢失，营销分账数据不准确。
- 业务运转低效，开店流程烦琐，日常运营依赖大量人力，总部政策下发到门店耗损大，执行慢。
- 数字化驱动乏力，前端业务需求技术响应慢，多家供应商各自独立，打通难，企业 IT 整体规划难落地。

基于此，如何将消费者资产盘活，利用数据来驱动运营增长，并支撑业务高速扩展，成了新式茶饮人面前的一道必答题。新式茶饮行业要真正实现营销数字化，上述 5 个痛点必须解决。

11.2.3　产品解决方案

当前，新式茶饮企业正面临新旧业态切换的关键时期。站在移动互联网和新零售的交叉路口，面对流量红利逐渐消失，品牌之间竞争日益激烈，以及新型消费群体、社交习惯和获取信息渠道的不断涌现，整个行业急需新的营销方式，以及更加精细化的运营动作来赋能增长。

纵观当前大部分茶饮企业，依旧存在数据分散、运营体系不够系统化、门店赋能工具缺乏等问题。要想击碎这些问题，彻底解困新式茶饮企业，必须将企业级互联网架构与数字化营销方法，上升到战略层面，优先打造一个稳固的数字化底座。在此基础上，围绕用户生命周期，借助主动营销、事件营销等一系列数智化营销工具，进行全域消费者运营，利用产品 + 运营这样软硬实力相结合的方式，爆发出惊人的效果。

新式茶饮数字化转型是一场拉力赛，能否跑得更快更远，甚至一骑绝尘成为领跑者，关键在于是否能够意识到产品＋运营组合拳的价值。

1. 全渠道交易通

当前，新式茶饮企业的交易主要集中在线下门店 POS 端，线上自营点单小程序以及线上美团、饿了么等第三方外卖平台。

观察这几条交易链路可以发现，无论是作为线下私域入口的门店 POS 还是线上公域入口的第三方平台，点单后的留存数据都相对单一，仅有订单数据。而自营点单小程序具备注册即会员的优势，可以沉淀为企业的私域流量。

门店 POS 有其业务需求场景，可以通过店内引导成为会员。三方外卖平台虽然流量大，但平台抽佣相对较高。自营小程序 0 抽成、0 佣金，且 100% 会员消费，将成为商家搭建私域流量的不二之选。

搭建能够将全渠道交易触点打通的底层架构，即"业务＋数据"双中台至关重要。通过将消费者交易数据导入统一的数据管理平台，实现业务沉淀数据，数据反哺业务的良性闭环。

搭建不同的数据指标维度，比如会员和非会员消费记录对比；不同门店客单价对比或者同一门店不同品类销售额对比等，借助智能分析工具，实现消费数据可视化，指导总部、加盟商、门店作决策。洞察云模块，可以承载交易通数据，支持品牌做交易分析。

2. 全域消费者运营

消费需求、消费场景和消费链路日益多元化、复杂化，品牌和消费者之间的连接方式及其对应的沟通形式也随之变迁。

举个例子，门店导购是一种连接方式；社群、企业微信也是一种连接方式；通过线下 POS、第三方平台、App、小程序来做会员运营，也是一种连接和沟通方式。如何在这样多元且复杂的消费环境下，与消费者构建一体化的无缝消费体验？品牌必须进一步扩展点—线—面的连接方式，成为点线面体。一个完整的消费者运营逻辑，必须是基于立体化框架的。

打通全渠道交易数据，沉淀消费者数据资产只是第一步。接下来，如何用数据做驱动，如何唤醒消费者，如何通过精细化运营手段助力品牌实现业绩突破，是企业需要解决的核心问题。

毫无疑问，这场量变到质变的飞跃必须借力全域消费者运营。

（1）打通全渠道消费者数据，搭建全域消费者运营体系

全域消费者运营平台以门店营销助手和超级会员中心为前端载体，通过被动和主动两种形式赋能品牌，沉淀用户资产。

超级会员中心作为线上消费者触点，可以通过个性化的 UI 界面、匹配品牌调性的会员成长等级体系和互动模式，打造极致的会员体验。可以将其理解为一种"拉"式的会员运营方式。超级会员中心可以涵盖多种事件营销，能够覆盖消费者全生命周期，比如会员基础事件、会员等级事件、交易事件、储值事件、卡券事件、积分事件、权益事件、标签事件以及互动事件等。

借助智能化营销手段，可以对用户全生命周期进行精细化运营。通过培养消费者行为习惯，提升消费者忠诚度。

门店营销助手作为门店端消费者运营的核心工具，将营销主导权交给门店，核心优势在于减少营销活动的决策链路，因地制宜，更具灵活性。店长或加盟商可以根据自己的经营状况及营销需求，通过门店营销助手进行营销活动的配置。比如门店会员管理、门店精准发券、门店储值活动、门店业绩报表以及主观标签打标，可以理解为一种"推"式的会员运营方式。

使用"门店码"可以让消费者与门店之间形成强关联，比如通过店内外拉新、领券、券核销、打标签等一系列手段，提高消费者和门店的互动频次，如图 11-5 所示。

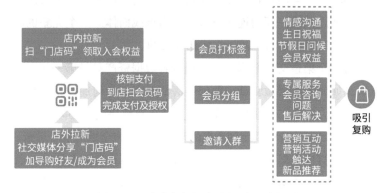

图 11-5　消费者与门店之间关联路径图

（2）数据驱动全域消费者运营

以更加多元化和多样化的手段触达和连接 C 端消费者，是消费者运营的核心。

首先，搭建全域消费者运营框架体系。主要包括用户生命周期管理系统、分层用户运营系统、用户行为激励系统以及标签系统。

1）用户生命周期管理系统。搭建用户生命周期管理系统，从首次购买的导入期，到近 3 个月有重复购买行为的成长期，再到近一年内有超过 4 次购买行为的成熟期，最后到有过购买记录，但近半年未产生消费行为的流失期，根据用户所处生命周期的不同阶段，匹配合适的运营手段和策略。

- 导入期以拉新获客为主，增加品牌认知人群数量。
- 成长期以提高对品牌感兴趣和购买人群数为目标，核心做顾客留存。

- 成熟期重点经营品牌忠诚度，提供超预期服务来激励用户持续复购。
- 流失期尝试根据用户群体特征，做个性化召回。

2）分层用户运营系统。面对复杂多样的用户，想要实现千人千面的精细化运营，必须先从大的方面，对用户群体进行分层。我们可以根据用户的消费能力、对品牌的认同程度以及社交影响力 3 个基本维度对用户进行群体归类，并对用户做出基本的价值评估，根据价值评估结果，制定相应的运营策略。具体工具方面，可以利用 FRM 模型、AARRR 模型以及 AIPL 模型来完成整个用户画像的确认以及用户分层体系的搭建。

3）用户行为激励系统。通过会员等级体系、积分体系以及任务体系等一系列用户行为激励措施，培养用户忠诚度，进而提升用户购买次数，提高客单价。具体而言，可以对会员进行等级划分，不同等级享受不同权益，刺激用户不断实现等级跃迁；对用户积分设置多样化的获取方式，比如互动、消费、参与活动等，不断升级积分玩法，让积分更加有用并且好玩。此外，通过多样性的礼品和品牌周边，以及趣味互动游戏等，吸引用户参与并完成任务，实现分享裂变。

4）标签系统。在实现用户分层的基础上，为了刻画出颗粒度更为细腻的用户画像，进一步实现千人千面的精细化运营，需要借助消费者运营平台标签系统为用户打标签，比如个人信息标签、会员信息标签、购买力标签、调查信息标签、时间偏好标签、渠道偏好标签、互动标签以及商品偏好标签等。通过标签系统，精准锁定目标人群，为后续智能营销打下基础。

其次，利用自动化、智能化运营工具支撑整个运营策略落地。以主动营销为例，通过建立营销任务、选择营销形式、营销时间、营销人群以及触达方式，就可以实现自动化营销。根据消费者历史购买记录和单个店铺实际人流的购买力来自动发放合适的营销券，实现千人千面、千店千面的智能化营销。

接着，建立数据驱动体系。整个数据驱动体系由三大核心部分构成，旨在实现数据驱动业务增长。

第一部分是业务数据。这部分数据可以帮助品牌找到业务当前所面临的核心问题。业务数据可以用来监测业务进展和健康度，比如潜客数量、会员数量、销售额、客单价、会员总览、日／周／月新增会员数、环比值、等级跃迁趋势、会员价值分析、交易会员占比等。业务数据可以辅助较为粗放的消费者运营，针对特定用户进行运营动作，如提升客户留存率、活跃度、召回率等。

第二部分是用户基础数据。主要用于识别特定消费者，为消费者进行分类建模。比如刻画颗粒度更为细腻的消费者画像、给消费者打标签等。

第三部分是用户行为数据。这部分数据可以帮助品牌发现特定消费者行为与业务问题之间的相关性。可以用于对会员成长路径、会员行为特征等进行分析和定性，如购买商品偏好、营销敏感度等。

同时拥有完整的消费者基础数据和消费者行为数据，助力品牌实现精细化运营体系的搭建和梳理，并支撑大量消费者运营策略的落地执行。

所有数据都能够以丰富的形式通过不同维度的数据看板展示，比如核心销售指标、会员运营核心指标、会员储值分析、会员等级趋势、券核销效果、券矩阵分析以及商品的市场表现等不同类别的数据览表。

最后，建立风控体系。通过公有云提供的完善监控体系实现基础监控，建设实时监控体系推进业务层面的监控；对访问机制、数据存储、数据加密和权限机制都进行高级别安全体系设置，防止部分消费者恶意薅羊毛等行为。

11.3　新式茶饮行业案例分析

云徙数盈·新营销中台系产品目前已经服务了近 50 家新式茶饮企业，包括但不限于单一品类头部品牌、行业黑马品牌、星创品牌。

从早期的老塞咖啡，到听说新语，再到书亦烧仙草、沪上阿姨、挞柠、新作之茶、桃园三章、王老吉、天然呆等处于不同发展阶段、拥有不同业务逻辑和品牌调性的新式茶饮品牌，在复杂多元的场景历练下，云徙数盈·新营销中台凭借强大的产品力，沉淀出了灵活适配各式业务逻辑的方法论。

11.3.1　书亦烧仙草：新营销中台和运营方案双轮驱动营销增长

2020 年 12 月 15 日，书亦烧仙草的新营销中台正式上线。作为云徙数盈和书亦烧仙草的首次战略合作，从中台项目启动会到交付方案确定，从数据打通到上亿会员数据平稳迁移，从零星店铺的试运营到全国 6000 多家门店顺利上线的整个项目过程仅历时 21 天，打破了业内纪录。对此，书亦烧仙草 CIO 王世飞给予了高度评价：新营销中台的上线具有里程碑意义。纵观整个新式茶饮行业，在经历了流量掣肘和疫情大考之后，如何做好品牌营销，推行精细化运营，成为很多企业的困扰，书亦烧仙草也不例外。云徙数盈用产品、运营这样软硬实力相结合的方式，助力书亦烧仙草进行全域消费者运营，用数据驱动全域消费者增长，实现惊人的效果。

1. 企业背景

2007 年，21 岁的王斌从湖南来到四川成都，在川师东校区开了一家名叫 85 度 TEA 的烧仙草奶茶店。王斌回忆："刚开始生意不算好，只能说勉强维持或者小有利润。"随着不断地反思和总结，他逐渐摸到了门道，从一个门外汉成长为能够聚焦线下流量的老板。随着公司规模不断壮大，王斌的关注点逐渐从"聚焦门店形象"到"聚焦整体运营、产品"，再到"聚焦团队"。2016 年初，完全公司化管理的加盟商已突破 100 个。

当王斌为创业的成功而欢呼的时候，一场"黎明前的黑暗"悄然来临。2016 年底，一纸"品牌注册侵权"的诉状递到了他的面前。面对 100 多万元的赔偿和 100 多家门店需要改名的危机，他需要重新反思发展方向。经历了几个月的激烈讨论，2017年初，王斌回想起消费者的一句话"我在前面的烧仙草等你"。烧仙草是创店以来经久不衰的畅销单品，品类聚焦让他拿定主意，将品牌名改为"书亦烧仙草"。新品牌第一家店试点运营后，日营业额陡增，一天达到五六千元，周末能达到一万多元。王斌感叹："改名风波不仅没将我们击垮，反而成就了书亦"。

为在品类上抢占先机，在口感上做到极致，书亦团队遍访中国著名茶山，最终在贵州湄潭与河南信阳找到了与仙草最为适配的茶园，造就了集香气与口感为一体的茶饮体验。同时，书亦与茶园、茶农签订独家协议，在供应链上获得先发优势。书亦还以半径 200～300 公里进行覆盖，在全国建立起 20 多个前置仓，为加盟商提供仓储、配送服务。完整的供应链管理和高标准、高门槛、精益化的加盟管理使得书亦具备加盟连锁、布局全国的强大实力。

凭借独具特色的烧仙草品类和对饮品品质始终如一的坚持，书亦烧仙草现已遍布成都大街小巷，全国各地布局门店 6000 多家，并延伸到海外，目前已成为烧仙草茶饮领导品牌。2020 年，书亦烧仙草与喜茶、奈雪的茶等同时被评选为中国餐饮营销力峰会"中国十大茶饮品牌"。

2. 痛点聚焦

随着消费升级，新式茶饮行业内的产品需要不断适配消费者需求，不断迭代。企业在面对新型消费者、多元化消费场景时，必然有新的业务诉求和战略规划。头部企业在新营销模式下的数字化建设和运营体系搭建均已"小有成效"。同样作为头部企业，书亦想在激烈的竞争中维持品牌地位，仍需解决一系列难题。

随着内部门店数量不断增长，订单体量逐渐庞大，业务管理也日趋复杂，传统的管理模式早已落后，书亦的数字化建设迫在眉睫。2019 年，书亦选择了一款标准化 SaaS 应用，实现了小程序自助点单，培养"线上做生意"的能力，从到店、到家、在途、在线等 4 个消费场景构建品牌用户池。2020 年初，这款数字化应用帮助书亦成功从疫情的围堵中破局而出。

然而，相比于快速发展的门店数量、消费者数量以及品牌势能，书亦现有的信息技术显然无法满足新的业务需求。

- 原有的 IT 系统种类较多，利用率低。数据孤岛现象严重，会员数据、交易数据分散在各个渠道，数据细节丢失，营销分账数据不准确。
- 全渠道业务割裂，没有统一的运营平台，门店 POS、线上点单小程序、微信支付宝等支付渠道与美团、饿了么等第三方平台并存。

- 缺乏系统的、精细的消费者运营体系与方法，已有的运营工具对业务支撑力弱，未能形成品牌竞争力特色。
- 数字化驱动乏力，前端业务需求技术响应慢，多家供应商各自独立难以打通，企业 IT 整体规划难落地。

王世飞一直在寻求新的数字产品解决方案："新式茶饮的本质就是数字化茶饮。这些'瓶颈'一日突破不了，书亦就一日无法安稳。"

在会员营销上，当前新式茶饮企业正面临新旧业态切换的关键时期，整个行业急需新的营销方式来应对新业态下"百变"的消费者需求。更为关键的是，书亦之前一直只聚焦于品类运营，对于会员运营、私域运营的关注度不足，即没有会员等级成长体系、复购激励体系、缺乏忠诚度锁定体系等，也没有对营销效果精准的评估体系，对内部会员的数据智能分析等数据驱动运营更是浅尝辄止。在门店营销方面，缺少有效的赋能工具，主要依靠传统的人力督导。创始人王斌认为："经营用户、提高各环节的转化率，沉淀私域流量、在存量中寻找增量是书亦当前的紧要任务"。这同样也是新式茶饮企业打造下一阶段核心竞争力的关键要素。

在这样"内忧外患"的局面下，2020 年初，书亦机缘巧合地参加了云徙数盈总经理苗宇以"数字化转型私域流量运营"为主题的课程分享。苗宇向听众们介绍了云徙的 SaaS 产品数盈，数指的是"让数据成为增长力"，盈指的是"业务轻盈"。产品架构的第一层是业务中台和数据中台，凭借云徙长期以来在中台方面的深耕，沉淀了近 70 个中台项目的业务中台商业能力和数据模型能力，这些能力可以直接服务会员、营销、交易和服务全链路，如业务中台的商品中心、交易中心、店铺中心、支付中心、配送中心等。第二层是业务应用层的"三朵云"，分别为聚焦于全域消费者运营的营销云，打造全渠道交易通的交易云和以数据驱动运营的洞察云。这三朵云以组件化的形式供用户开箱即用，客户只需注册一个系统账号。借助数盈产品，企业可以打通全渠道交易壁垒，盘活消费者资产，通过精细化运营手段实现业绩突破，借力数据驱动全域消费者增长。

作为主打"高频次""弱导购""新零售品牌连锁门店"的新式茶饮企业，书亦的管理层敏锐地发现了数盈的产品价值与新式茶饮行业高适配度，最终经过反复权衡，书亦下定决心采用中台结构。

3. 硬实力：新营销中台

书亦花了近半年的时间寻找能为其提供新产品解决方案，并助力新营销方式的系统服务商。在众多竞争对手中，云徙科技凭借中台实践方面强大的实力和数盈团队的高投入度和专业度脱颖而出，被书亦选定为合作伙伴。数盈提出了一套务实、落地性强的解决方案，即用产品、运营相结合的方式，进行全域消费者运营，用数据驱动全域消费者增长。这个方案赢得了书亦领导层的认可，在资金、人力等方面提供了强有力的支持。

项目启动前的一周，云徙数盈安排由项目、产品、研发、数据、运营角色组成的 12 人小组，对书亦从市场、品牌、运营、信息、财务到典型直营、加盟门店进行全面的业务调研和走访，输出调研材料 20 余篇，整理典型场景 50 余个。2020 年 11 月，项目正式启动。需求调研团队基于书亦目前存在的业务痛点，结合数字化转型以及私域流量池运营等新式茶饮发展趋势，给出了解决方案，如图 11-6 所示。

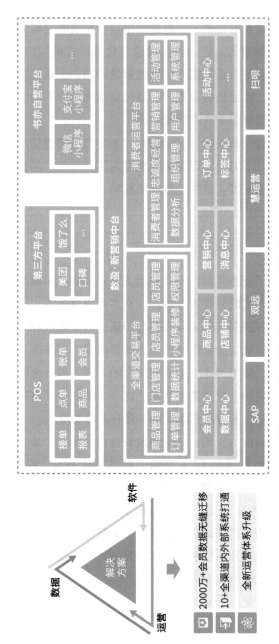

图 11-6　书亦烧仙草双中台解决方案蓝图

（1）借助业务和数据双中台优势，打通全渠道数据

目前书亦的交易主要集中在 SAP、线下门店、线上点单小程序以及第三方外卖平台等交易链路。经过调研发现，这些链路点单后保存的数据仅为订单数据，不利于私域流量沉淀。只有自营的点单小程序才能为消费者注册会员提供可能性。同时，相比于对业务需求场景要求高的门店和抽佣高的第三方外卖平台，自营小程序 0 抽成，0 佣金，100% 会员消费，成为书亦的不二之选。

数盈先对接原有的多个交易渠道，打通全渠道人、货、场及交易数据。以业务中台和数据中台的双中台优势，将交易数据全部导入统一的数据管理平台，以实现业务数据闭环的第一步——业务沉淀数据。同时，借助双中台打通了书亦内部的招商、运营、财务、供应链等业务系统，全面提升业务运转效率。

（2）构建新营销中台的"三朵云"，实现业务和数据的闭环

在实现数据通路后，如何利用互通数据实现交易和订单管理？数盈为书亦提供了第一朵云——交易云，它可以实现全渠道的交易通。具体包括全渠道交易平台、点单小程序和微商城。

- 点单小程序：包括定位、点餐、订单、充值、营销和客服等组件，覆盖用户线上下单到订单完成、售后服务的全流程。比如，基于 LBS 位置信息，进行门店排序，方便顾客快速找到距离最近的门店；顾客线上点餐，可选外卖、堂食、自提等多种订单类型；在小程序上还可以进行查询订单、配送状态和催单退货等操作；顾客可在线充值，自动到账；提供门店红包、代金券领用服务；客服中心提供在线客服咨询，为顾客提供周全服务。
- 微商城：支持 PC、H5、微信、小程序、App 等多端口商城，书亦自营和加盟商可自由定制营销方案，帮助其布局线上全渠道，实现全渠道销售。商品订单管理功能可

以帮助企业灵活管理商品，自定义商品分类，设置商品规格；后台可轻松管理订单，查看订单号、金额、支付状态和物流状态。物流配送管理功能支持设置运费模板，缩减物流流程，有助于高效发货，打通物流配送数据。精准会员营销功能通过多维度统计数据，深入挖掘企业经营状况，提供决策依据。

- 全渠道交易平台：打通全渠道订单，通过数据处理中心、商户应用中心、顾客运营中心、售后配送中心及部分平台，全面整合小程序、微商城、第三方平台订单。在这个平台上可以查单、接单、配送、催单、退款，并且统一管理多店铺订单，在调度中心快速指派店铺订单。

交易云成功优化交易流程后，书亦摆脱了过去难以触及终端的困境，紧接着出现了两个新问题：如何将公域流量沉淀为私域流量？如何发挥数据的价值，实现数据业务闭环？数盈提供了另两朵云——营销云和洞察云。营销云是在交易云打通数据、实现全渠道交易的基础上，提高全渠道运营能力的工具。洞察云是向运营人员提供全方位智能分析和决策的工具。

具体来说，营销云包括消费者运营平台和超级会员中心。消费者运营平台通过智能运营工具、互动运营工具、营销矩阵管理，提供与交易云数据相通的全渠道会员通，辅助书亦进行实时的消费者分析、活动分析和生意决策分析。搭建全域消费者运营框架体系，包括用户生命周期管理系统、分层用户运营系统、用户行为激励系统以及标签系统，不断沉淀用户资产。

超级会员中心与微商城的思路类似，具体包含小程序一键授权会员注册、实时显示会员等级、闭环顺畅的会员权益和完备充分的积分体系等会员管理功能，实现了丰富的储值赠礼、卡券营销、消费抽奖等会员互动功能，以及多线程处理的线上客服、高精准度的智能客服、自动提醒的活动提醒和反馈及时的系统通知等会员服务功能。

交易云和营销云帮助书亦实现了更顺滑的客户服务体验和更丰富的营销互动，助力书亦实现数据驱动的全域消费者运营。如果说交易云和营销云在消费者运营的战争中冲锋陷阵，那么洞察云就是这场战争的中流砥柱，它能实现"数据到业务的通路"，连接闭环。通过建立标准、稳健的数字化底座，承载交易通数据，实现消费数据可视化，营销效果可追溯、可量化，指导总部、加盟商、门店做决策。具体包括自助分析、生意参谋、智能标签、智能决策等功能。

过去的书亦在数据分析与应用上可谓"巧妇难为无米之炊"，有了新营销中台后的书亦成功脱困，首先用交易云获取每一笔交易数据，将数据传递给洞察云；然后洞察云对该笔交易发生时是否用券、享受多少折扣、受哪个营销活动影响、不同门店客单价、同一门店不同品类对相同折扣券的影响做出准确的判断，并反馈给营销云；之后营销云辅助分析客户或潜在客户的来源渠道，对会员和非会员消费记录进行对比，分析营销活动的效果；最后书亦进一步做出新的决策，实现业务—数据的闭环。整体来说，新营销中台就是以业务中台和数据中台为中台层，共同驱动营销云、交易云和洞察云等业务应用层的中台架构。该中台还可以与外部 POS 端、第三方平台等连通，有一定的延展性。

经过在成都一家分店为期 3 天的平稳试运行，2020 年 12 月 15 日，新营销中台成功在书亦的全国门店上线。上线次日，对接完成相关商家，处理订单数恢复往常。上线首周就轻松支撑了圣诞节的流量高峰期，消费者体验顺畅友好。从项目启动到全国上线仅经过了短短 21 天，在业内堪称一绝。

4. 软实力：全域消费者运营方案

除了提供新营销中台助力营销以外，数盈还为书亦提供了一整套与新营销中台相匹配的全域消费者运营方案。分析书亦过去的数据发现，首先，虽然随着门店的扩张，会员人数不断增加，但仍有较大增长空间。其次，老会员的付费率普遍偏低，新老会员月复购率均较低。最后，会员等级的跃迁率低，等级权益体系无法促使会员健康成长。

实现全域消费者运营的第一步，就是对整个会员等级体系进行优化。数盈运营教练通过分析书亦现状，认为可以从吸引加入、鼓励复购、提高购买、产生黏性、情感维系及社交面子 6 个维度进行优化，如图 11-7 所示。具体可以使用的运营策略包括入会礼 / 复购礼、会员等级、会员积分、生日礼遇、专享服务以及会员日。

图 11-7　书亦烧仙草会员等级优化维度

数盈认为，在完成会员等级优化之后，搭建全域消费者运营框架体系，才能真正助力数智营销的落地，具体包括用户生命周期管理系统、分层用户运营系统、用户行为激励系统以及标签系统。

（1）用户生命周期管理系统

根据用户所处生命周期的不同阶段，匹配用户画像，采取不同的运营方式。比如，在新客培养阶段，对指定人群包进行推券等主动营销；对现有会员进行分场景、分层级、分阶段运营，用不同的玩法来促活并刺激复购，同时兼具品牌温度，给消费者更好的消费体验。

（2）分层用户运营系统

面对复杂多样的用户，将人群分层，实现精准营销。为实现千人千面精细化运营，首先根据用户的消费能力、对品牌的认同程度以及社交影响力 3 个维度，对用户进行群体归类，并对用户做出基本的价值评估。然后根据价值评估结果，制定相应的运营策略。

（3）用户行为激励系统

通过优化会员忠诚度体系、会员等级权益体系、会员积分任务体系等一系列用户行为激励措施，对用户忠诚度进行培养，进而提升用户购买次数，提高客单价。

- 优化会员忠诚度体系：针对会员等级体系设计不完整的问题，立足于用户满意度，以核心权益应合理分配、等级间产品价值应有显著差异为标准，从 6 个维度进行优化，包括以拉新为目的设置入会礼或复购礼、以鼓励回购为目的设置会员等级、以提高购买为目的设置会员积分等，通过优化 6 个重要维度和积分体系规则，让整个会员体系更加完善饱满，进一步提升会员忠诚度。

- 优化会员等级权益体系：结合会员忠诚度体系，运用洞察云的数据分析功能对不同忠诚度的会员进行重新分层，不同等级对应不同成长值，不同等级升级所需成长值呈螺旋式上升。虽然表面看只是将会员体系由原先的 5 级扩展为 6 级，但会员等级跃迁率的设计则是严格符合"二八"定律，且有明确的会员成长路线，有助于培养会员的忠诚度。

- **优化会员积分任务体系**：上线积分商城模块促进会员积极兑换积分，尤其是提升高价值会员的满意度。每月或半月复盘积分的人数分布，在选品、定价、可兑商品数量、上新提醒方面，区分会员等级运营。在积分商城成本有限的情况下，优先满足高价值会员。

（4）标签系统

在分层用户运营系统的基础上，实现千人千面的精细化运营，借助消费者云平台标签系统，为用户打标签，如个人信息标签、会员信息标签、购买力标签、商品偏好标签等。通过标签系统为后续智能营销打下基础。

在这些系统的基础上，书亦结合新营销平台的智能化运营工具实现全域消费者运营方案落地。项目上线的同时，数盈团队和书亦的信息部门也在持续沟通全域消费者运营方案的实施细节，确保方案初期的平稳过渡。

5. 全域消费者增长

2021 年经过一系列营销活动，如社群营销、小程序新玩法、付费券包、支付有礼、交易营销等，书亦的小程序订单占比、日均营业额、客单价等都有显著提升。

（1）社群营销

通过提供线下台卡统一二维码，自动发送好友欢迎语和入群链接，自动定位距离消费者最近的门店群，并自动发送门店群二维码，推行社群营销活动。这个活动首先在成都直营店试推行，之后推广到全国直营店，再在区域加盟试点高价值社群。活动效果非常显著，社群会员消费频次比一般会员提高了近 200%。这类社群营销的主要目的是推动新品，加强会员日认知，提高活动渗透率。

（2）小程序新玩法

数盈为书亦提供了很多小程序运营"新玩法"。基于对小程序对门店营业提升的价值验证，挑选了广州的一家门店作为全面推广小程序的试点。将原有 POS 挡住，用小程序二维码取代其位置，加入上线付费券包、支付有礼、交易营销等玩法。

（3）付费券包

基于用户会因为省钱而购买券包，券的设计偏大额，目的是为提高客单价，利用了用户购买付费券包后会产生一种不用会浪费的心态，即提高用户的沉没成本。券只限当天使用，当店核销。整个活动分 3 个阶段顺序铺开（部分阶段并行），如图 11-8 所示。第一阶段挑选了 MVP 模式的 3 家门店；第二阶段挑选了广东地区的门店；第三阶段推广到广东省及贵州省所有的书亦门店。通过趣味性的付费券包和门店话术配合，锁定复购，提升客单价，复购率近 50%。

（4）支付有礼

主要针对广东福建地区的新品推广。为 2021 年 4 月某时段购买的用户每人赠送一张一桶水果茶半价券。该活动效果非常好，带动了近 6% 的用户到店复购，提升了小程序总复购率。之后，基于此前活动，又做了一次触达尝试。针对领了一桶水果茶半价券但未核销的用户，做了小程序订阅消息推送，发现有引导内容的消息触达为品牌带来了近 2% 的复购提升。

（5）交易营销

为进一步提高客单价，提升营业额，书亦和数盈共同策划了一次门店满减活动。目的是通过此活动，让加盟商清晰看到"相比 POS 端，利用营销数字化工具，可以提高客单价"。通过这些数据也向书亦的加盟商证明，推行小程序确实能显著提升营业额，交易营销活动对周末数据提升作用明显。

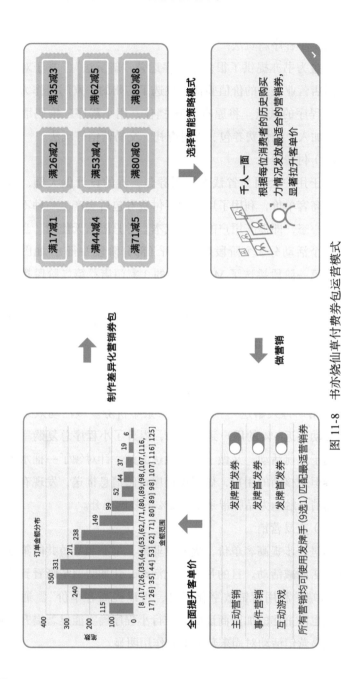

图 11-8　书亦烧仙草付费券包运营模式

6. 营销数字化的实现

凭借这些营销活动，新营销中台和全域消费者运营方案算是真正"站稳了脚跟"。总体来说，书亦已经实现了端到端的精准触达、业务与数据闭环、数据驱动业务等数字化营销价值。另外，数盈还向书亦赋能了新的数字化团队。

（1）端到端的精准触达

原先的书亦由于数据分散在各个渠道，虽然日常业务在与 C 端密切接触，但更像是"隔了一层纱"。借助数盈产品，书亦可以实时连接目标消费群体的数字化行为，快速满足消费者多样化和个性化的需求，将这些用户真正沉淀为品牌的用户。沉淀后，品牌可以触达、运营这些用户。之后，重中之重的任务就是构建信任和培养用户忠诚度，做好全客户生命周期的管理。借助"三朵云"的互通互联，可以对用户进行便捷的标签圈选，不仅解决了以往手工写脚本不灵活、难运维的问题，还能基于用户行为实时快速地更新标签，丰富消费过程的行为画像。以此更好地识别、洞察目标客户群体，发挥数据价值。基于不同用户的消费能力、对品牌的认同能力、社交能力等进行分层营销，实现端到端的精准触达。

（2）业务与数据闭环

数字时代，用户的信息和需求是不断变化的。书亦实现了以消费者为中心，在线下门店、线上商城、社群、交易等环节和渠道形成有效触达，基于消费者全旅程，打通产品、营销、销售和服务环节。通过对消费者进行全方位洞察和全生命周期管理，实现业务与数据的营销闭环。书亦基于交易云收集用户的交易数据，利用洞察云的数据分析工具，将各类分析结果进行可视化呈现。通过这种方法破解一直以来营销活动的困局。经过精准的洞察分析，可以将每一次营销活动的劣势和优势呈现给营销云，辅助做出新决策部署，实现消费者闭环。如在改进实体店的服务体验、线上营促销、多媒体内容、好友口碑等方面，结合消费者需求构建新的全渠道交易的营销场景，充分体现以消费者为中心的核心价值。

（3）数据驱动业务智能

"数据＋算法"产生智能，并赋能业务，才能推动业务实现新的增长。书亦能够实现这个目标，依靠的是业务和数据双中台驱动的洞察云，即利用数据中台的能力，把业务全流程在线沉淀为消费者数据资产化、智能化、服务化、价值化。如基于数据中台的各个组件模块可以精确预测顾客购买时间、购买客单价等；基于多维数据结合大数据算法可以精准洞察会员权益体系的健康度；融合多种外部渠道数据，可以判断每一项营销活动的转化率和投放精准度；基于用户标签和行为数据的洞察，可以搭建用户分层运营系统等。

（4）数字化团队沉淀

在这次项目建设过程中，书亦的领导层和信息部门对于新营销中台的部署非常重视，全面参与了数字化项目建设。书亦的信息部门普遍缺乏对新营销中台的深度理解和对全域消费者运营方案实施细节的了解。为此，数盈派出一个团队对书亦的信息部门进行培训。从运营方案的每一个具体细节到整体运营方案未来把控的方向，从中台架构到运维知识，双方不断沟通相关工作，为书亦夯实了数字转型人才基础，也为其进一步深化数字化奠定了坚实的基础。

7. 结语

新营销中台和全域消费者运营方案为书亦实现了营销新增

长，促进端对端的精准触达、营销闭环的实现和数据驱动的业务智能，让其拥有全渠道运营的能力。书亦获得了新的会员营销能力，通过打通全渠道数据，营销活动能够涵盖各类消费场景，"新玩法"的成果也十分显著。书亦在一家门店试运行社群营销活动，加强了会员对于周二会员日的认知，提高了活动渗透率。这种"硬产品和软方案"的双轮驱动帮助书亦站稳了新式茶饮行业头部的脚跟。未来，书亦将会继续和云徙数盈开展深度合作，深化新营销中台的构建和营销能力，进一步提高全域消费者运营能力，实现新一轮的业务增长。

11.3.2　新作之茶：个性化的前端触达

新作之茶于 2017 年成立于茶饮竞争最为激烈的广府之地，从成立之日起便处于一路打怪升级的状态。四年多的时间，在国内外 50 多个城市共开设 300 多家门店。新作之茶不断用实际行动证明，用创新思维打破枷锁，才能拓宽视野，探索出更多的可能性。

凭借强大的研发能力，着眼于原料端，以顺应自然时节，不时不食为核心理念，新作之茶站稳"大果粒鲜果茶"的品牌定位。一方面，新作自研了第五代萃茶技术，即定时定量定温度的煮焖泡萃茶工艺。另一方面，为保证品质稳定，降本增效，新作很早就在供应链方面有所布局，产品所需的核心原料均能以最优价格拿下，并由总部实行统一配货，以此来保障茶饮的品质稳定。而非核心原料则实行因地制宜的采购措施，总部提供品种、型号、品质以及参考价格等关键信息，协助连锁门店进行判断与决策。

在抢占用户心智，打造品牌力方面，新作同样下足了功夫。一方面，搭建新作之茶微信公众号。以图文为主，匹配品牌调性，通过输出优质内容，持续与会员、消费者进行话题互动，培养粉丝对品牌关注的行为习惯，提高用户黏性。另一方面，借力多元化营销，积极探索并拓展品牌联名和跨界营销，保持品牌活力。比如与哔哩哔哩、太平豆乳威化、春雨 papa recipe 以及黑白淡奶和绝对伏特加等合作，开展一系列的营销活动，以及活动专享定制化产品、营销话题及传播，新作之茶的品牌立体度得到了很大的提升。

创新的产品力和强大的品牌力之外，作为新式茶饮，面对新的消费需求和多元化消费场景，新作之茶也在积极探索数字化之路。

早前，与许多新式茶饮品牌一样，新作之茶使用 POS 端做点单小程序。当品牌有一定规模后，POS 点单的局限性也逐渐暴露出来，比如在小程序操作方面，交互体验不好，定位信息不够准确，须接触式点单；在品牌建设方面，UI 无法支持定制化、个性化，整体风格无法突出品牌调性；在会员体系建设方面，缺乏系统性，没有搭建会员运营体系、等级跃迁以及积分体系，门店引导不足，用户感知力度不够；在营销方面，活动功能单一，形式过于粗放，无法实现会员的精细化运营，客单价难以提高。

在营销数字化大势所趋的当下，新作之茶也意识到了所处的困局，全面消费者数字化升级迫在眉睫。2021 年 4 月，新作之茶携手云徙数盈，正式开启了数字化全面探索。作为主打年轻化、个性化的茶饮品牌，新作之茶的数字化探索第一站，聚焦点单小程序和会员小程序这两个模块。点单和会员的这两个前端载体的 UI 设计、页面风格以及交互体验，是品牌对外最直接的呈现形式，也是消费者最能直观感受到的地方。

1. 点单小程序

作为品牌线上"门店"，点单小程序承载了点餐业务以及品牌营销的作用。消费者通过点单小程序，可以缩减排队时间，比如使用提前点单、门店点单以及外送功能。小程序 banner 位置可以轮播展示最新的品牌营销动态和新品推广活动，吸引消费者参与。

　　个性化视觉打造，凸显品牌调性。为适配品牌调性，小程序页面主视觉进行了全面改版，如图 11-9 所示。以樱花粉和蒂芙尼蓝为主色调，满屏鲜果溢出的感觉，以更加符合新式茶饮核心消费人群喜好的风格进行展示。展示新品轮播图，吸引消费者目光。

图 11-9　新作之茶点单小程序

　　操作易、交互顺、引导强。进入小程序，首页显示门店自取和外卖下单选项，上滑即可进入会员界面，包括会员商城、会员中心、活动中心以及我的积分，所有权益聚焦，一目了然。

2. 会员小程序

　　会员小程序以内嵌的形式，与点单小程序形成闭环。通过注册即会员的模式，将消费者引入品牌私域流量池，即会员小程序中，通过设置合理的会员等级体系、忠诚度体系，围绕会员生命周期进行精细化运营，提高会员价值，助力品牌业绩增长。

（1）新作会员小程序，探险家 IP 横空出世

通过点单小程序"新作之茶自助点单"的注册即会员功能，会员被授予探险家身份，弹窗立刻出现优惠券。探险家身份进一步将新作的品牌理念打入消费者心智。

（2）全面会员体系升级搭建

1）会员运营数据诊断。借助 FAST 模型对新作之茶消费者运营的整体健康程度进行评估，可以看出 POS 和外卖上有上万用户可转化为会员消费；付费会员数、跃迁到银卡上的会员数占比均较低，如图 11-10 所示。

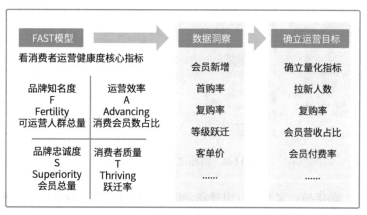

图 11-10　会员运营数据诊断 FAST 模型

通过对会员人数增长趋势、会员首购、会员付费比例以及会员等级设置进行综合分析，可以看出，新会员增速较为缓慢，首购率较低，老会员复购颇有困难，激励机制不够健全，等级设置不甚合理，跃迁率较低。

对各渠道订单进行分析，可以看到会员订单占比逐步提高，

发展空间巨大；外卖订单占比较大，可以加入企微运营进一步提升。

2）建立完善的会员忠诚度体系。在等级权益体系设计方面，全新的会员等级共设置为六级。从入门探险家到初级探险家、中级探险家、高级探险家、资深探险家再到王牌探险家，6 个等级对应不同的成长值，不同等级对应的升级成长值呈螺旋式上升，明显缩短会员升级所需的成长值，升级拿福利更加容易。

凭借新营销中台超过 500 个互动营销活动，以及升级礼券、复购礼、生日礼券等手段，进一步增强会员黏性和活跃度。

上线积分商城模块促进会员活跃度，尤其是提升高价值会员的满意度。

（3）门店引导小程序下单

为培养消费者点单习惯，店内设置小程序扫码点单，无须排队引导话术。协助品牌实现线下导流线上，最终沉淀数据资产，助力千人千面、千店千面的营销数字化。

（4）打通三方平台，拉通全渠道会员数据

美团、饿了么等第三方外卖平台的公域流量向来是品牌必争之地。目前，新作之茶正与云徙数盈联手，欲打通所有线上线下渠道，实现会员全面拉通，沉淀品牌自有私域流量资产。同时，打通外卖聚合配送，从根源上赋能新作之茶所有加盟商和线下门店，以降本增效为终极目标，助力实现品效合一的新一轮增长。

第四部分

营销数字化的量化与评估

　　企业想要设计出匹配自身的营销数字化之路，首先需要了解自身的营销数字化现状，其次是清楚未来需要改进和努力的方向。而了解现状最好的方式莫过于按不同维度设计的评估模型，以及不同维度上的不同发展程度。基于评估模型，结合营销数字化的发展趋势，企业能更好地指导和检验营销数字化建设的成果，在数字化时代领先一步，步步领先。

营销数字化的评估模型

在技术和产业的驱动下，营销数字化转型已经成为企业的共识。为了成功实现营销数字化转型，企业首先要了解自身的现状，并且据此拟定未来一段时期的改进点和努力方向。太高估自己，容易遭遇失败；太低估自己，又可能造成转型的收益不够从而错失良机。需要有一个合适的评估模型，帮助企业厘清现状并预期未来。

12.1 评估模型设计

评估营销数字化成熟度的前提是拆解对于营销数字化来说至关重要的指标，形成评估模型的打分项。我们从驱动、系统和管理 3 个维度出发，整理了 10 个评估指标，如图 12-1 所示。图中不仅指出了营销数字化所需的各类指标，也指出了各指标项的建设目标。

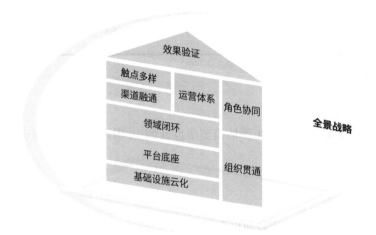

图 12-1　营销数字化评估模型

表 12-1 简要说明了各项指标的内容。

表 12-1　营销数字化评估指标的简要说明

评估指标		目标
驱动	战略	企业对营销数字化要进行整体规划，形成全景战略
系统	基础设施	基于物理机的基础设施要向虚拟化、云化及容器化迁移
	平台	建设平台形成底座，构建"平台＋应用"的架构模式，支撑营销应用的建设
	领域	营销数字化应用所涉及的领域要覆盖消费者旅程，包括会员、营促销、交易、客服，形成闭环
	渠道	建设商品的通路即渠道，在此基础上协同多个渠道，融合 2C 和 2B 渠道，并泛化渠道
	触点	数字化触点要多样、轻量和敏捷，并且尽可能为更多的用户提供服务
管理	运营	打通营销各环节，通过数字化手段进行端到端的深度运营，建设生态体系，构建协同的优势效应，融合创新

（续）

评估指标		目标
管理	组织	变革组织结构，贯通原先割裂的业务组织及开发组织
	角色	建设数据化人才体系，并通过系统保障体系化协同
	效果	通过制定战略 OKR 和收益 KPI，来衡量营销数字化的效果

12.2 评估指标

本节对营销数字化评估模型所涉及的 10 项评估指标分别进行详细的阐述。

12.2.1 全景战略

在以生产为导向转向以市场为导向的时代背景下，数字化转型应从营销切入，提高企业对市场和消费者的反应能力。"千里之行，始于足下"，营销数字化转型的前提是分析消费者旅程中与企业产生的各类触点，以及产品从企业流出到消费者整体过程的各个渠道，摸清企业当前的状况。然后收集各方意见，通过可行性研究、成本 / 效益分析、风险评估，确定战略愿景，根据计划优先级明确战略路径，细化战略目标的实现步骤，制定顶层的数字化路线图，如图 12-2 所示。数字化路线图的制定还需要结合当前营销数字化技术本身的发展。转型战略如果没有结合和匹配当下的技术，将会错失技术本身带来的天然优势。

有两点需要注意，首先，营销数字化转型的建设过程一般是从局部逐步延展到全局，从企业内部向供应链上下游、生态伙伴、行业扩展。其次，营销数字化的初始步骤须具有合理的规模和可接受的风险，规模不应太大容易失败，也不宜太小容易被忽略。最初的成功激发并带动后续的成功，有助于整体数字化的推动。

图 12-2　数字化路线图的简化示例

12.2.2　基础设施云化

基础设施指的是计算、存储、网络和其他基础的机器和设备资源。基础设施云化的过程是由物理机逐步虚拟化，发展到云化及容器化，如图 12-3 所示。通过基础设施云化，企业可建立完善的系统连续性策略和机制，保障业务的持续稳定运行。

图 12-3　基础设施云化

1. 物理机

传统上，企业通过购买硬件设备，即物理机，获得计算和存储等能力。首先，不同操作系统不能共享同一物理机；其次，物理机是从使用部门的角度提出购买的，一般无法跨部门共享。如果以物理机为单位进行计算资源的管理和使用，通常导致资源利用率低，成本和运营费用却很高，不能及时满足业务部门的使用需求。

2. 虚拟化

虚拟化是指通过 CPU、内存、硬盘、网络等资源虚拟化技术将一台物理计算机虚拟出多台逻辑计算机，从而允许在一台物理计算机上同时运行多个逻辑计算机，而每个逻辑计算机可运行不同的操作系统，并且应用程序可以在相互独立的空间内运行而互不影响。通过虚拟化重新定义和划分了 IT 资源，可实现 IT 资源的动态分配、灵活调度、跨域共享，提高了 IT 资源利用率。

3. 云化

云化是在虚拟化的基础上，提供动态扩展的能力，并以按需租用的方式来管理和运营基础设施，从而提供具有像云一样弹性使用资源的服务能力。

云化主要分为上云（上公有云）、自有机房的云化建设（改造私有云）、连接公有云和私有云（建设混合云）三部分。公有云是由专业云计算厂商构建的，面向公众或企业提供租用服务的云资源系统。私有云是企业将原有的 IT 设施，按照云的方式自建的云服务。当企业既使用公有云又使用私有云，且公有云和私有云之间存在数据互通时，就是混合云。

除了计算、存储、网络等传统基础设施层的资源服务化之外，云化还包括一些平台层的服务，如数据库服务、消息队列服务、缓存服务、对象存储服务、搜索引擎服务、日志服务等，以使企业应用的开发和部署更轻量化且运行更可靠。

4. 容器化

上文所述的虚拟化是指操作系统级的虚拟化，即需要在物理机上安装和运行一个完整的操作系统。为了运行应用程序，还需要在此操作系统上安装和调试应用程序所依赖的运行环境。只关注应用程序本身，将其所依赖的运行环境一起打包，减少部署依赖，从而更充分地共享操作系统和环境，就是容器级虚拟化思想的来源。容器（Container）技术的发展，尤其是容器编排技术（如 Kubernetes）的发展，大大简化了应用的部署和环境的管理，更好地支持应用的升级，降低了弹性扩缩容的粒度，提高了扩缩容的能力。

12.2.3 平台底座

平台原指高于附近区域的平面。现通常引申为提供人们展示才能的舞台或进行某项工作所需要的环境或条件。在计算机领域，平台是指一种基础的可用于衍生其他产品的环境，以及这些衍生产品的执行环境。

在基础设施云化的基础上，企业应用底座整体向平台化发展，是当前企业数字基础设施建设的重要方向。平台底座要能够有效整合资源，实现数字化基础设施能力的组件化、模块化封装，为企业业务创新提供高效、低成本的一体化服务支撑，以满足业务应用多样化的需求。大型企业多采用自建平台的方式，而中小型企业则采用平台租用的方式居多。

基于平台思想，构建企业业务应用开发的新模式，即"中台 + 应用"的架构模式，如图 12-4 所示，从而实现企业业务的"控、通、快、敏、智"。

图 12-4 "中台＋应用"的架构模式

1. 能力集中化、服务化和共享化

以业务领域纵向切分建设的"烟囱式"单体系统已经不能满足数字化时代敏捷的业务需求。企业应从工具、业务、数据等多个层面，通过集中化、横向切分、纵向整合等方式构建中台系统体系，形成对上层业务应用的强大支撑，并通过端到端流程打通各业务模块，以服务化的方式提供业务和数据能力，实现能力和数据的共享。以微服务作为中台的最佳落地实践，应对海量互联网用户带来的系统处理压力，高效准确地完成订单的处理和营促销活动，并提供按需弹性扩展的灵活配置能力，从而提供高可用的系统以支撑营销数字化。

2. 数据资产化和价值化

通过对数据的采集、记录，形成数据源。对数据进行清洗、加工、归类将数据转变为主题域模型、标签模型等数据资产，并形成元数据、数据血缘、数据质量、数据生命周期等数据资产管理体系。在数字化时代，需要将数据的建、治、管、服提升到同样的高度。

数据价值化是指从应用场景出发，将数据资产通过服务化的方式，与业务进行对接，在服务业务的过程中实现数据的价值。数据价值化的最常见方式是通过数据的分析使企业对行业、商品、客户等产生深刻的洞察。传统的洞察方式是数据仓库和商业智能（Business Intelligence，BI）。只做到洞察这一步还远远不能发挥数据的所有价值。我们需要更进一步，让数据直接驱动业务。通过适当的业务场景，建设数据回流业务的反馈链路，将数据和智能的能力结合到具体业务中，挖掘数据和智能的使能空间，直接驱动业务，从而最大化实现数据的价值。比如，建设标签体系，从而使得营促销活动可以根据标签圈选特定的人群；根据会员所处的不同生命周期推送个性化的优惠券；在服务领域引入智能客服机器人；在补货环节引入销量预测和智能补货算法等，都是数据价值化的体现。

业务中台与数据中台共生，形成业务数据化、数据业务化的闭环是目前实现数据资产化和价值化落地的最有效方式。

3. 能力开放

2007 年，Facebook 推出开放平台，公开其 API，允许第三方通过 API 集成 Facebook 的业务功能，以完成应用程序的开发，从而创造及推动了开放平台的建设。当企业的业务能力建设和数据沉淀达到一定阶段之后，这些业务能力和数据可能具有了同行业甚至社会共享的价值。此时，企业建设的能力产出了溢出。企业溢出的能力可通过能力开放和数据开放等形式，吸引生态伙伴共同打造产业生态圈来协力服务更多消费者。

4. 技术赋能提效

以业务中台和数据中台为核心建设平台底座产生了更高的架构设计要求、更高的技能要求、更全面的系统特性要求，由此促使企业同时搭建与其相匹配的技术工具平台，以支撑业务中台和数据中台的发展。

技术工具平台需要基于云原生架构体系打造，需要将各种各样的技术工具和零散的系统拉通，串联研发流程，避免割裂式研发，确保平台底座和上层业务应用的规划、开发、部署、测试、运营监控成为一个有机整体，打造研发的高速通路，构建体系化、规范化、层次化的工具链，助力企业业务快速创新。

技术工具平台需要将建设系统所涉及的所有角色协同在一起，在统一平台上赋能各角色进行相应的业务操作，提高团队成员的协作效率，降低团队管理成本，优化业务流程。

技术工具平台需要减轻开发人员的重复性工作，以使其有更多的精力从事创造性的工作。为此，可提供低代码的开发工具，以简化开发的步骤并降低开发难度，从而提升开发效率，支撑业务创意快速落地，并提高软件的质量。

技术工具平台既要支撑先进技术的尝试和应用，也需要在一定情况下兼容企业原有系统的早期技术。通过统一的平台解决企业多团队、多技术栈以及各种复杂技术场景的归一问题，降低多平台研发、调试的成本，实现多平台尤其是不同云服务厂商的切换和迁移能力，支撑企业应用多样化演进，从而更好地支撑企业的营销数字化转型。

12.2.4　领域闭环

营销数字化是从以产品为中心的单向价值链重构为以用户为中心的环式价值网络。营销数字化需要以用户的消费旅程为出发点，深入研究企业与用户接触的各阶段，包括从初步了解到产生兴趣，再到购买使用，以及互动反馈，并在各个环节上进行创新，服务和取悦用户。由于割裂的业务领域的建设，很难实现业务的全局优化，因此营销数字化需要对原先横跨多个信息化系统的业务流程进行重构，拉通不同部门和不同系统，实现业务流程的全链路闭环且高效在线。

- 消费者对企业品牌或产品的注意力，即我们常说的流量。在流量红利枯竭的窘境下，企业为了获取增量客户，需要不断在市场推广、品牌营销、广告投放等领域加大投入力度。依托于大数据的精准化营销，精准定位市场、产品、客户以及渠道，重构消费者认知，提升企业的市场竞争力，获取增量消费者。
- 大量数据表明，20% 的老客贡献 80% 的经营收入。在消费者运营中，洞察存量客户需求，识别消费者旅程中的关键节点，设置合适的忠诚度及权益体系，在关键触点与消费者进行交互，可有效提升存量客户的生命周期价值，提高企业运营能力。
- 营促销：支持主动营销和事件营销，支付个性化营销，支持灵活多样的优惠券和促销活动，比如团购、秒杀、预售等。
- 交易：各种交易模式，如 2C 的 B2C、BBC、云店、社区团购、员工内购、跨境电商、直播电商等，2B 的 F2B、F2B2b，以及 BC 一体的 F2B2b2C 等；各种订单处理方式，如订单合并与拆分、订单路由等；各种履约方式，如快递、同城配送、自提等。
- 客服：引入 AI 客服，融合在线客服和热线客服，通过互动、连接提高服务效率，保障满意度。

12.2.5　渠道融通

产品从生产制造企业向最终用户移动时，所有经过的途径都可以称为渠道。渠道的融通如图 12-5 所示，从渠道建设开始，进行渠道协同，之后融合渠道并泛化。

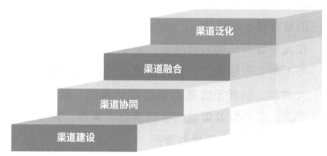

图 12-5　渠道融通

1. 渠道建设

根据物理空间，交易可分为线下渠道和线上渠道。

- 线下渠道建设：传统上，企业建设多级分销渠道、直供渠道或直营零售渠道。分销渠道的弊端在于层级多、供应链冗长、效率低、成本高，并且割断了企业与消费者的连接。建设 F2B、F2B2b 等不同模式的交易商城，可降低供应链成本，实现全渠道数据监控和库存的管理。门店的数字化改造也大大提升了交易的效率。比如，实体门店构建线上数字化孪生云店，通过互动触屏支持消费者自助查询、下单和结算等。

- 线上渠道建设：在以消费者为中心的数字化理念引领下，随着电商平台的蓬勃发展，企业都随之建立了官方商城，并在众多电商平台上开设官方旗舰店。通过这些电商平台，企业在一定程度上触达消费者。随着数字化的深化，线上渠道也需要进一步优化，比如通过 AI 驱动个性化营销和差异化服务，通过 VR/AR 提升商品感知性和体验，甚至是更具有沉浸感的元宇宙（Metaverse）。

2. 渠道协同

消费者旅程不同阶段所涉及的渠道，以及同一阶段的多个渠道，都需要统一的运营。通过多渠道协同体系，共同服务消费者。

- 流量渠道与交易渠道的协同：流量渠道在吸引了消费者注意力后，要快速转化为交易。
- 交易渠道协同：统一管理不同交易渠道的会员、商品、库存、营促销活动、订单、履约等。
- 线上线下协同：通过增加线下体验的购物模式补足线上用户缺失的直接体验感；通过线上下单、线下自提或享受服务，提高下单和履约的效率。
- 客服渠道协同：不同的沟通渠道、不同的客服人员都可以无缝切换，不影响用户的体验。

3. 渠道融合

在建设 C 端渠道的基础上，推进 B 端渠道数字化，将 C 端渠道和 B 端渠道融合在一起。基于数字中台，既可以通过品牌驱动直接触达 C 端消费者，形成营销的拉力，又可以管理和转化下游经销商 / 代理商，为其赋能和引流，形成营销的推力，就是所谓的 BC 渠道融合，引 C 端用户之水，浇灌 B 端万物。

4. 渠道泛化

如果渠道不局限于线下的各类直营、直供或分销渠道，也不再局限于线上的自建官方商城及各类电商平台，充分挖掘与人的交互途径，就是渠道的泛化。比如，人可以泛化为渠道，如分销员、社区团长、生活达人、主播等；产品可以通过增加智能触点，增强与用户的交互，从而成为渠道。

12.2.6　触点多样

一切与人触碰的点都是触点，包括物理的、人工的以及数字的。消费者只有经由触点才会与企业产生交互，通过触点的数字化可以重构企业和消费者的沟通。触点的重要性不言而喻。保持数字化触点的多样性、轻量和敏捷是企业推进营销数字化战略的先导。营销数字化需要尝试将物理的和人工的触点进行数字化，积极探寻新兴的数字化触点，并与现有的触点进行整合，从而表现出数字化触点扩展能力的高度敏捷性和弹性，这是企业在数字化技术高速迭代的背景下不可或缺的进化能力，如图 12-6 所示。

图 12-6　触点多样

1. 场景多样

触点在消费者旅程各场景布局的完整程度可用于衡量企业营销数字化的程度。

- 产品触点：产品泛化为触点，如智能音箱、智能水杯等。

- 社交触点：微信、微博等。
- 内容触点：借助内容对人的吸引力，实现用户引流和交易转化，如短视频、直播等。
- 交易触点：官方商城、云商、第三方平台官方旗舰店、门店等。
- 服务触点：在线客服、热线客服、AI 客服，以及派送、上门服务等。

2. 设备和实现多样

触点的建设要以用户体验最佳为重要原则，促进在不同交互设备上实现各种各样的方式，甚至过渡到了双向互动。

- 设备多样性：各种接触式设备，如手机、平板、PC 等；各种智能无接触感知设备，如摄像头、红外等。
- 应用实现方式多样性：如小程序、H5、App、浏览器 Web 页面等。
- 提供实时互动的场景，提升与用户的情景交互体验：比如用户通过魔镜进行虚拟试妆和试穿，并提供相应的推荐；通过手机摄像头进行肌龄测试，并结合个人护肤习惯问卷，制定个性化的护肤解决方案和最佳产品组合推荐。

3. 用户多样

触点是一切与人触碰的点，人在触点交互过程中所扮演的角色决定了触点的定义。成熟的营销数字化体系需要为各种各样的角色提供合适的触点。

- 买家：消费者、用户等。
- 卖家：商家、团长、经销商、分销员、直播员等。
- 供方：平台、品牌商等。

- 服务：导购、收银、销售、配送员、司机、现场安装人员等。
- 运营：营销、客服、财务、仓管等。
- 系统开发：产品经理、UI/UE、开发、测试、运维等。

12.2.7 运营体系

制造有形产品的过程称为生产或制造，而将产品提供给最终用户的过程所涉及的各种服务活动称为运营。广义的运营涵盖企业生存的方方面面，包括行政管理、资金管理等，本节我们聚焦于营销范畴的运营。打造企业竞争力的关键是将营销的各环节通过数字化手段进行深度的运营和实现。

1. 端到端运营

数字化时代，用户是产品或服务的最终体验者，需要将其放在营销数字化战略的首位。用户运营需要读懂用户所想、洞察用户所感、提供用户所需。用户运营可以通过形式多样、创意无限的活动运营吸引人们的注意力。商品是产品进入流通环节的载体，是在产品的基础上附加了销售属性。商品运营包括商品类目管理、商品上下架计划、商品定价策略、商品库存策略和商品销售模式等。打通各渠道，实现协同统一的渠道运营，结合全渠道交易能力，让用户在各渠道上获得一致的购物和服务体验，提升订单的履约能力及售后服务能力。

2. 协同化生态

通过生态体系构建协同的优势效应，融合创新，可以更好地挖掘和拓宽企业发展的潜力。

可基于"中台＋应用"的架构模式整合企业内部的资源，形成内部资源协同，产生聚变效应。通过能力开放平台，打造共享协同的外部环境，以联合产业合作伙伴互利共生。传统的线型（Pipelines）公司搭建产业链能力开放平台，建立产业生态圈，从战略高度整合供应链上下游合作伙伴的能力与资源。进一步，传统的线型公司可拓展业务，利用其在行业内的优势，聚集同行业的伙伴，构建交易平台，开展平台型（Platforms）业务。

12.2.8　组织贯通

营销数字化转型与创新需要新型支撑体系，需要变革组织结构，包括业务组织和开发组织，以适应营销数字化的战略，而不是局限于 IT 系统的重构。

1. 业务组织

营销数字化是整个组织的使命，而不仅仅是某个部门的职责。传统的组织架构模式为树状结构，通过层级、分工来组织资源，即按部门匹配任务，沟通与影响是自上而下的。在营销数字化转型的背景下，需要突破部门限制，打破原先相对隔离、独立的职能界限，打开沟通渠道，增强组织的适应性和灵活性。比如打造"大中台、小前台"的组织架构和业务运营机制，通过数字化技术直接赋能业务部门，就是改变过去自上而下树状管理的一种管理模式创新。

虽然很难定义一个标准的组织架构来匹配和支撑不同企业的营销数字化转型战略，但组织变革的过程还是有迹可循的。

首先是试点。建设营销数字化的领导组织，并在领导组织的规划下，根据营销数字化的目标成立营销数字化创新团队。团队成员既可以选用企业内部有创新精神的人员，也可以引入或借助外部团队的力量。

其次是推广。在试点成功的基础上成立专门的营销数字化部门，在整个企业范围内掌控数字化转型的速度与深度。通过营销数字化整合与贯通营销各领域，包括市场营销、电商运营、订单履约、客户服务和 IT 等，以满足消费者端到端的业务需求。自上而下的领导力和自下而上的主动融合，有助于营销数字化变革。

在营销数字化转型的背景下，组织调整并不是突破部门限制的唯一选择。比如，根据特定目标组建来自各部门又独立于部门之外的团队，从而更灵活地应对试验性的工作，进行不断的试错创新。

2. 开发组织

营销数字化也赋予了 IT 团队新的价值，这是因为营销数字化所构建的数字化系统已不再是作为成本项支出的企业管理系统，而是逐渐成为企业的生产系统，为企业带来了创收。同时，IT 系统也从原先割裂式、孤岛式的建设方法，过渡到以能力和数据集中化、服务化和共享化为主要特征的"中台 + 应用"平台架构。康威定律指出，组织的沟通方式决定了系统的形态。反过来看，当企业根据"中台 + 应用"的平台架构建设营销数字化的 IT 系统时，开发组织也必须进行相应的调整，否则受限于组织的沟通方式，无法建设出理想的"中台 + 应用"体系。除了开发组织的调整，还必须统一设计开发规范，同步建设思路，清晰范围和责任，建设营销数字化的新基建，避免各自发挥、杂乱无章。

12.2.9 角色协同

在组织贯通的基础上，营销数字化还需要建设专业的数字化人才团队。随着数字化变革的不断演变，更多的职位开始冠以

"数字化"的名义出现，如首席数字官、数字化副总裁等。参与营销数字化的各角色岗位要有清晰地定义并明确职责，合理搭配各角色岗位的人才，才能更好地协同配合，完成营销数字化的任务。

1. 数字化人才

数字化人才的主要责任是快速洞察业务问题，创新性地解决业务问题，包括分析企业运营过程中的痛点、设计数字化转型的战略蓝图以及路径，并将其落地。可将数字化人才分为三类，如图 12-7 所示。

图 12-7　数字化人才

- 数字化领导者：作为企业进行营销数字化转型的引领者，必须具备数字化的思维，对数字化发展具有坚定的信念，并且对企业的业务系统相对熟悉，能够找到企业业务发展与数字化转型的接口，推动企业组织方式、运营模式与数字化技术的融合。
- 数字化技术人才：负责运用数字化技术，实现数字化应用的落地和数字化解决方案的交付。通过技术人才打造领先的数字化平台，支撑数字化转型。数字化技术人才既包括软件工程师、大数据工程师、用户体验师等，也包括新兴的数据科学家、算法科学家等，研究消费者数据，研究人群建模等。

- 数字化营销人才：将企业营销数字化转型的实践与数字化专业技术结合起来，识别具体的营销数字化应用场景和改进方案，基于业务的实际需要，提出数字化需求。数字化营销人才将数字化与业务发展的需要相融合，真正实现营销数字化对企业的价值创造。

数字化人才除了本职技能，还需要跨团队的协作能力、快速学习的能力以及战略思考的能力。为了合理地配备数字化专业人才，需要根据业务的未来需求和当前的人才现状来制定数字化人才发展战略，还需要设定通畅的人才晋升培养通道，为转型储备中坚力量。

2. 系统化协同

各角色工作岗位职责在定义清晰的基础上，需要提供系统化的工具以支撑协同，从而达到协同的规范和高效。比如，根据"中台＋应用"的架构模式建设营销数字化系统时以中台为主视角，可以按专业分工将参与中台系统的建设者细分为中台机制设计方、中台能力提供方以及中台能力使用方。通过中台控制台，协同多角色的工作，一起推动业务的迭代和创新。

12.2.10　效果验证

数字化转型是一个长期持续的过程，需要以效果和价值为导向。一种有效的方式是制定转型的衡量标准和原则，包括战略类的 OKR，如基础平台的搭建、数据应用能力等，以及可量化的收益类 KPI，如营销 ROI 提升多少、新客转化率提升多少、老客流失率降低多少、客单价提升多少、库存周转率提升多少等。衡量标准不宜过多也不宜过少。过多会导致转型行动受到限制，过少则难以掌控转型的过程。

营销数字化应在综合考虑成本效益的基础上，不断给企业带来更好的满意度和更高的业务贡献度，持续地为企业、经销商、消费者和其他利益相关者创造价值。

12.3　成熟度模型

明确评估模型所需的评估维度后，还需要定义在此评估模型下的成熟度，才是一个完整的评估模型。成熟度反映了企业在营销数字化上的准确度，以及开展业务和创造竞争优势上的范围和深度。成熟度评估可用于生成企业多维度的简报来客观反映企业在营销数字化方面的优势和劣势。当然，如果有同行业类似组织的统计基准作为参考，可以更好地帮助企业识别改进项，进而扩大竞争优势。

图 12-8 显示了企业营销数字化成熟度发展的 5 个阶段。

图 12-8　营销数字化成熟度发展的 5 个阶段

- 阶段 1：能力缺失的起步阶段。尚未制定数字化战略，没有意识到需要进行营销数字化转型，完全不具备或缺少营销数字化转型的核心能力，只有在面对威胁时才会采用数字化技术。

- 阶段 2：机会主义的探索阶段。企业虽然了解营销数字化，但没有集中管理或协调数字化的计划。有些部门积极寻找数字化增长路径，有些部门则认为与其无关。企业整体上数字化的努力是孤立的、随机的和一次性的，只是在某些营销数字化场景上进行了浅层的尝试。

- 阶段 3：可重复的实践阶段。企业在营销数字化上达成了一致的意见和行动计划，确认计划的统一执行和风险的统一管控，从而采取有序的、统一的和可重复的营销数字化举措。

- 阶段 4：系统化的转型阶段。营销数字化驱动了业务增长，并根据建设的成果和识别的改进点，实施改进建议，提升整体应用的效果。

- 阶段 5：优化的迭代阶段。通过创新性的营销数字化，驱动商业模式迭代创新，改进了原有的商业模式或发展了新的商业模式，提升了业务价值，甚至影响了其所在的行业。营销数字化为企业业务持续赋能，整体进入自我优化循环阶段。

营销数字化转型是一个持续的过程，对于不同行业以及不同类型的企业，转型的重点和路径有一定的差异。企业在推动营销数字化转型的过程中，要根据以上模型评估当前的数字化成熟度，识别出自身需求和痛点，并以此为出发点，明确要达到的水平，如图 12-9 所示，找到适合自身的转型方案，"量体裁衣"，把握好转型节奏，分阶段、分步骤有针对性地推进相关措施和方案的落地及产出。

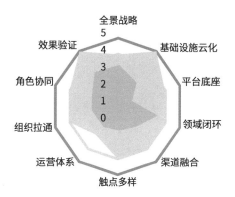

图 12-9 营销数字化评估模型、成熟度及改进目标示例

营销数字化趋势

近年来，数字经济作为全球经济的重要内容成为全球经济发展的主线，并在逐步推动产业界和全社会的数字转型。营销领域的数字化作为企业数字化转型的重要突破口，市场需求不断爆发，云计算、大数据、人工智能等新一代信息技术的发展不断推动着营销技术、架构、方式的变革。同时，以消费者为核心的数字营销也反作用于技术的发展、产品的创新与迭代。营销数字化市场的魅力不断绽放。不断扩大的数字营销版图不仅是数字经济发展的新风口，也成为互联网巨头及创新型企业竞相追逐的蓝海。

A.1 营销数字化的变革驱动及趋势

云计算、大数据、人工智能、区块链等技术的强势发展，为企业数字化转型提供了基础设施，也为营销提供了更多技术支持。随着时代发展步伐不断加快，营销领域每天都在变革和发展，从单纯以产品为中心到围绕消费者为中心，从以线下推广为主到如今的全渠道传播。通过变革和发展，数字化营销已将技术、产品、资源、服务、创新等因素完美整合，打造闭环的数字生态圈，让企业营销实现过程简单、效果显著的智能提升。

A.1.1　变革驱动因素

经济、技术、消费、产业 4 个驱动因素相互作用，推动营销向在线化、自动化、智能化方向进化。

1. 数字经济快速发展，数字化、智能化改造全面展开

我国已经将数字经济作为当前乃至未来发展的战略重点。政府多次强调"要做大做强数字经济，拓展经济发展新空间"并提出了"推动数字化深入发展、促进数字经济加快成长，让企业广泛受益、群众普遍受惠"。未来，数字经济、智慧经济将引领产业发展，从政府到各行各业都将全面拥抱信息技术的新趋势，通过数字化、智慧化转型提升企业或机构的运营效率，提高创新水平。企业数字化转型之路必然带来对新架构、新技术、新模式的应用需求。而营销数字化是企业数字化转型的主要突破口，通过打通企业内部数据和外部数据，解决各部门信息孤岛的现象，实现对业务营销与运营优化流程的重构、对企业资源最优化分配，成为企业经营决策的新驱动、市场营销与企业服务的新内容、新手段。

2. 云计算、大数据、区块链、AI 等应用不断成熟，支撑企业数字化转型

全面的数字化转型必定会加速 IT 与业务的高度融合，将云

计算、物联网、大数据、人工智能为代表的新一代信息技术与现代制造业、生产性服务等进行融合创新，形成经济发展新业态。随着技术的成熟和运营经验的积累，云计算也从一种 IT 技术工具演变成为拓展数字经济空间的基础平台，成为数据资源汇聚共享、业务应用高效协同的重要载体。2018 年 8 月，工业和信息化部印发《推动企业上云实施指南（2018 ～ 2020 年）》的通知，推动企业利用云计算加快数字化、网络化、智能化发展。得益于对用户数据的收集与利用，越来越多的传统行业利用互联网技术，将大数据、人工智能与企业营销服务进行结合，优化企业服务供给质量，推动行业创新发展。"数据红利"与"企业智能"成为行业发展的重要抓手。大数据、AI 与企业应用场景的深度融合，将迸发创新机会和全新的价值空间。

3. 数字消费多元化、个性化，为数字化营销带来更大的市场空间

当前，我国已经进入个性化、多样化消费新时代。尤其是随着移动互联网的迅猛发展，以消费全数字、线上线下全融合为特征的新型消费快速崛起。为了适应新数字消费多元化、个性化需求，一方面，企业需要利用交互平台准确定位市场特征、用户习性、特定需求，并通过线上线下融合（O2O）服务体系贴近用户、无缝传递服务，助力个性化精准消费升级。另一方面，企业需要利用新一代信息技术，使新兴产品和服务供给更加多元化、个性化。通过丰富多样的"端"，不断拓展用户获取信息的渠道和方式，营造全新的消费体验和消费服务，激发更多消费潜力。这些营销数字化解决方案市场的重大机遇，将激发更广阔的市场空间。

4. 信息和通信技术产业生态更加开放、包容，为发展数字化营销市场创造条件

在数字化、智能化加速发展的时代，产业发展变得更加复杂，企业与企业、行业与行业之间存在更多连接和互动。互联网的思维模式与创新发展广泛地影响了企业运营与管理，加速企业技术和架构的全面变革，管理模式创新和商业模式创新迫在眉睫。而新时代下的信息和通信技术生态也不同于传统的线性生态链。以前，供应商、生产商、销售商、客户只局限在一条生态链中活动。未来，信息和通信技术产业生态将更加开放、包容，在各行各业交错重构的需求中更加趋于融合。生态系统中的角色更加多元，可以根据业务需求不断地变换角色、灵活协同；商业模式趋于无界创新、合作边界模糊成为常态。生态体系的包容与开放，协同与共赢也为数字化营销市场发展营造良好的生态环境，有助于市场健康发展。

A.1.2　主要趋势

在互联网中台技术的加持下，全链路多元化的端与渠道、营销资源的高效整合、营销智能化成为营销数字化的流行色。

1. "端"的创新成为营销数字化的关注重点

当前消费主力已经变得更加年轻化，他们具有非常鲜明的特征：讲究时尚、讲究颜值、讲究个性；对数字化技术和应用驾轻就熟，依赖网络获得消费信息。尤其是智能手机快速普及、社交媒体与自媒体快速发展带来了沟通方式、消费习惯、购物和生活习惯的改变，如抖音、今日头条都在聚合更精准的人群。这类丰富的端对新生代消费人群影响尤为明显。

如何激活信息渠道，在"端"上创新成为未来营销数字化的关注重点。无论是通过抖音，还是小程序、微信公众号、自营第三方电商平台等，使客户尽量接触到更多的消费者。从过去纯粹的系统建设变成以消费者为中心，以产品为驱动来建设，根据用户特定的需求和场景来设计产品及营销方案，不断升级以移动、社交、内容、视频为主流的营销手段，利用大数据分析与挖掘，让购买触点无处不在，构筑服务无缝链条。

2. 资源整合能力成为企业发力点

技术和营销模式的创新决定了营销的变革方向，其中全域营销正被越来越多的品牌所认同。它是以消费者为核心，以数据为驱动，实现全链路、全媒体、全数据、全渠道的营销方式，必将带来一场信息资源革命。信息资源整合能力将成为企业未来发力的重要支撑点。

一方面，通过打通全链路数据，实现从产品生产、市场营销、流通到终端的整个营销链条的全链路数据化，再利用第三方平台的外部数据作为补充，运用大数据、机器学习技术，能有效锁定并触达特定人群，提供更优质的客户体验。

另一方面，通过建立数字中台，将企业常用的业务场景和功能抽象为中心的核心数据模型和业务规则、逻辑，使得企业可以基于共享服务中心快速构筑营销应用，并支持业务不断创新与迭代。

3. 云计算、大数据、AI 等技术有助于智能化营销

随着云计算应用不断成熟，企业借助上云，将营销流程由内部延伸到整个产业链，实现与客户、供应商的广泛连接，加速数据端到端的衔接，业务端到端的协同，价值端到端的传递。大数

据时代下，随着数据维度的不断丰富，应用场景的不断增多，尤其是移动化所带来的位置数据、物联网数据的日趋丰富，数字化营销也在快速演进，智能营销时代正在到来。

云计算、大数据、AI 等技术为营销数字化深度赋能。基于云计算平台架构，将让系统更加灵活，业务更新与迭代更加便捷；基于大数据和智能算法，通过跟踪用户的购买行为、社交偏好、支付习惯等进行场景细分，运用机器学习深度理解用户意图，将为品牌带来更为清晰、客观的用户画像，融合用户与场景，实现流量和营销内容的最佳匹配。

4. 数字中台模式将成为未来的主导模式

数字中台模式是将共性业务服务和技术予以沉淀，避免重复的功能建设和维护带来的资源浪费。集合了技术和产品能力的业务中台能快速、低成本地完成业务创新，数据中台则能实现数据资源的共享。未来，建立一个全面服务化架构的"数字大中台"模式将成为传统大型企业全面数字化转型的基础设施，并成为营销数字化的主导方案。同时，企业数字营销中台将朝着跨终端、全渠道、全域运营方向发展，基于云技术实现中台弹性扩容，依靠平台能力为各应用系统输出统一管理的能力，帮助企业实现业务数据化、数据业务化，赋能企业智能化营销。

A.2　营销数字化的技术进化

无论是强调网络化、信息化发展的数字营销 1.0 时代，还是在移动互联网、数字化技术高速发展数字营销 2.0 时代，以及未来人机交互、万物互动、智能世界的数字营销 3.0 时代，营销模式始终在新技术演进、商业模式创新中不断迭代、升级与变革。

每次时代的跨越都是对上一时代的冲击与颠覆，催生新架构、新技术、新模式与新服务。

1. 数字技术重构营销链条

在数字经济时代，由于消费的场景化、渠道的多元化、产品与服务的一体化，企业开始利用数字技术重构营销链条。以客户价值为核心，打通研发、营销、销售和服务环节，通过对消费者全方位的洞察和全生命周期的管理，使业务与数字形成营销闭环，达成业务到数据的一体化、数据到业务的运营化，从而提高获客数量、提升客户价值。

数字化重构营销链条，首先要打通所有销售通路，包括渠道类即 F2B、电商类即 B2C 以及线下门店类，将客户信息、商品信息、交易信息、合同信息等汇聚到统一的平台上。其次，通过对数据的多场景分析，管理用户生命周期，判断用户运营策略；根据用户消费习惯和行为分析，实现精准场景、精准渠道、精准业态的营销活动；根据数据分析和运营结果，支持新产品研发、营销决策、业务运营，从而提升企业发展的新格局。

2. 大数据、AI 全面赋能精准营销

全球数字营销正在被数据所驱动，传统单一渠道优势已不能支撑市场的多边冲击。打通全渠道客户，让数据孤岛融入场景，将数据转换为个性化营销、差异化服务成为企业之间新一代竞争利器。通过大数据、人工智能等技术手段构建用户画像、结合推荐算法构建消费者全触点场景，精准找到消费者；根据历史表现数据和行业参考数据，科学地计算边际递减效应的临界点，从而以更有效的方式触达消费者；利用更原生的方式来整合广告和内容去影响消费者。此外，大数据营销监测可以实现营销成果转化

追踪，实时修正营销方案，进一步吸引消费者，促使消费者做出购买决策。

3. 平台化变革传统架构

在以消费者为中心的时代，企业的数字化应用发生了深刻变革。原来以系统为核心的建设模式中，业务和数据被"烟囱式"IT系统分割到不同系统中，数据不能完全共享。一旦业务变更，产生新的应用需求，这种"烟囱式"的体系架构难以支撑业务变化与创新。再者，以消费者为中心的应用系统面临着互联网巨大的性能挑战，传统架构难以应付海量数据的并发，架构向分布式、平台化转变将成为变革的方向。

首先，分布式架构的灵活性、可扩展性，以及能承载海量用户的能力，使云化平台成为必然选择。其次，为了支撑业务迭代创新，以阿里、腾讯为代表的互联网巨头开始实施中台战略。中台是一种结合业务的，面向上层应用建设的平台化基础设施，将共性需求进行抽象，并通过解耦和组件化方式，实现整个系统的分布式。各种业务应用以微服务的方式进行交互处理，可保障业务随着场景发展而迭代。

4. 数字中台成为营销数字化解决方案的主流模式

在互联网时代，数字化成为企业的核心战略。那么如何实现业务数字化、如何使数据赋能企业业务转型升级、如何提升企业数字资产的价值，成为制约企业发展的一道难题。在此背景下，数字中台成为指导企业数字化转型、实现智能营销的主流方法。数字中台是基于企业级互联网及大数据架构打造的数字化创新平台，包含业务中台和数据中台。

一方面，业务中台不仅可以将原本不同系统相同功能的服务聚合起来，统一标准，统一规范，统一出口，实现企业业务的整合；还可以通过服务的聚合实现资源与能力共享，支撑新应用与新业务的快速开发和迭代，以满足快速变更的用户需求。

另一方面，数据中台为企业提供大数据数据采集、清洗、管理和分析能力，实现数据精细化运营。数据中台可以将企业内外割裂的数据进行汇聚、治理、建模加工，消除数据孤岛，实现数据资产化，为企业提供客户立体画像、商品智能推荐、业务实时监控，助力企业实现数据驱动业务。

通过数字中台构建的客户触点体系，可以帮助企业客户实现业务数据化、数据业务化，赋能企业智能化，全面实现营销数字化。

中台战略：中台建设与数字商业

本书首先介绍了企业数字化转型本质和数字营销的新趋势，明确了中台战略是必然选择；接着阐述了中台的核心概念、中台的成功要素、中台建设方法论、中台成熟度模型，这是中台建设的理论和实践的核心；然后，结合实际场景，讲解了中台如何为数字商业和数字营销赋能；最后，给出了三类传统企业的中台建设成功案例。本书适合公司技术决策者、业务架构师、开发人员和运营人员阅读。

中台实践：数字化转型方法论与解决方案

本书从建设方法论、行业解决方案和案例分析3个维度对中台进行讲解。本书主要分为三部分。第一部分（第1～5章）介绍作者们服务70多家数智化领先企业的经验总结与行业研究成果。第二部分（第6～10章）介绍如何将数字中台建设方法论具象化为5个新行业（新地产、新汽车、新零售、新直销和新渠道）的数智化转型解决方案，并结合具体案例讲解企业数字中台建设的实际过程，看看中台如何帮助这些企业实现业务价值。第三部分（第11章）介绍中台的进化与未来，帮助读者从宏观上理解中台。